天英／國際貿易公司董事財務經理

想追求一世解脫了解宇宙真理，讓人生幸福圓滿發揮無限潛力，絕對值得讀閱珍藏傳家書。

天一／中華天界之舟心靈健康協會會長

一把生命真相之鑰、通往快樂無憂之門。

蒼天白雲教會我：「幸福人生，每個人都該擁有。」

天情／美容師

我找到自己，也找到讓人生更美好的方法，這是你此生非看不可的書。

天香／加護病房護理師

無法想像沒有開悟的人生，是多麼迷惘。

謝謝『蒼天白雲』帶領我邁向圓滿幸福的人生！

天通／觀光與餐旅管理研究所所長

文中的場景一幕幕，如夢似幻，作者天雲老師以至真至善的心胸，敘述這不可思議的力量及你我本來俱足的真相，值得諸人間菩薩深思。

天法／退休國中訓導主任

比聊齋更聊齋，比武俠更武俠，比科幻更科幻，比言情小說更言情，比佛經還佛經，比聖經還聖經，還有哪一本書比『蒼天白雲』更讓人開悟？

天象／退休國小老師

你是否為了生活、感情、病痛在人生的十字路口徘徊？介紹你一本好書－蒼天白雲，只要你堅持、耐心的看完，照它揭露的真理去實修，一定會翻轉人生！

天孟／在家修行者

透過蒼天白雲，我遇見了明師，就像汪洋中一條小船，終於登上了天界之舟。

天玉／中華天界之舟心靈健康協會督導

一本揭開宇宙真相的精彩大作。相信並實修，絕對能喚醒自己塵封的力量。

天吟／三菱順益汽車資深行政事務員

修行如吃飯、喝茶簡單，蒼天白雲啟發無限潛能，一本可當傳家之寶的書，你一定要擁有。

天丹／中華天界之舟心靈健康協會秘書長

蒼天白雲，寫進你心，說出真相，人生從此不再茫然，永恆幸福不是空談。

天曇／花蓮餐飲業店長

眾生都有離苦得樂的權利，只要你相信，此書內將揭露此世真相，幫助眾生脫離輪迴之苦。

天河／醫院教研部組長

這本書揭開的真理如同超級武器，讓你戰勝人生難關，改寫自己的命運。

天芝／國立大學行政人員

蒼天白雲讓我找回真實的自己，開啟力量，擁有幸福快樂的人生。

親愛的，還在等什麼呢？

天紋／公益機構公關管理師

很幸運在22歲遇到蒼天白雲，人生轉眼成空、短暫無常。此書幫助我少走許多冤枉路，人生不再受未知與風險擺布，心中喜樂滿溢，並洞悉所有生命疑問。

天盼／呼吸治療師

每字每句都震動我的心弦，驚險或浪漫的橋段實在太精采了！我只能說：這無庸置疑是一本曠世鉅作！Bravo！

天石／國泰人壽區主任

面對無數的生離死別，也曾對生命感到無助與無奈，終因為此書而找到生命的解答！閱讀此書定能找到生命的奧秘！

天池／物業財務秘書

這本書，大膽告訴我們宇宙的真相，終於明白「我是誰，而你是誰」。

天韻／律師事務所秘書

請拋開所有成見和根深蒂固的想法去閱讀，這本書徹底翻轉了我的人生，也將翻轉你的！

天玄／素食餐飲經營者

本書淺顯易懂，能幫助每個人找回自我無限的潛能，值得人手一本的好書！

天淨／學校行政人員

工作總是令我千頭萬緒，但「開悟」使人恢復圓滿且不凡的力量。蒼天白雲，誠心推薦！

天珊／廣播電台行銷企劃

一步登天不是大話！成佛只在一念之間，謝謝蒼天白雲狠狠敲醒我，引領我走向回天之路。

天風／科技公司船務

如果你想要徹底導正你的人生，恭喜你！因為你正拿著翻轉一切的關鍵！

天愛／護理師

一本徹悟原來圓滿力量即在心中的好書，人生不是任由命運擺布，而是有滿滿正能量來掌握。

天似／醫院管理師

因蒼天白雲，我離開悲傷，找到生命的意義，找回心想事成的力量。

天寧／專案經理

心想事成其實可以很簡單，本書教您用最簡單的方式開啟你原本俱足之超能力。

天朵／專案管理師

一股超越生死的強大力量潛藏心中，讀完將徹底改變一生的好書，真心推薦。

天婉／國泰人壽業務員

好書不該只是空談理論，也不只有少數人才辦得到！
這絕對是讓你恢復尊嚴的一本精彩好書！

天安／音響影音業

實修三元合一提高正量，是我業績第一的不二法門。

天悟／歌手・自由業

人生充滿不確定性，但這本書能讓你找到生命的定位！

天廣／政府機關公務人員

想要徹底擺脫人生所有苦難傷痛嗎？

一切的答案都在「蒼天白雲」之中。

天月／環境工程師

我們身處的環境繼承了許多世世代代的因果問題。

拯救環境要從人心做起，本書教人打開心靈的力量，透視宇宙的真相。

天蝶／法務助理

蒼天白雲是本精彩絕倫、揭露真理之書。您可以在其中找到生命的答案，值得讓您細細品味、一讀再讀。

天霞／企劃管理師

開啟自己內心潛能，發現最大力量在自己身上，值得一看再看，深深愛上這本書。

天平／旅遊玩家達人

佛就在心中，只要願意將自身力量打開，便可以一招「心法」闖天下，打遍天下無敵手。

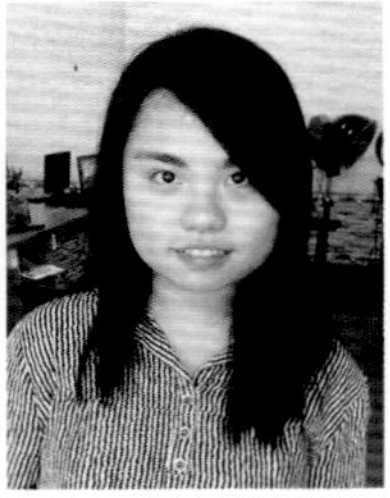

天願／國立大學學生

謝謝蒼天白雲，讓我找回了自身源源不絕的快樂泉源與力量，不再對人生感到迷惘徬徨。

天南／國立大學學生

幸福人生的關鍵密碼—蒼天白雲，因為此書，我與最完美的自己相遇。

天華／遊樂園表演人員

人生如夢，沉沉浮浮，感謝這本書讓我如大夢初醒般，更掌握人生的方向。

天燈／半導體測試工程師

心靈世界的明燈，非「蒼天白雲」莫屬，值得人手一本最佳閱讀、收藏書籍。

天吉／餐飲業

是本告訴我們生命的導師即是自己的好書！生命因堅信而開闊，面對決擇，你將不再無助和迷惘。

天梅／藥廠化驗員

精彩揭露世界的奧秘、解脫的真相，簡單有效的秘訣，讓你心想事成，做自己人生的主宰！

天州／Android 軟體設計師

茫茫經典海，解脫何所有？執此一小品，長樂永無憂。

天觀／報關員

書中的「直指人心，見性成佛」，原來佛就在我心中啊！

天桐／台灣鐵路局助理工務員

這是一本發人省思的書籍，很適合您靜下心來好好閱讀！

天葉／芳療按摩師

依據此書其方法，覺醒自己的靈性，跳脫出井底的生活，祝福你。

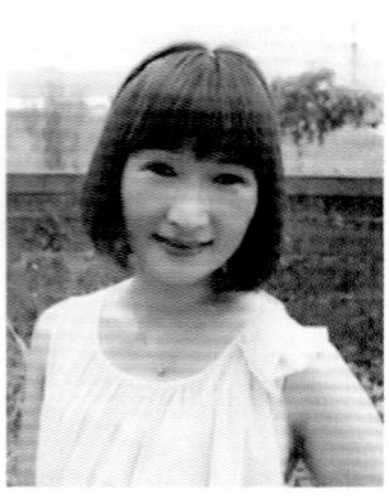

天棠／餐飲業者

《蒼天白雲》帶你發掘圓滿俱足的真相，回歸身心靈最核心、發現最真實智慧的自己！

天暘／水資源回收中心維護操作員

如果你和我一樣，想尋找生命的答案，相信我，這本書就是解答！

天瑜／飯店財務部專員

感謝作者，這本書是人間最無私地分享。是幫助我邁向圓滿順利人生的橋樑。

天明／工程師

你想當一顆會自己發光發熱的恆星嗎？拿起這本蒼天白雲吧！你將走在成為恆星的道路上～

天巧／國立大學學生

宇宙的真相是什麼？此書將顛覆你對生命的想像，找到人生的答案。

作者前言

本書推薦的「三元合一」修行法門，乃正宗、正信、簡單、效果顯著之修行法門，自二零一二年傳揚至今，三年多來有超過三百個見證，只要認真持續實修二十天左右，就會有顯著的感受，依其宿世業障深淺不同，或半年、或三年、或五年，舉家長期之困境一掃而空，重病也能康復，修為蒸蒸日上，法喜充滿，定能一世解脫。

自古以來，全球修行法門林立，有的法門複雜艱澀，不適合工作繁忙人士修學；有的法門迷信鬼神、崇拜外力，入門修學之風險極大；有的法門耗費金錢不少，有礙家庭經濟；有的法門要求很多，一旦投入，恐怕失去自由。這些讓人顧慮的問題，再加上門派之間各說各話，真讓人不知如何選擇？尋求解脫成為一條遙不可及的路。

民眾受後天環境影響極大，在不同的環境，就學習不同的觀點，三十歲之後，個人化觀點逐漸牢不可破，眾人之間爭執難免，就連知識淵博的學者，彼此相輕的情況也屢見不鮮，大家看事情都從自己的觀點來解讀，與自己想法不同的，就不想聽，甚至就認為對方錯。眾人也用自以為是的觀點選擇宗教，所選擇的法門，多半也只是相應自以為是的觀點，難怪門派林立、各說各話，與自己法門不同的義理，就認為是錯，甚至認定對方是邪教，宗教成見很深。

耶穌說：「如果不能回到幼童般的純真，斷不能進天國。」我們必須回到被後天環境影響之前的純真狀態，脫離人為造作的框框，才能洞見真理。我們就回到幼童時期去看看，除了極少數的基因突變兒之外，所有幼童甫出生就器官俱全，就會自動運轉，不必教育訓練，乃至一切動物都是如此，甫出生就會自動運轉，不必教育訓練。

無論是人類或動物，天然就存在圓滿的生命，有人說，這是上帝創造的，不是天然存在的，那請問，上帝從何而來?實際上，上帝乃自有永有，天然就存在，亦即圓滿的上帝本來就存在，本來圓滿就是宇宙的真相。上帝又創造許多跟自己一樣圓滿的生靈（人類、天使及動物），圓滿的上帝不會故意創造有缺陷的生靈，慈愛的上帝心懷平等，從起初就賦予所有生靈與自己完全平等圓滿的能力，是故眾生本來平等，平等就是真相。如果不相信平等是真相，堅持認為能力「與上帝差很多、與諸佛差很多」，這個堅持的否定，不但不懂上帝慈愛平等的心，也徹底弱化自己圓滿的力量，力量被否定、被弱化之後，很多道德標準辦不到，很多事情無法掌握，人生充斥風險，因此地球處處是疾病及災難。

本書揭露萬古以來的真相、精準指出開悟之路、真知灼見闡述正確的信仰、提供簡單有效的修行方法，選擇本書，就是睿智地選擇了一條永恆幸福之路。

目 錄

巧會道家三隱士

靜坐修禪定　迎擊惡勢力

認識地藏王菩薩　啟動無限潛能

最終章　福音之戰已啟動，翻轉地球度蒼生，有緣得見當珍惜，莫待無花空折枝

Revelation from heaven

THE GOSPEL TRUTH

蒼天白雲

我像是蒼天中的一片白雲

隨風而走，飄到哪兒是哪兒。

序章

讀大學和碩士班的那幾年，是我人生最苦悶的一段時期，那時候大學生流行跳舞、打保齡球、聯誼，但我沒有心情參與，除了想把書讀好之外，還一心想要找到生命的終極答案，想明白為什麼我會出生？將來又會去哪裡？生命究竟是怎麼一回事？

一下課我就泡在圖書館，下定決心一定要找出答案，走到宗教哲學區，看到上萬冊的圖書，每個宗教的文獻都這麼的多，還有數不盡的哲學文獻，真不知道從何著手？也不知道哪個宗教或哪派哲學才能給我終極答案？如果全部都要讀，那又不可能啊！但，就靠著那股堅強的意志，我決定各類圖書就都讀一些吧！好歹就從最入門的書開始，我相信只要肯努力，一定可以找到答案，因此每天都熬到圖書館關門才走。

幾年過去，讀了很多書，宗教、哲學、心理學各類的書都讀，但還是找不到答案，因為各宗派說的有很大的差異，但都還頗有些道理，實在難以取捨，於是我開始進行比較分析，企圖抽絲剝繭釐清出來一個最正確的答案。

可是經過比較分析，還是無法研判哪個宗派才是最正確，最傷腦筋的是，每個門派幾乎都有許多博士、教授寫的支持性文章，都是些頂尖的知識份子，如何確定哪個人說的才對？因此，雖然整天不斷思考，還是找不出答案，搞得自己總是悶悶不樂，當時想放棄算了，但是冥冥中有一股強大的力量，逼著我一定要找出生命的終極答案，此時我的心跌入很深的苦悶，有一天下午，我在圖書館的書庫樓梯轉角處蹲坐於地上，心中痛苦的吶喊，為什麼我不能和同學一樣快樂的去跳舞、打保齡球呢？為什麼我一定非得想要找出什麼生命的終極答案呢？我才不要找什麼答案，我不想承受這麼大的壓力。

苦悶歸苦悶，抱怨歸抱怨，可還是繼續進行資料的研究分析。除了閱讀之外，當時也四處參訪請益，禪寺、教會、佛堂、道壇我都去請益，後來又學算命，也開始靜坐，也多次禁食三或七日只喝白開水閉門苦思。很多宗派的朋友，包含法師、師父、牧師、道士都指責我對該宗派不忠心，可是他們不知道，其實我也想定下來，可是冥冥中那股強大的力量要我四處參學，這個力量也讓我清楚感受到，你們這些法師、師父、牧師、道士無法給我終極答案，因此，只要學習到一個程度，那股力量就開始安排我離開，我像是蒼天中的一片白雲，隨風而走，飄到哪兒是哪兒。

為了四處參學，還碰上一個國際宗教魔頭，經歷一場長達數年的魔難，幾年後雖然脫離魔掌，但賠上了右腿的健康，還賠掉摯愛的初戀女友，肉體、心靈都是傷痕累累。在這人生最低潮時期，此時冥冥中逼著我的那股力量也逐漸向我顯現，讓我知道那股力量是什麼，原來那股力量是一群各宗派最頂尖的高級靈，當我與他們相遇的時候，是感動的落淚不已，同時他們也開始療癒我心靈之傷，也安排進行了第一次的右腿手術，還讓我學習到破解那些魔法妖術的有效方法。

魔難之後幾年內，在靜坐中逐漸發現終極答案的蹤跡。若問我，你找到的終極答案是什麼？你開悟了嗎？我要說：「這個問題根本不存在，圖書館中上萬冊的書也不存在，也沒有開悟這回事，所謂開悟，是人造的名詞，是迷失世界才有的暫時性用語，天下本無事，庸人自擾之。」

回憶過去走過的路，為了找到生命終極的答案，大量閱讀、四處請益、賠掉健康、又落個不忠於各宗派的罵名、還浪費了許多時間金錢。由自己親身實證的經驗，故現在很樂意和朋友分享心得，高深的道理我是不懂，神通我也沒有，至少我可以幫助朋友好好的生活，追求解脫的過程，可以不必浪費無謂的時間、金錢、勞動與心力。

菩薩清涼月，常遊畢竟空

此時才領悟三隱士所言：「勿執著於經典知識，那是魔障阿。」
別說滿腦子去想那些經典知識，當時就是叫我動一個念頭，
我都不願意，仰望天上明月，只有一個感受：
『菩薩清涼月，常遊畢竟空』

第二回
貧寒學生住鬼屋，兇猛惡鬼初體驗
賜與超能成大師，禮物邪門我不要

大三時，我在永和市永平路租到一整層很便宜的房子，房東把整個三樓租給我，每個月只收一千五百元，對於經濟吃緊的我，那真是天上掉下來的禮物。但搬進去之後才知道，因為三樓鬧鬼很凶，所以房東全家人都不敢住三樓，也沒有客人敢租，所以一直空著。但因為很便宜，我捨不得放棄，所謂鬧鬼，我想應該只是繪聲繪影的傳聞吧，而且自信自己的品德還算端正善良，所謂平日不做虧心事，半夜不怕鬼敲門，所以就硬著頭皮住下來。

但，後來才發現鬧鬼是真實的。住了一段時間，某日晚上十一點多，突然出現一個全身長黑毛似人又似熊的高大怪物，站在離我數公尺處外瞪著眼瞧我，牠眼睛是紅色的，牙齒很尖銳，我嚇得半死，幸好牠出現一下就消失了，當晚我已確定鬧鬼的傳聞是真的。

又過了一陣子，牠第二次出現時，這次就不僅是瞪著我，牠直接出手用尖銳的指甲抓住我，我疼痛又驚嚇得大叫，牠又是一下就消失了，被牠抓住的地方很痛，可是竟然沒有傷口。此時，已開始考慮要搬家，可是因為實在很窮，房子又大又舒適，所以決定繼續住下去，看看情形再說。

可是事情逐漸惡化，可能牠認為我很賴皮，給我兩次警告我還不搬家，所以牠開始痛毆我，把我拋向空中，我像自由落體掉到地上，我痛得大叫，可是牠走後我身體仍然沒有外傷，只是全身疼痛不已。我終於知道，怪不得房東他們全家都不敢住三樓，也沒有人敢租，原來這隻鬼這麼兇惡。可是，我下了一個決定，該走的是牠這隻惡鬼，我絕對不搬走，我開始想辦法對付牠，我向牠宣戰！

後來我不時被牠痛毆，我找附近禪寺求助，但也沒有發生效果，惡鬼依然囂張，而我也依然打死不搬家，雙方僵持了半年左右。後來，牠似乎拿我沒輒，牠對我態度有轉變，有意收我為徒，開始賦予我一些特殊能力，我具有強大的預知能力，連天空雲層氣流變化我都可以事前知悉，天際何處將有閃電，我在屋子裡即可清晰前知。

或許這個惡鬼欣賞我的勇氣，其他人看見牠早就嚇得半死、連夜搬走，我竟然賴著半年打死不退，所以牠才賦予我一些特殊能力，吸引我願意成為牠的門徒，也許在牠眼中，我是個有利用價值的人才，只要願意屈就，牠可以繼續賦予我更大的能力，讓我成為知名的大師級人物。事實上，我才不稀罕牠給我的能力，牠如此凶惡，我才不要當惡鬼的門徒，只是我還找不到壓制牠的方法，又不願搬走，所以只能忍下去。

當時牠也教我包裝自己，牠教我去學習各種宗教課程，背的滾瓜爛熟之後，再穿上莊嚴的宗教大師衣著。民眾聽見我滿口經論，加上莊嚴的裝扮，再加上慈祥禮貌的談吐，誰會知道我的法力是來自惡鬼呢？但將來要怎麼做，我必須完全聽牠的命令，只要聽牠的，牠保證讓我名利雙收。

聽到牠的計畫，我才發現這個世界已經被惡鬼深刻的侵入，連惡鬼都懂得以滿口經論、以莊嚴慈祥的宗教大師外衣包裝自己，民眾以為得到神聖的教化，其實是惡鬼的教化。我不稀罕名利，也不稀罕牠的大法力，當牠發現我不願意屈就於牠，牠給我的特殊能力就突然消失了，後來牠還加強修理我，雖然沒有外傷，但我的元神卻愈來愈衰弱，臉色相當蒼白憔悴，我覺得即將大病一場，然後就是喪命。

惡鬼非常狡猾的隱藏自己，如果留下外傷，我向外求援時，他們看見我的外傷，還會相信我的話。但只是疼痛，元神不斷虛耗，卻沒有一點外傷，別人會以為是我瘋了，哪有什麼惡鬼毆打！

跟惡鬼僵持約八個月之後，某日中午我在學校無意間經過基督教團契正在舉辦活動的教室，教室門口負責接待的學長、學姊們很熱情的邀請我參與活動，我感覺到一股暖流進入我的心坎裡，所以我欣然接受邀請。意想不到的是，那天與基督教的初接觸，將打破我和那隻惡鬼之間的僵持，也對於追求生命終極答案有關鍵性的影響。

讀者 Q&A

Q：要如何得知一個人的法力是來自於天界還是惡鬼所賜呢？

A：大致而言，除非法眼洞開，否則一般人很難輕易地分辨一個人的法力來源。然，若是來自正宗天界的使者，定會強調「眾生本來成佛、眾生即是上帝」的真相。

第三回
成為虔誠基督徒，苦思擊敗邪惡鬼
經典文字鬼不怕，嘗試禱告能奏效

走進教室參加基督徒團契的活動，先是欣賞了一段動畫影片，影片是介紹一個缺一角的圓形，他心中總是有一種空虛的感覺，有一種莫名的不安全感，他覺得生命不圓滿。因此，他四處尋覓能夠補上他那個缺角的東西，當婚姻、事業、學問、好友、房子、車子，兒女…，各種都有了，可是心中還是空虛，還是有那種莫名的不安全感。有一天，這個缺角的圓，終於找到一塊可以完全補滿他缺角的東西，那就是—耶穌，之後他不再覺得空虛，不再有不安全感，他的人生終於圓滿了。

影片傳達的訊息給我相當深刻的印象，如果耶穌可以填補心靈的空虛，可以除掉不安全感，可以使生命圓滿，那我當然願意信耶穌啊！因為我正深受惡鬼致命的威脅，也正在思索生命終極的答案，信耶穌之後，這兩個問題豈不是都解決了嗎？又看見團契弟兄姐妹，似乎每個人都好喜樂、光明、友善，我覺得他們的生命品質比一般同學棒多了，因此加深了我成為基督徒的意願。

尤其我還很深刻的記得，大二平安夜時，我沒有出去參加活動，在寢室沒事，就讀了室友的聖經，讀著讀著睡著了，睡夢中出現一個著白衣、渾身放白光的聖潔天使對著我微笑。醒來之後，我跟室友說，聖經真是本神奇的書，不但內容強烈吸引我，竟然還有天使來看我。不過室友很久沒去教會，我對教會又陌生的很，所以當時沒有去教會的構想，可如今，因緣成熟了，我就決定成為一個基督徒吧！我開始很認真的讀聖經，也參加教會的聚會。那陣子我很喜樂，似乎找到生命的終極答案。

尤其，我深信耶穌可以幫我打敗那隻惡鬼。我將聖經擺在身邊，睡覺時也放在枕頭邊，因為牧師常說，聖經都是神的話，聖經是大有能力的，因此我就決定用聖經對付惡鬼。可是信耶穌後，好久惡鬼都沒有出現，我想可能是自己非常虔誠，讀經、禱告、聚會…我都沒有懈怠，所以蒙耶穌保護，牠不敢再來了，因此我非常的開心。

不過大失所望的，牠在某日晚上還是突然現身，我立刻抱著聖經護身，想不到，情況和往昔一樣，我又被牠痛毆一頓，牠走後，我在疼痛中心情壞透了，我這樣虔誠的基督徒，竟然還是無法戰勝牠？幾天後，牠又出現，我恐懼的拿聖經丟牠，可是一點用也沒有，我又被痛毆一頓，然後牠狀甚得意的消失了。

我失望的沉思著，我到底該怎麼辦？是不是搬走算了，繼續賴在這間鬼屋，可能真要生重病！可是當時我真的很窮，一千五百元房租其實是我經濟的上限，想到一千五百元可以租一整層，台北找不到這麼便宜的，於是決定再住下去，我不信找不到方法制牠。

我突然領悟過來，那惡鬼曾要我去學習許多宗教課程，還要我背的滾瓜爛熟，以後可以作為假扮大師的包裝。既然牠都鼓勵我學宗教課程，那牠當然不怕這些宗教經典，搞不好牠的宗教知識非常高深也不一定，否則牠怎會有信心玩弄各宗教徒於股掌呢？此時我才知道，電影中主角搬出聖經或佛經之後，惡鬼就嚇得逃走，根本就是亂演一通，連許多牧師、法師也信這套，實際上，惡鬼哪怕什麼經典，哪有這麼容易擺平啊，真是誤導民眾。

我又想，如果耶穌親自出面，或耶穌派出天使，那一定能戰勝惡鬼，可是要怎樣才能讓耶穌出面，或至少派天使出面為我而戰呢？我反覆研讀聖經，也向教會輔導員請益，後來我得到一個初步的結論，要把耶穌請出來，非得透過禱告不可，因為聖經上說：「信徒的禱告，耶穌必垂聽。」既然耶穌正在聽我的禱告，等同於耶穌在我身邊，自然不容許惡鬼打斷耶穌和我進行中的對話。

事實上我有禱告，只是我的禱告還很嫩，力量不夠，聖經上記載，有些使徒的禱告，禱告到天都為他而打開了。我想，如果能找到這種可以把天打開的禱告方式，我一定可以戰勝惡鬼，因此我立刻進行研究，務必要學會這種驚天動地的禱告。

讀者Q&A

Q：什麼是「禱告到天都開了」呢？

A：禱告乃是運用自身超能力的上好方式，專注且持久不懈的禱告，容易禱告到「天眼」都開了，能洞悉靈界動向。文中的「天」指的乃是「天眼通」。

第四回
宗教利器是禱告，強力禱告有六點
動物屍體添憂愁，首次成功驅惡鬼

詳細研究聖經及許多資料之後，發現天主教、基督教、回教之所以成為地球上前三大宗教，其中最關鍵因素就是「強力的禱告」，這三大宗教都非常重視禱告，如果某個教會出了問題，他們會首先檢討是不是這個教會沒有認真禱告？

我大三那年距今約三十年，當時基督教在南韓興旺起來，基督徒人數激增，這與韓國大牧師趙鏞基息息相關。當時他的教會已擁有數十萬的基督徒，是韓國第一大教會，他不但在教會成立禱告小組，他自己每天凌晨四點就起床跪在禱告桌前為教會大小事情禱告，經年累月從不間斷，禱告桌前的地板都被趙牧師跪凹下去。他親身見證禱告事項不斷的實現，信徒的難關也陸續被衝破，教會人數不斷上升，分會不斷的成立。

當時很多書籍、資料在介紹趙牧師的禱告，我閱讀幾本書籍之後，歸納出他的禱告有六個特質：

一、專心，要心無旁鶩。

二、明確，清楚說出你要什麼。

三、信心，堅信禱告必成就。

四、持續，到成功方休。

五、公義，以幫助他人為目的，且不做非份祈求。

六、德行，因為聖經說上帝不聽惡人的禱告。

趙牧師的禱告不但實現機率超高，而且他已經禱告到擁有佛教所說的天眼通，他只要想到哪位信徒，就能知道信徒需要怎樣的幫忙，他可以立即採取正確的禱告幫助信徒，他當時在國際基督教界，被公認為模範的「強力禱告勇士」。那時我非常仰慕趙牧師的功力，期許自己能夠達到趙牧師的水準，所以我決定學習他的禱告方式，如果有他的那種功力，不但可以解決自己的困境，還可以幫助許多人。

有一天清晨，我在房間外陽台發現一隻大老鼠的屍體，我百思不得其解，這個陽台和鄰居都嚴密隔絕，陽台空無一物可藏老鼠，三樓離地面又遠，哪來這麼肥大老鼠的死屍呢？我心中立刻浮出不祥的感覺，那隻惡鬼八成決定要我死，我猜想，牠知道我正在積極練習強力禱告要對付牠，所以可能是牠弄個老鼠屍體警告我。

隔幾天，陽台上又出現一隻軟弱又病懨懨的鴿子，我大為驚駭，因為聖經將鴿子視為上帝的使者，病懨懨的鴿子豈不是暗示，上帝的使者也打不過惡鬼，這麼說我和惡鬼的最後對決必敗無疑？因此我立刻去找食物和飲水給鴿子食用，我真怕牠死在我的陽台上，那將是非常糟的惡兆。我將鴿子細心的捧在手中餵食，牠虛弱得一點也不吃，我只好將牠放在陽台讓牠休息一下，我再出來看牠，牠還是虛弱無比，也沒吃東西。我最後一次出來看牠，牠離奇失蹤了，我不知道牠去哪，我希望牠是平安飛走了。

我也往好處想，也許我正用功練習強力的禱告，應該是在靈界中，我和惡鬼已經展開正面對決，鴿子代表我，老鼠代表惡鬼，虛弱的鴿子代表我這段時間被惡鬼折磨得很虛弱，但老鼠卻死亡了，這表示我雖被折磨得很虛弱，但最終必然得勝，我這樣一想，心情就好多了。

無論如何，接連離奇在陽台出現這些怪事。仔細想想，也許是耶穌在提醒我，也許是惡鬼在警告我，惡鬼對我已不再容忍，下次牠現身之時，如果我仍不屈服成為牠門徒，牠一定會要我死，根據之前被牠痛毆的經驗，牠會抓住我的心臟讓我心臟衰竭或掐住我脖子讓我窒息而死。別人以為我是病死，沒人知道我是被惡鬼打死。

既然這可能是我人生的最後一戰，我必須全力以赴，我把趙牧師的強力禱告，不斷的進行著，我祈求耶穌作為我的堡壘，我祈求耶穌幫我度過難關。幾天後，惡鬼突然現身，牠胸有成竹、昂首闊步惡狠狠地朝我走來，牠對我充滿了不屑，牠根本看不起我做的努力。我知道這是最後一戰，我強力抑制極度的驚恐，立刻專心的開始對耶穌禱告，我將念頭集中，向耶穌發射出強烈又迫切的呼救訊號。

忽然之間，那惡鬼突然停下腳步，滿臉疑惑的看著我，我不知道牠想怎樣，但我依然專心又強烈的向耶穌禱告求救，在僵持幾分鐘後，牠轉身消失了！

我開心的跳了起來，感動的落淚，我不知道惡鬼以後還會採取什麼更進一步的恐怖行動，但至少，今天我戰勝了，我深深的感謝耶穌，也決定要把趙牧師的強力禱告習練的更為淋漓盡致，一方面可以預備下一場和惡鬼的鬥爭，而且，經過這次的實戰經驗之後，我更為確信，使用這套強力的禱告，可以幫助自己以及很多人突破他們的困境。

實際上，那次是我最後一次見到那隻惡鬼，到將近三十年後的今天，我再也沒見過牠。當我親身見證耶穌的神奇大能之後，我決定當個模範基督徒，用功把聖經研究透徹，除了參加聖經課程，我還到一家香港牧師來台灣成立的教會，我在那邊學習醫病、趕鬼、說天國的靈語以及被聖靈充滿。

讀者 Q&A

Q：為什麼禱告可以帶來這麼強大的驅魔效力呢？

A：眾生本來成佛，眾生本來即具有無極神力，禱告乃是我們運用無極神力的方法。強力地禱告即是在強力地運用自身超能力，禱告愈認真，自己的開悟愈深，驅魔效果愈好。

第五回
潛心學聖經課程，教義疑惑上心頭
憂鬱姐妹了殘生，善待眾人應及時

自從耶穌幫我打敗惡鬼之後，我的精氣神也逐漸好轉，臉色由蒼白變的紅潤，心中的喜樂更如泉源不絕，尤其又親證耶穌偉大的能力，所以當時我認為生命的終極答案就是基督教的信仰。當時我似得了聖經知識飢渴症，拼命的想吸取聖經所有的知識。除了反覆自修聖經，又參加教會的聖經課程，還閱讀許多國際知名基督徒的著作，甚至不惜斥資買了一本厚達數千頁的基督教界公認的聖經解經權威。經過許多的努力，使我的聖經知識造詣達到相當程度的水準，後來我也在教會成為聖經教師。

除了持續操練趙牧師的強力禱告，與極用功學習聖經知識之外，我還去香港牧師來台灣主辦的教會，想要學習：「醫病、趕鬼、聖靈充滿、說天國靈語」等四個項目。據聖經記載，這四個項目是基督徒應具備的能力。經過一年的學習，課程內容幾乎都是指導學員如何做有效的禱告，因此我才知道這四個項目都是依附於禱告才可能辦得到，因此，只要把強力禱告發揮，就能透過禱告，幫助別人及自己：病得醫治、擺脫惡鬼糾纏、被聖靈充滿、學會天國靈語。

在日後的實證中，我可以透過禱告醫治好某些疾病，也成功地將被鬼附的人身上的惡鬼趕出去，自己也有被聖靈充滿的經驗，天國靈語我也學會了。只是，實證經驗顯示，有些疾病怎麼禱告也沒辦法改善，有些被鬼附身的精神病患，怎麼禱告也趕不出去附身的鬼，縱然我們使用天國靈語禱告，也毫無效果。這種案例連趙鏞基牧師也遇到過不少，這使我產生疑惑，為什麼耶穌不願意救這些病人或精神病患呢？教會標準的解釋是：「我們不了解耶穌為什麼不救他，但耶穌必然有正當的理由。」可是，我對教會的這種解釋，一直無法接受。

多年後，我在佛教找到答案，這些治不好的疾病或趕不出的惡鬼，都是前世業力所導致，此即是因果法則。但基督教不承認輪迴，不相信有前世，所以不接受人會受到前世業障影響的論點，基督教認為，每個人出生時都是「平等的新靈魂」。

我也無法接受所謂平等的新靈魂的看法，既然都是平等的新靈魂，為何有人卻天生殘廢，要終生受苦呢？基督教仍只是解釋：「我們要相信耶穌的安排必有道理。」這個解釋很矛盾，因為聖經說耶穌是公義的，既然是公義的，對於出生時就是平等的新靈魂，卻給不平等待遇，這根本就不公義。

此外，基督教最重要的教義是：「信耶穌上天國，不信者下地獄。」因此善良之人，只要沒信耶穌，都要下地獄；反之，自私之人，只要信耶穌，即可能上天國。基督教的標準解釋是：「無論多善良之人，必有道德或個性上之瑕疵，人不可能是完美的，故不藉著耶穌的救贖，單憑己力是上不了天國的。」這個解釋實在太牽強，若善良人都不算完美，則自私的人當然更不完美，可是耶穌只救信祂的人，那耶穌豈有公義可言，這又跟聖經描述耶穌的公義特質不符。

此外，如果耶穌的死，真的有救贖的效果，為何耶穌不提前幾千年下來人間為民眾而死呢？若是早點下來人間，豈不是民眾更早得救，世間幸福更多了嗎？還有，信耶穌是上天國的必要條件，也與耶穌在聖經中一再強調的「愛」的觀念有明顯矛盾，耶穌對使徒彼得說，我們對仇敵，要饒恕七十個七次。如果耶穌對仇敵都可以饒恕七十個七次，怎麼會對一個不信耶穌的民眾反倒不能饒恕，而要他下地獄呢？

出現這麼多矛盾，我開始懷疑基督教聖經是否遺漏了一些重要資料？因為我也讀過一些揭露羅馬教廷內幕的資料，例如，有一份資料內容大意為：「在耶穌升天後兩百多年，教廷曾經對聖經進行多次編修，蓄意刪除了一些對教廷權威不利的資料。」只是目前無法證實那時代的教廷內幕。

就在我專心研究聖經這些難解的問題時，花蓮卻傳來教會一位姐妹自殺身亡的消息。我聽到這個消息時，無法抑制內心的悲傷及悔恨，而淚灑回政治大學的公車上。她在自殺前一個月的中秋節，在我返回家鄉過節時，曾打很多通電話給我，她幾近哀求的說要見我一面，但我說中秋過後我立刻要回台北，時間太趕而堅拒見面。她求我給她十分鐘就好了，她有話要跟我說，我擔心兩性關係牽扯不清，因此我硬著心腸拒絕了。我回台北之後，旋即收到她寄來的一個包裹，我連打開都懶得開，直接丟在屋角。

後來當我知道她死訊時，趕回到住處立即拆閱包裹，包裹內是她最喜歡的書籍，以及她影印的一些曾和我分享的資料，都是她人生最痛苦時曾與我分享過的，此時我才知道她一個月前是向我求助，她需要我救她脫離死神糾纏的恐懼，而我竟十分鐘都不給她，甚至連她的包裹我看也不看，我難過得無法原諒自己的無情，如果我當時見她一面，或至少拆閱包裹，可能可以挽回她的生命。

我決定立刻趕回家鄉，我要去她的墳頭陪陪她，聖經中有許多死人復活的神蹟，也許我的強力禱告可以讓她活過來，我要在她面前對她說抱歉。但萬萬沒有想到，這次回家鄉竟會遇到那位宗教魔頭，我的人生即將進入悲慘時期。

讀者 Q&A

Q：我們該用何種態度來面對前世的業力呢？

A：懺悔禱告。懺悔禱告如同一雙溫暖的手，長期且真切的禱告，必能融化一塊塊前世所造的冰塊〈業力〉。冰塊越大，就越需要長時間的懺悔禱告。

第六回
黃土地埋苦命女，秋風寒雨伴新墳
初遇魔頭不知險，赤子之情誠追隨

返鄉的火車上，我一直追憶著她。她是一個問題家庭長大的苦命女孩，因為嚴重的家庭問題，導致她一直有輕生的念頭，國中時就割腕自殺好幾次，後來又服毒自殺，但都被搶救回來。搶救回來之後，長期接受教會的輔導，後來也成為虔誠的基督徒，生命由黑暗走入光明。我初到這間教會時，就注意到她是一位虔誠的基督徒，而我們教會是一個小教會，沒有很多年青人，所以我經常和她同工搭配服事，於是聽她分享、談心事的機會很多。

看見她雪白的手腕上有好幾道很深的割痕，我一直很憐惜她，據研究，割腕自殺是一種疼痛度很高的自殺方式，因此每次想到她用刀深深的割自己的肉，就知道她的心是多麼的沉痛，心痛到已經不在乎肉體的痛。後來她那次服毒自殺，又燒傷食道，讓自己的進食也很困難。

平湖竟起了波瀾，相處久了而生情，她明確的表達想成為情侶的意願。當時我一直在台北念書，也在台北教會聚會，其實只有寒暑假返鄉時才到那間小教會，而當時我剛在台北認識了我的初戀情人，一顆心都在初戀情人身上，因此我拒絕了她。拒絕之後，我非常擔心，因為她是苦命的女孩，這幾年完全是靠堅定的信仰撐過來的，稍一不慎，也許她又起輕生之念，於是我還是很關心她，噓寒問暖自不在話下，但言明我們只是教友關係。感情一事著實難處理，剪不斷、理還亂，感情的種籽已在她心中發芽成長，她依然深情款款，於是我只好痛下決定—必須徹底了斷，以免她愈陷愈深。所以中秋節我返鄉時，堅持不見她的面，她寄來的包裹，我也決定不打開看，既然決定了斷，就堅持下去。

想著想著，火車回到家鄉了，一下車我直奔教會長老家，我想要了解詳細經過。聽長老的描述，原來她瞞著我許多事情，她高中服毒自殺那次，食道已全毀，不能飲水也不能進食，因此肚子手術開了一個口，開口處有一口袋，飲水和食物必須由肚子的口袋擠入胃中。這事情她從未說過，故我一無所知。

可能她為了討好我，也可能怕我嫌棄她，在我面前她都正常進食飲水，這些食物及飲水會造成食道很大的痛苦，不但進不到胃部，事後還要挖出來，還會引起感染病變。想到這，我非常難過，更加深我的悔恨及不捨。長老還說，她高中服毒那次，除了食道全毀，身體機能也受重傷害，所以活得很痛苦，其實也活不久，這次她死意甚堅，她在胃袋中塞了很多藥物毒死自己，也許死對她是唯一的解脫。

聽完長老的說明，我直奔她的墓地，找到她的新墳，想到她一生受的苦，又想到她臨死前，我無情地連十分鐘也不見她，於是我對墓悲慟落淚，時值深秋，東北季風強大，又持續下著雨，我身披雨衣，荒蕪的墓區更顯得悽涼無比。我開始進行強力的禱告，也用天國的靈語禱告，我死命的求耶穌要她活過來，我要當面和她致歉。禱告了幾小時，我知道耶穌不會讓她活過來了，只能求耶穌照顧她的靈魂，我也希求她原諒我的無情。

此後，一連三天我都到她新墳去陪她，除了歉意和不捨的流淚，就是一直為她禱告。我在墳頭上想著很多事情，後來我想通了：「生命無常，也許這次是與朋友的最後一面，因此我要惜緣，基督徒應懷耶穌大愛，不受制於自私狹窄的兩性之愛，尤其對那些陷在苦難中人殷切提出的懇求，我當盡力成全其願，不要於人間留下任何虧欠。」

我返鄉哀慟之事，也驚動教會新聘的牧師，在我回台北之前，新牧師主動說要請我吃飯。我和他見面之後，大為震驚，想不到家鄉小教會新聘的牧師，其聖經造詣如此高深，解經功夫真是了不起，聖經條文之引用，靈活又極有見地，遙遙領先我在台北見過的所有牧師及聖經教師。除了高深的聖經造詣，他竟然和韓國大牧師趙鏞基一樣有天眼通，甚至還有他心通，不但千里外之事均清楚知悉，我的想法他也瞭如指掌，故我對他極為仰慕，慶幸家鄉這個小教會聘到這麼一位絕頂牧師，我決定要追隨他學習。

我懷著複雜的心情回台北，一方面不捨她痛苦地離開人世，同時慶幸教會聘請到絕頂的牧師。當時還不知道這個牧師是一位包裝很好的宗教魔頭，他在東南亞、台灣均有犯罪前科，他學了很厲害的魔法，根據日後我和他鬥法的經驗，這個大魔頭可以命令為數上百隻永和鬼屋等級的惡鬼，以附身或作祟降災等方式修理他人。

讀者 Q&A

Q：修行者可以戀愛嗎？

A：無可無不可也。只要兩人能堅守開悟之心並能實踐無私的全愛，縱然戀愛結婚，也無礙達成解脫。

第七回
木柵幽居一修士，比翼雙飛指南山
過度自信誤機緣，深陷群魔惡鬼陣

懷著複雜的心情回到台北木柵，此時我已從永和鬼屋搬至木柵。話說永和鬼屋的房東，見我住了兩年，不但沒出事，精氣神還愈來愈旺，因此，他認為房子已經不鬧鬼了，想收回自己住，便催我搬走。但房東有所不知，那惡鬼是與我交戰失敗之後才離開的，我搬走之後，也許牠又會回來，本想提醒房東注意，那隻惡鬼很兇猛，弄不好會病死人，請他務必防範。可是房東很絕，某日早晨我還在睡覺，房東即派工人把三樓隔間打掉，我的房間隔間被拆除時，我還在睡夢中，驚醒後只好緊急打包搬家，先將東西借放朋友家，然後忙著找房子租，我見房東冷酷的臉，那片提醒房東注意的善意就此打住了。

木柵是一個修行人高度密集之處，又以佛道兩派的修行者居多。我當時是以基督教修士自居，過著清貧儉約的生活，除了研讀學校專業課程之外，都專心以讀聖經、禱告為事。政治大學周邊的河堤上、河邊楊柳樹下、河邊青草地，都是我禱告之處，也是我進入冥想與耶穌對話之處。

當時深深戀慕初戀女友，我是一個書呆子，又因深度靈修，故閒話不多，不知道該如何與她表達愛慕之意。每次想打電話給她，總是先禱告，求耶穌成全這段感情，然後模擬好對話的內容，走到公用電話邊，卻又猶豫半天不敢打，後來終於打了，可是只說了幾句問候話，接著不知該說什麼，就掛斷了。

不善言辭的我，滿心的愛意，僅能寄託於持續不斷的禱告，懇求耶穌成全。有一次我坐在河邊青草地上，閉著眼睛專心禱告，禱告後睜開雙眼，見一對蝴蝶在我身邊成雙飛舞，久久不去，見此徵兆，我心想，必是耶穌成全了我的禱告，故滿懷感恩，後來，我們真的如願的在一起了，我深覺禱告的力量實在神奇。從此，我們出雙入對，我們立願要做個清淨的基督教修士，將來要做一番利益群眾的大事。我們有深厚且真誠的愛情，又懷抱濟世宏願，又有很濃的夫妻臉，故朋友及同學均戲稱我倆為「神仙俠侶」。

於此同時，我也很想念家鄉教會新聘的牧師，雖只是一面之緣，只一席之談，可他登峰造極的聖經修為，加上厲害的神通，著實令我十分敬仰。因此，我向女友提議，幾個月後放暑假時，我們返鄉一趟，向新牧師參學請益，女友欣然同意。當時，與一位在木柵隱居的道家修士偶遇，他善意提醒我，他看見我身邊跟著很厲害的惡魔，可能將遇大難，他僅點到為止。但我想有耶穌保護我，所以認為只要透過強力禱告必可驅離此惡魔，故未在意他的提醒，當時萬萬想不到，這惡魔竟然是我最敬仰的家鄉牧師所派來的。

又有一次，在台灣大學附近天橋上，巧遇一位全身掛著許多掛錶的胖胖怪人，他走向我身邊，對著我的女友說，妳選的男友是一位很特別的傑出修行者，然後轉身向我說，要給我他的電話號碼，我若遇到困難，要記得打電話找他。我見他穿著怪異之極，瘋言瘋語，只當他是瘋子，所以連忙拒絕，速速拉著女友離開現場。

走沒幾步，靈光一閃，為何連續有人暗示我將遇難？於是轉身回頭想問清其意，可是那個怪人，竟像人間蒸發，我遍尋不着，只得作罷。日後我果真遇難時，回想天橋之奇遇，只慨嘆自己以貌取人，拒留他的電話號碼，故錯過上好機緣，如今大難纏身，實在需要高人相助，可這茫茫人海，何處尋此高人？

數月之後放暑假了，於是帶著女友返鄉，向敬仰的新牧師請益，以增添將來我和女友濟世的能力，那幾天真是我最快樂的日子，從他身上學到好多東西，除了登峰造極的聖經知識，他親切又謙虛的態度，實在令我佩服地五體投地。但是，回台北之後不久，我發現女友心中的最愛，怎麼是那位牧師，而我已經退居次位。我十分驚訝，我們這麼深厚之愛情，怎麼她才見新牧師一面，就被牧師佔據內心呢？甚至女友進一步提議，我們應減少見面，勸我更專心清修。

我急著勸女友，我們在一起時，都是聖潔的清修，沒有任何苟且之事，亦未曾稍忘未來濟世之宏願，我們總是一同往標竿積極前進，故實在沒有必要減少見面啊？可是她有時認同我的意見，但很快地又堅持要疏遠，我發現她的心失去之前的穩定、純真、光亮，以我當時修為的功力，只覺得她很不對勁，但尚無法說出個所以然來。

我們比翼雙飛指南山，處處皆是一同靈修之處，可如今，她對我的態度讓我不解又傷心，當時我不知道女友已被惡魔附身，心思意念均被幾百公里外的新牧師操縱。當時我的修為功力比女友稍高，所以惡魔只是在身邊亂竄找機會，一時還無法附我的身，所以我還算清醒，這只是一連串魔難的開端，以我當時的功力撐了一陣子之後，亦被惡魔附身成功。

日後檢討起來，當時我的強力禱告已經有相當火侯，聖經造詣也具聖經教師的水準，又有打敗鬼屋惡鬼的實戰經驗，怎麼會被惡魔附身成功呢？縱然被惡魔附身成功，我也學會趕鬼的禱告，怎麼都無用武之地呢？究其原因，當時我想不到新牧師竟是這群惡魔的總司令，所以不會提防他，反而處處採信其意見，真乃向鬼拿藥方，所採取的策略都是錯誤的，所以才會愈陷愈深。

讀者 Q&A

Q：為什麼隱藏在地球的高人會以奇異的裝扮出現呢？

A：許多神仙或是修行高手喜歡以平凡無奇的裝扮顯化，目的乃是考驗人的謙虛，眾生如果以貌取人，可能會錯過接受高人點化的機緣。

第八回
赤子真誠遭魔戲，哪知良緣都賠上
元神被制苦難當，附身管道是經文

回家鄉向新牧師請益，本來是我非常期待又開心的。可是回台北之後，不僅女友漸漸變了，我也逐漸感受到強大的力量在攪動我的思緒，我愈來愈靜不下來。可是檢視生活，一切均如往昔，沒發生任何重大事件，因此著實不解為何心靜不下來？藉著禱告、靈修，我盡力將心拉回原來的平靜穩定。

我自己在苦撐，尚勉強維持一個平穩狀態。可是女友一直出狀況，使我要力圖維持平靜，更為艱辛，覺得壓力大到快失衡。在女友堅持下，我們的約會已減少到每週只一次，但她還要求再減少，她說未來耶穌還有許多任務要我們完成，我們應該專心清修，可是我堅持每週至少約會一次，不可再減少。

我一再懇求她別再減少約會，但均無法動搖她堅定的意志，大約爭執四個月左右，我傷心不已，我的最後防線失守，心思大亂，再也靜不下來。實際上，趁著我心思大亂，惡魔已附身成功，此後兵敗如山倒。

從認識家鄉牧師至當時約一年了，以往只是向牧師請益，如今我首度向家鄉牧師求助，盼他出面勸女友回心轉意。我對家鄉牧師十分恭敬，家鄉牧師對我也慈愛親切，從未有所苛責。可竟然在我最後防線崩潰心頭大亂之際，他對我露出凶狠的態度，他說是我不夠長進，女友的作法完全正確，於是在電話中被他痛罵了一頓。

此時方知，原來女友的疏遠是他授意的，我極度失望、非常不服氣、也很生氣。可是家鄉牧師痛罵我的話，在我心中不斷的迴響，難道真是我不長進嗎？由於當時我已被惡魔附身成功，故只要心中對牧師不服，便有一股強大的力量逼我認錯，我若不認錯，就會出現無邊驚恐、如行屍走肉。睡夢中則是噩夢連連，夢中一大堆長相極為恐怖的惡鬼來修理我，驚醒後更是膽寒顫抖不已。

一段時間之後，同學看見我，都明顯感覺我不對勁，原本清秀修士的氣質不見了，我問同學，你們覺得我有何不同，同學們說，是一股說不出來的怪異感覺。那時我壓根沒有想到家鄉牧師會派惡魔附身，身為一個基督徒，對牧師是非常地尊敬，所以我當時反省我那些驚恐和噩夢，大概真如牧師所說，是我自己不長進，才招惹魔鬼纏身。

尤其他訓斥我時，皆引經據典，滿口聖經教條，我雖然不服氣他慫恿女友遠離我，可也沒有理由說他錯，他理直氣壯地說：「聖經中記載許多偉大的先知，是不婚的，聖經也沒有耶穌結婚的記載，他們的人生都是以傳福音為重。」以他登峰造極的聖經造詣，我看天下也沒有幾個牧師能辯贏他，他運用滿口經論掩飾，使我沒有於最關鍵的初期便施展強力禱告、立刻進行驅魔爭戰。所以一再錯失先機，以致於附上我身體的惡魔愈來愈多，將來知道要對決，卻為時已晚，獨力難以回天。

隨著附身的惡魔愈來愈多，除我之外，尚有跟隨他學習的十餘位年輕人已經逃不出他的掌控。於是，那位慈愛的牧師變成高高在上的皇帝，對他的命令稍有不從，便嚴厲斥責，若膽敢不服，他立即唆使附身惡魔強烈譴責，讓反抗者心生無名恐懼。因此，服事他比服事一頭猛虎還得更小心，一點差錯也不能犯，一句話也不可以頂撞，連不服氣之念頭也不可以有，那將會陷入無邊恐懼。想脫離他的弟兄，他就說要修理那弟兄，隔天弟兄真的就出車禍。於是，我們十餘人，就活在恐懼的深淵。

某日，那牧師變本加厲，打電話到政大研究生宿舍給我，在電話中他指示，為了讓我專心清修，不要迷戀於感情，規定我從某日起算四十天內不准和女友聯絡，更不可以見面，若有違背，將有更嚴厲的處分。我自然完全不能接受，於是立刻騎車直奔台大研究生宿舍，跟女友提議，我們別再跟那牧師連絡，我說那個牧師雖然滿口經教，卻一直破壞人家感情，實在有說不出來的怪異。但，意想不到，女友反倒訓了我一頓，認為牧師是為我好，我怎麼反倒批評牧師，她勸我應該專心清修，並接受牧師的安排。

當時家父很關心我和女友的婚事，想去找那牧師談談，我即強力阻止，不願意父親涉入，因為以我當時勤練強力禱告的功力，加上聖經教師的水準，尚且無法與那牧師對抗，父親年邁又不懂禱告，如何與那牧師對抗呢？所以我強力勸阻。我眼見女友完全倒向牧師，亦只能配合了，把一切期待放在四十天後。由於心中對牧師非常不滿，此時附身之惡魔讓我陷入恐懼不安，硬逼著我找牧師認錯悔改，我撐不了多久，只好打電話跟牧師道歉，當時覺得真是委屈，人家破壞我的感情，我還得去道歉。

讀者Q&A

Q：夢中若接連夢到惡鬼纏身，該如何處置呢？

A：除了自身進行強力禱告之外，必要時可與天界團隊聯繫。根據實證經驗，許多惡鬼的背後有強大的靈界勢力在力挺，故有時我們要完全拯救一個人需要靠一個大團隊的幫忙才有辦法。

第九回
指南山孤影飄零，痛心淚但問蒼天
三修士惻隱悲憫，下山仗義助孤影

壞牧師之目的逐漸顯露，他想憑藉強大惡魔軍團的勢力成立一個新的組織，因此必須吸收一群人為他效勞。由於他底子就是惡魔，故這個組織之目的當然就是引導群眾陷入錯誤的信仰，而永沉苦海。其實這是惡魔萬古以來不斷上演的戲碼，各宗教教主原始所傳的解脫正道，便是被這群宗教學問淵博之惡魔，蓄意移花接木、惑亂正道，使正確的解脫之道，於教主過世後數百年，逐漸偏差失傳。但是，各大教主仍然不休息地扶持正法，歷代均不斷派出頂級開悟者再度投生人間，化身為靈性導師，與惡魔周旋到底，使解脫正道永續香火。

在殷切與女友再相見的期待下，四十天終於熬過去，我立刻打電話給她，確實有小別勝新歡的甜蜜。本來以為，通過所謂四十天的心靈淨化，可以恢復神仙俠侶，比翼雙飛指南山。但，原來這只是壞牧師拆散我們的步驟之一，四十天後，女友仍處處與我保持距離，要我好好靈修。此時壞牧師進一步指示女友負責輔導一位新來的弟兄，女友言聽計從，對我一再疏遠，卻用心輔導那弟兄。

此時我發現情況不對勁，我認為壞牧師的安排是以拆散我們為目的，因為他可以派個弟兄輔導那位新來的弟兄，為何要派我女友接此任務呢？既然談感情有礙清修，一再阻止我和女友約會，卻把我女友和那新弟兄綁在一起，這實在太矛盾了。因此，我開始用一切方法討好女友，也理性分析這個牧師有問題，但她聽不進去，此時我急得不知所措，她一味得要我清修，要我信任牧師的安排。

一九八九年六月某個週六中午，聖經聚會結束之後，適逢傾盆大雨，我照往例要帶她去吃午餐，她撐起雨傘，我自然走到她傘下，想不到她立刻閃躲，然後拉著那新弟兄一起撐傘，將我丟在大雨中，她們親密地並肩撐傘走了，頭也不回的離我而去。

昔日的神仙俠侶，何故今日她這般無情？我一直用心呵護著她，到底哪裡對不起她？我眼淚早已奪眶而出，我駐足雨中，直到她和他完全消失在我眼前，除了痛淚不休，我腦際一片空白，騎車回到政大附近，我決定去吃那家店的紅燒魚，因為那家店的紅燒魚是我們最愛的一道菜，有濃濃親愛的回憶，可是，邊吃邊落淚，胃翻騰不已，食不知味，難以下嚥。

我知道這一切都是壞牧師在搞鬼，於是我下定決心，他奪我摯愛，我要正式宣戰，無論他魔法有多厲害，我縱然戰死，亦在所不惜。只是當時心痛欲裂，一時理不出個頭緒。我似一遊魂，飄蕩於指南山各處，可處處都是摯愛的回憶，飄到哪兒淚到哪兒，那段時間，把今生可流之情淚幾乎都流乾了。我大聲的問上帝，請上帝給我一個交代，為何一個虔誠的基督教修士，如今卻是落得這個悽涼下場。

我不住的向上帝伸冤，指南山大概被我這遊魂的強大冤氣震撼，驚動了三位道家隱居高人，此三人皆有天眼通，其中一人即於之前曾提醒過我，說我被很厲害的惡魔跟上，三隱者看不慣壞牧師用如此惡毒手段對付一個年輕學生，故此三人決定出面助我對付惡魔。

當時與三位隱者的對話，對於找到生命終極答案具有關鍵性之影響，此外，稍後即將與魔頭展開的正面對決，除了親身實證惡魔之魔法強大，更深刻明白萬古以來惡魔是如何佔據人心、以及如何破壞正確解脫之路。日後回想起來，我赴這場魔難所付出的慘痛代價，能夠換得這些珍貴的領悟，實在太值得了。

在進行正面對決之前，一位隱者問我：「你是上帝嗎？」對於我這個虔誠的基督徒而言，人類都是上帝所創造之兒女，上帝是何等神聖崇高，我怎麼可能是上帝呢！不過，他請我獨坐於他打坐之房間，要我好好思索這個問題之後再回答，大約每隔一小時，就來問一次我的答案，一連三次，經過三個小時的思索，我都回答：我不是上帝。

他面露失望之色，他提醒我：「切勿執著於經典知識，這是魔障啊，請我回去之後再好好思考。」我聽了之後，心中很不滿，聖經是上帝的教導，是何等珍貴的人生指南，他怎麼說經典知識是魔障呢？照他這樣說，除了聖經之外，連所有經典豈不是都成廢物，他實在是太狂妄了。我開始懷疑他的功力，心想他們這幾位道家修行者是不是走火入魔了？但人家既然熱心幫我，尤其當中兩位，是頭髮都花白的老者，基於敬老尊賢，更不宜頂嘴辯論，故心雖起疑，仍然答謝作禮後離開。

按照計畫，他們會利用約兩個月的時間幫我先清除掉糾纏在我身上及身旁的惡魔，我需配合兩件事：「第一，運用強力禱告驅魔。第二，切記勿執著於經典知識。」每天晚上子時一到，我就依照三隱者交代，開始禱告，他們三位則在他們個人的隱居處所，同時發動道法進行驅魔，他們採用的道法是「三元真火陣」，要用真火煉化那群惡魔。

我的禱告過程，的確感受到強大的外力支援，我知道是三隱者已發動道法，我突然覺得很噁心，就從身上跳出去一隻惡魔，再一會，又覺得很噁心，就又跳出去一隻惡魔…，如此進行一個時辰之後，跳出去十多隻惡魔。子時禱告結束之後，頓覺輕鬆清新，深度的恐懼感降低很多，晚上睡覺也不再噩夢連連。因此，我想那三位隱者，功夫確實有一套。

不過，罪惡感也不時飄出來，我是個基督徒，怎麼找道家修行者對付基督教牧師呢？此舉根本就是叛教！此時，牧師引用聖經教訓我的話，也不停在心中迴響，他時常說，聖經中記載許多偉大的基督徒都是經過不少的磨難，牧師這樣對我，就是在磨練我，讓我更成熟。聖經的內容，牧師的教導，不斷在心中迴響，我覺得對不起牧師，因此清新的感覺漸漸消失了，又被強大的罪惡感及恐懼感包圍。

如此每日進行子時禱告，最多一次竟然從我身上趕出去七十多隻惡魔，每隻惡魔離體之時，都覺得腥臭噁心之至。我當時深覺奇怪，為何每天都可以趕出去這麼多隻惡魔，到底總共有多少隻啊？只是當時我不知道，這些惡魔已被三隱者施為之道法逼出我的身體。是我忽略三隱者的交代：勿執著於經典知識。我反其道而行，整天把牧師訓斥我的那些聖經知識反覆在心中思考，結果讓自己又陷入罪惡感的矛盾，七十幾隻惡魔又回我身體。

我日後修為更上層樓時，才領悟三隱者之交代是正確的。修行者有幾人能知道，惡魔進入肉體時，也會以滿口經教為掩護，當我們滿腦子都是經文時，必執其所愛經教為標準，此時最易起分別評論之心，別人想法與我不同，就斥責對方為魔，人我是非既起，則心難以清淨，惡魔便趁此時附體，以那些經教為床，舒服的躺在修行者體內睡大覺，暗中把人帶向無法解脫之路。日後讀到佛陀於金剛經所云：「法尚應捨，何況非法。」方才領悟，法、非法都須捨，才能解脫，若僅捨非法，卻滿心經教，則易起分別執著論斷，此心無法清淨，確實是魔障啊！

當時我忽略三隱者之交代，深困於聖經教理之論辯，以致心無法清淨，讓三隱者一再施為道法，反覆與七十幾隻惡魔交戰兩個月，實乃野火燒不盡，春風吹又生，終致敗相已露，此番大戰勝算不高。

讀者 Q&A

Q：要如何得知自己是否已經被經典困住了呢？

A：許多人讀了幾十年經典，仍無法接觸天國，與極樂世界也沒有往來，只是一廂情願地死守經典內容，只要與他們不同見解的，一律歸為邪教，此時就是被經典困住，他們看不見真相。

第十回
三元真火戰群魔，十架現跡遭火燒
基督修士迷不悟，恩將仇報三隱傷

三隱士原本計畫以兩個月的時間，清除糾纏於我的體內及身邊的所有惡魔。但因我心中不時出現牧師以聖經內容訓斥我的畫面，因而舉棋不定，一回認為牧師是個挑撥離間的壞蛋，一回又想牧師之訓斥均引用聖經，亦不能斷言牧師有錯。如此舉棋不定，故七十多隻惡魔，被三隱士之道法趕出體內，旋又附身回來，因此戰線延長到第三個月。只是我不知道三隱士與七十多隻高級惡魔的大戰，是一場極損耗真元又極凶險的惡鬥，拖得愈久，對三隱士愈不利。

到第三個月，子時禱告時，已清晰感受到兩股巨大的能量不斷在撞擊、惡鬥、糾纏、劇烈震動。某日禱告中，忽然親見靈界驚心動魄的大戰場景。我看見三隱士分據靈界三個點，形成一個大三角陣形，我被三隱士放在陣形的中心的一間小禪房，大三角陣形面積非常廣大，三角陣形當中包圍著一座聳立的高山，此高山即是惡魔軍團的總巢穴，三隱士為了保護我，小禪房周邊設下道法防護，使我安全住於其中。三隱士於大三角陣形三個頂點，同時施展道法，三元真火從四面八方而來，將那座聳立的高山陷於火海，以三元真火煉化那群惡魔。

惡魔軍團首領終於現身，率領滿山惡魔以及眾小鬼反擊。魔軍首領身量高大似座小山，狀甚莊嚴威猛，騎著一匹大戰馬，魔法高強，呼風喚雨，與眾惡魔不斷發射強大能量波攻擊三隱士，同時魔軍召喚龍捲惡風、挾同暴雨，企圖熄滅三元真火。我見三隱士受到魔軍團激烈反擊而身體搖晃，可三隱士仍硬挺住魔軍所有攻擊，同時一面保護我的安全，此時方知三隱士為了我，正在冒著生命危險全力與魔軍團周旋，我心深覺不忍，感受到三隱士之大悲心。

我後來知道，那廣闊的三角陣形，即是我內心世界，那座高山就是惡魔在我體內築起之巢穴，魔軍就是從那座高山不斷對我的元神進行攻擊及恐嚇，使我經常陷於無端恐懼、六神無主、意念混亂。今日若不是仰賴三隱士三元真火之煉化，逼著魔軍現形，我無法親見我的內心世界竟然被魔軍完全佔領。

三隱士確實道法高超，技高一籌，故經過幾番激戰，魔軍受不了三元真火之煉化，而一隻隻的逃離三角陣形，逃離大三角陣形的惡魔，其實就是離開我的肉體。魔軍敗出三角陣形之後，子時禱告也停止。如前文所述，禱告結束後的清新維持不了多久，牧師引經據典訓斥我的話語，又在我心中激盪迴旋，是非對錯又陷於矛盾不清，於是惡魔又回來了。

終於，三隱士的最後一戰來了，那次的禱告所見的靈界戰場非常激烈，此次戰役，魔軍團有備而來，在魔軍團敗象已露之時，忽見魔軍團的高山上聳立一個巨大的十字架，十字架放著潔白光輝，滿山遍野的魔軍，忽然變成神聖的基督教戰士，那魔軍首領變成基督使者的光明相。不久，十字架放出的光輝，漸漸被三元真火壓制，然後開始燃燒，基督教戰士則被三元真火燒得慘叫連連。我的心念突然急轉成自責，我怎麼會和外教修士聯手，攻擊我們基督教弟兄呢？尤其基督徒最看重的十字架，竟然被三元真火燒化，我生氣了，那幾個道士竟敢燒十字架！而且那群基督教戰士正在苦戰呻吟，於是我走出三隱士為保護我而設的小禪房，我要出面捍衛十字架，我要與基督教戰士站在一起，就在離開禪房的那刻，戰場上起了重大變化，大三角陣形的三個頂端的三隱士，竟然同時倒地吐血，似乎受了重傷，隨即三隱士消失於戰場上。

當場，我忘記這幾個月三隱士為了我以命相搏的大悲心、大義情，三隱士倒地吐血我也無動於衷。我只急著想捍衛十字架，想扶持受傷的基督教戰士，此時所謂基督教戰士首領亦現出真面目，竟然就是那牧師，我很愧疚的向牧師道歉，我讓基督教蒙羞了。牧師此次竟沒有訓斥我，反而軟言安慰，也讚許我沒有被那些祆道迷惑，亦讚許我修行進步，最後還能識破祆道的大祆陣。

我當時深信牧師所說：「你是被三祆道迷惑，牧師率領基督大軍來幫你擊退三祆道，你因為對牧師有成見，才把牧師率領的基督大軍，誤認為惡魔軍團，好在關鍵時刻你醒悟了，看出牧師是基督的使者。」我陶醉於牧師的讚許，忽略三隱士在我人生最低潮，孤影淚灑指南山時的相助情義，人家為我苦戰而吐血，我連去探望一下都沒有。我深陷於聖經教理，認為聖經真理得勝、十字架得勝、基督教戰士得勝，至於三隱士相助的情義，已經忘得一乾二淨。

三隱士與惡魔軍團的大戰結束後，我和壞牧師又維持了一段時間美好的互動，直到壞牧師又有進一步離譜的動作，再次令我痛心疾首，我才徹底清醒，這群惡魔已經不止一次以神聖外衣欺騙我，而我卻一再地被其神聖外衣愚弄得舉棋不定。彼時方知，我是多麼辜負三隱士，我這忘恩負義，執迷經教不悟的傢伙，此時再陷更大魔難，才開始關心他們吐血負傷後的情況，很想去看看他們，但當時已無顏再去找人家，此時該如何度過此大難呢？

讀者 Q&A

Q：為何作者陷入如此艱難的魔軍攻擊，天界軍團不出手救援呢？

A：如文中所述，即便三位隱世高手挺身相救，但是最終的決勝關鍵仍然取決於當事者的選擇。萬古以來，天魔大戰亦是如此，縱使天界軍團為眾生苦戰出一條血路，眾生若執意選擇支持魔界思維，天界也只好尊重眾生的自由意願。

第十一回
魔頭假傳上帝旨，萬念俱灰不兩立
三隱士含笑無言，耶和華上帝現身

三隱士和惡魔軍團大戰結束之後，我和牧師進行了一段時間友善的互動，我全心投入協助牧師成立新組織，不但電話互動密切，逢假期立即返鄉服務。當時我這樣熱心，乃基於三個想法。其一，為了贖罪，因為與道家三隱士合作，攻擊教會牧師，此事等同背叛基督教。其二，許多偉大的基督徒都是經過不少磨難，舊約聖經甚至說，金蘋果尚須再用烈火煉過七次，才算完美，因此我想牧師安排這些令我痛心之事，真是在磨練我。其三，如果自己不斷地清修進步，女友完成輔導那新弟兄的任務之後，牧師便不會再慫恿女友疏遠我，有情人終成眷屬。

當時經費不足，成立新組織的許多工作，只好弟兄姐妹自己動手做。新組織的房子買了之後，牧師分配工作，我和一位弟兄負責拆除這房子的所有隔間，以及起建一間新廚房。那位弟兄有些營建的經驗，我則配合施工，當時我們兩人打掉所有隔間之後，要搬出去的廢建材很多，我關節自幼即受傷，實在承受不住這麼沉重的廢建材清理搬移工作，但人手經費都不夠，大家都在忙，我也不好意思不動，因此忍痛清理整屋子的廢建材。

後來起建新廚房，挑磚塊、搬水泥、搭建屋頂、敷牆面……，所有工作就只有我和那弟兄兩人負責，他已累壞了，我不僅累壞了，關節真是痛死了，走路都已經很困難。牧師見我行走都困難，也默不作聲，依然督促限期施工完成，我只好硬忍，我想，這就是磨練，只是當時不知道，關節已嚴重磨損惡化。

隨著新組織的房子逐漸整建完成，大家正在歡喜之時，我卻聽到一個晴天霹靂的噩耗，我女友竟然和她輔導的那弟兄正在籌備訂婚事宜！這是怎麼回事？牧師不是要我們清修嗎？怎麼我和女友約會都不行，牧師卻同意他們訂婚，這簡直太荒唐了！尤其本來不是跟我說，只是安排我女友輔導那新弟兄，那只是一個任務，但怎麼要訂婚了呢？我發現我被騙了，這根本是早就規劃好的劇本。

我立刻去找牧師談這件事，我看他有什麼理由，牧師很嚴厲的斥責我：「你配不上她，你只想找她約會，還想和她有性行為，聖經說，你心裡想，就是犯淫亂罪，你非常不專心清修，所以，第一次把你們分開四十天，就是要你反省。結果四十天後，你還是一直想約會，心中還是經常想有性行為，一再犯淫亂罪，所以才安排她輔導新弟兄，要你再次反省。可是你不知反省，還去找祆道對付牧師，讓牧師率領基督大軍辛苦和祆道大戰三個月。因此，上帝決定分開你們，為她安排更好的丈夫，也是對你的懲罰。」

我完全無法接受牧師這套說法，男女交往怎麼會不想約會呢？而且我只是想有性行為，但仍然守住基督教的清規，沒有發生婚前性行為啊。雖然心裡想就是犯罪，但聖經也說，可以認罪悔改啊！至於找祆道這件事，也是因為牧師禁止我和女友約會，卻安排她輔導新弟兄，他們經常獨處研究聖經，其實就是一種約會，牧師一方面禁止我約會，卻安排女友和其他弟兄約會，實在太矛盾，根本無法自圓其說。

只是，我已被一大堆惡魔附身，只要對牧師不服氣，立即陷入無邊恐懼，全身陰寒顫抖不已，心跳得極快，胸腔快要爆開，痛苦到一句辯論的話都說不出來。至此，我已經完全確定，這牧師是個大惡魔，這股貫串我全身至陰至寒之氣，根本就是惡毒魔法，但我毫無招架之力。也才領悟到，為何三隱士必須用三元真火煉化這群惡魔，此乃道家運用至陽之氣破至陰之氣，才能逼出我體內附身之惡魔。

想到政大碩士班課業如此繁重，我還是一放假就返鄉做苦工，一片真心，卻什麼都無法挽回，右髖關節搞壞了，女友也離開我了。再想到，對我至情至義，不惜犧牲性命保護我的三隱士，我竟然對他們無情無義，他們苦戰吐血之後我未曾去探望過人家。我又似遊魂飄盪於指南山，終日以淚洗面。除了確定失去女友的斷腸之痛，還有自己對三隱士無情無義的悔恨，更哀傷自己傻到這樣把右腿也賠進去了。

想我這樣一個虔誠的基督徒，從清貧家庭出身，沒有錢，也沒有家世背景為後盾，又只是個年輕學生，被一個大魔頭欺負到這般田地，我哭喊著問上帝，祢為何不出面管管呢？祢為何不消滅那個假扮牧師的惡魔呢？我已決定完全與壞牧師斷絕關係，此時體內惡魔強烈地攻擊我，我終日陷於無邊恐懼，白天黑夜都無法解脫，那群惡魔逼著我去找牧師道歉，但我跟他們說，寧死不屈。

我已呈現六神無主的嚴重狀態，同學看見我都說我怎麼變的很邪門。我自己知道，我體內被一大堆惡魔附身，當然邪氣沖天，可是我沒辦法，分分秒秒被一大群惡魔攻擊，真的非常非常痛苦，沒有被大量惡魔附身經驗的同學，根本無法體會，所以我也不想多說。我決定向外求援，於是，我厚著臉皮去找三隱士，我與其中一位見面時，他慈祥含笑和我點個頭，我看他對我和顏悅色，似不計較我的無情無義，因此心中頓現曙光，可是，點個頭之後，他就去忙他的事情，一句話也不跟我談，也沒招呼我坐下，顯然刻意避著我，因此我停留了一下，只好失望的離開。

我想，還有誰可以幫我呢？想到多年前台大附近天橋上的那位怪人，曾要給我他的電話，說日後有困難要記得找他，可我以貌取人，把他當成瘋子而拒絕，如今大難臨頭，方知自己錯過得救的機緣。如今，人海茫茫，竟找不到一人可以幫我。我決定，就自己救自己吧！以前在永和鬼屋，我也是自己單打獨鬥，雖然這個大魔頭比永和鬼屋的惡鬼厲害太多了，但如今既無幫手，只好自己來，因此我又開始進行韓國趙牧師的強力禱告。

因此，我有時間就專心的禱告，令我震驚的是，在沒有三隱士的幫助之下，我獨力進行強力禱告，竟然也能把附身惡魔一隻一隻的趕出去，每隻離體時，仍是那種腥臭噁心之至的味道。我不知道為什麼我獨力亦可以辦到，也許有人暗中助我，也許是我功力進步了。無論是何原因，我每次禱告結束，總可以趕出去幾隻惡魔。所以那種六神無主、苦海無邊的恐懼，都逐漸改善，只是改善很慢。

某次禱告時，竟然看見一位渾身潔白放光的超級大巨人，他走在地球上，地球也僅是那巨人的一個小花園，我看見許多聖潔的天使圍繞在大巨人身邊飛翔，有的天使坐在大巨人肩膀上，或坐在頭上，或坐在手心，那些天使的大小和大巨人相比，好像一群飛鳥在高山邊飛翔。但是那超級大巨人非常慈祥，天使都和祂玩，和祂搗蛋，狀甚親密。

我很好奇，這個把地球當花園的超級大巨人是誰呢？就有聲音跟我說，祂就是萬王之王耶和華上帝。我極度震驚，極為歡喜，竟然耶和華上帝親自現身，但耶和華上帝沒有跟我說話，祂讓我看見創造地球的過程，看完創造地球的過程之後，耶和華上帝和眾天使就消失了。此時，我歡喜得跳了起來，原來上帝一直在暗中幫我，我必不孤單，有上帝幫助我，那群惡魔能把我怎樣呢？

耶和華上帝親自現身，除了使我頓覺有依靠，尤其讓我目睹創造地球的過程，與聖經創世紀之記載相比較，即可知聖經紀錄的資料是有遺漏的。或許有人會說，你見到的上帝可能是惡魔幻化的，也可能是你自己第八意識投射的幻影，但我可以很肯定的說，那百分百是耶和華上帝真身。

因為我從永和鬼屋開始，那隻惡鬼就要我去熟讀經典，將來可以出來假扮大師。而壞牧師這大惡魔更是處處引經據典，聖經成為大惡魔絕佳偽裝面具，所以大惡魔不可能自毀其面具，讓我發現聖經有遺漏。而且，耶和華上帝讓我看見的創造地球過程，是我從來沒有想過的，就連耶和華上帝竟然如此高大，也是我從未想過的，八識田中從未植此種籽，故不可能是第八意識投射此幻象出來。

以前就讀過一些資料，提及羅馬教廷為鞏固領導權威，蓄意刪改聖經。當我親見地球創造過程之後，便確定聖經有遺漏重要資料，我才領悟萬古惡魔一直利用人性的瑕疵來增刪重要經典，故經典早就被惡魔植入致命的錯誤，將來就利用這些錯誤的經典，把人類永遠困住不能解脫。

不久之後，隱居數十年的一位絕頂修行高手，亦現身助我清除所有附身惡魔，也對我有許多開示，使我離找到生命終極答案又更為接近。

讀者Q&A

Q：為什麼羅馬教廷為了鞏固領導權威而蓄意刪改聖經呢？

A：古代的君王或是皇帝皆以獨大管理天下，若是眾生平等、眾生即是上帝的真理被廣為流傳，皇帝及君王會擔憂自身的領導地位動搖，更擔憂眾生叛變，因此，許多重要的真理早已因人心的自私而遭刪改了。

第十二回
河畔楊柳溪邊月，人去樓空只回味
立意靜坐斷愁緒，天人合一佛光現

在人生又走到最低潮時，耶和華上帝親自顯現，給我帶來莫大鼓舞，同時又將創世紀的奧秘啟示給我知悉，我知道上帝將這麼大的奧秘讓我知悉，是希望我將來在人間能將真理澄清，拆穿惡魔的謊言。以前我有任何靈修上的進步，都雀躍和女友分享，她總是專心聆聽，滿心為我高興。現在耶和華親自顯現，又啟示這麼大的奧秘，這等天大的事，如果她聽到，必然為我高興，因為我們度盡天下蒼生的共同心願又往前邁進了一大步，可如今，我只能獨享，想來是何等的可悲。

政大溪畔的楊柳樹下、青草地上、明月之下的河堤，盡是我和她對話的聲音。我在想，哪天她如果回到我身邊，我要對她訴苦、要埋怨她、妳是多麼狠，何其忍心讓我單飛？我跟耶和華禱告：「您一定要將女友還給我，如此我的悲痛才能解除，我要和她雙飛，我才有能力完成您交代的任務。」可是我不知道祂是否答應了我的禱告？

耶和華上帝成全了我的禱告，幾年後，耶和華將她救出魔爪，又將她帶回我身邊，我也如願以償的向她埋怨，向她訴盡這幾年她狠心讓我單飛之痛，彼時重遊指南山，往事實不堪回首。只是她雖回到我的身邊，我卻沒有喜悅的感覺，因為那幾年，為了跨越那令人斷腸的情傷，我立意靜坐禪定，學會了如何止念，我將想念她的心，成功的完全封鎖，平常不會再為情所困，能歡喜獨行雲遊天涯。那時我對愛情已冷感，不敢打開這個封鎖的區域，因為對兩性之愛毫無信心，那用心呵護、海誓山盟的愛情，依舊轉眼成空，說變就變，如何敢再投入呢？

耶和華顯現的當時，我尚不知壞牧師的惡魔團隊究竟厲害到什麼程度，事實上，那個時候耶和華和祂的天使軍團已經準備要打擊壞牧師團隊。但問題是，人類還沒有準備好，無法識透惡魔的舉動，這群惡魔除了魔法強大，還擅長偽裝成光明的天使，把人類騙過去，所以當時家鄉教會各界對於壞牧師的評價非常分歧，一時難以整合力量。

這些萬古惡魔在靈界的各處設有數不清的大小總部，小型總部是一座高山，大型總部狀似一顆超大型鐵球，一座高山住著數十至數百隻惡魔，超大型鐵球住著至少成千上萬的惡魔。高山周邊有強大的魔法防護，還有魔軍鎮守；鐵球外圍則以超強、超厚金剛鐵鑄成，金鋼鐵上又施以強大魔法，故大鐵球之防衛體系非常堅固。高山上或鐵球內部就是諸魔之居處，其居處是一個廣大美麗之國度，故若能前往一遊，將陷入迷惘，這美好的國度怎麼會是魔界呢？

大鐵球防衛網很堅強，縱然是頂級修行高手親自出面戰鬥，也要合數人之力才能擊破大鐵球防衛網，若僅一人獨力，則很難擊破鐵球防衛網。後來與壞牧師的惡魔團隊進行決戰時，才發現他的靈界總部不只是一座聳立的高山，竟然是一顆大鐵球，防衛非常堅固嚴密，幸好當時不同宗教門派之修行高手能合作參與攻擊大鐵球總部，此戰後文自有交代。

恐怖的是，許多惡魔軍團的總部不是在靈界，而是侵入人類的心靈，在人類心靈世界設總部，至於為何會進入心靈呢？乃因為輪迴之眾生第七意識尚有許多執著愚痴的根性，故魔軍就順其根性住進去，寄居於人類心靈世界的惡魔軍團將操控此人的一生，利用此人為魔界做事。耶和華、佛陀、或各界頂級修行者，能夠透過靈界大戰，擊破在靈界的惡魔總部，但寄生於人類心靈世界的總部，必須人類願意放下第七意識的執著，才能摧毀心中的惡魔總部。

若干成名的宗教大師，心靈世界也有大鐵球，惡魔一路栽培他成為知名宗教大師，甚至為他吸引廣大信徒，籌募龐大經費。此人可能知道是魔在栽培，也可能茫然不知，這種大師往往不是學問淵博，就是神通廣大，或者兩者都有，這些惡魔栽培的大師，必是傳些無法解脫的知識，但群眾仰慕其高知名度，或迷惑於其神通，故深信其教化。

那時的我，不停的想著痛苦失戀的點滴，也不停的想著聖經教理的論辯，因為不停的想，所以一直牽動痛苦的情傷，又牽動是非對錯之懸念。我逐漸發現自己的問題就是：「想太多了，我停不住自己的意念，我的意念失控了。」因此，我決定要拿回自己意念的主導權，我要練習止念。

大學成為基督徒之前，為了找尋生命的終極答案，曾研讀過各大宗教的入門著作，因此知道佛教採用靜坐或念佛方式來止念，我決定採用靜坐方式，因為當時我是一個虔誠的基督徒，要我念佛號，心理上實在很難接受。下定決心達成止念之後，我認真的持續靜坐，如同一般初學者，剛開始靜坐時，意念散亂失控極為嚴重，甚至坐不下去。

我逼著自己坐好，不准起坐，也一直在心中下令，不准想，就這樣堅持的日復一日，念頭漸漸少，後來愈坐愈歡喜，根本不想起坐，甚至一天靜坐八小時，某日靜坐到凌晨三點起坐，已經靜坐八個小時，值此凌晨深夜，我雅興一起，從政大研究生宿舍翻牆出去，至河堤散步賞月吧，當時心清淨之至，一絲念頭都不願意起來，不想破壞了那片清淨，仰望明月及滿天星斗，頓覺整個宇宙就在我心中，我感受到我即是宇宙，宇宙即是我。

一切的恩怨情仇、是非對錯，想都懶的去想，那些痛苦矛盾之事，早已不知溜到哪兒去了，心中盡是一片清涼法喜，我終於擺脫惡魔對我心靈的侵擾。此時才領悟三隱士所言：「勿執著於經典知識，那是魔障啊。」別說滿腦子去想那些經典知識，當時就是叫我動一個念頭，我都不願意，仰望天上明月，只有一個感受：「菩薩清涼月，常遊畢竟空。」

找到擺脫魔頭糾纏的方法之後，接下來就想如何營救十餘位還陷落於魔掌的弟兄姐妹。意想不到，營救之戰竟凶險無比，當時多次險些喪命，幸賴那位隱居數十年的絕頂高手出面營救。當時也成為國際基督教界大消息，基督教啟動了全球禱告網，全力與魔頭決戰。

讀者Q&A

Q：如何判斷自己的意念是否失控呢？

A：可以檢視自己的念頭是否無法說停就停、是否負面情緒不斷、是否連十分鐘的靜心都感到困難？若是有以上的現象，很有可能已經被邪靈附身、失去自己意念的主導權。此時建議進行強烈的驅魔禱告，並且專注的念佛，直至心情恢復平靜穩定狀態。

第十三回
見證會催響戰鼓，魔界下達格殺令
隱世高人護修士，神學碩士不識機

經過一段時間靜坐禪定之修持，雖尚不能完全達到攝念清淨，但大致能掌握自己的意念，沉痛的往事、經典教義的論辯，均將之封鎖，無事可不去想。我當時將禪定視為防守，運用禪定管住自己的意念，使自己先立於不敗之地，我將韓國趙牧師的強力禱告視為攻擊，運用強力禱告攻擊惡魔。

禪定、強力禱告又繼續操練了一陣子，以絕頂修行高手之境界來評比，當時自己至多只有五成至六成的火候，本來想等修煉到八成火候，再展開營救行動，可發現壞牧師積極吸收新人加入他的團隊，為避免更多人受害受苦，故決定提早行動，邊行動邊修煉。

我本來評估，壞牧師的惡魔大本營，應該如同在我心靈世界的惡魔巢穴一樣，是座高聳大山。而我已能擊潰自己心靈世界那座大山魔穴，故我想此番展開之營救行動，應不至太難。當我開始以強力禱告攻擊壞牧師的大本營時，禱告發出去的攻擊波，遇到一座堅固的牆，不但打不進去，甚至於被反彈回來，力量反震自己，還好我以禪定之力護身，故無影響。

經過幾次強力禱告，都被反彈回來，我終於看出來，壞牧師大本營那座堅固的牆，竟是一顆大鐵球的外牆，萬萬沒有想到壞牧師惡勢力由高聳大山快速增強到大鐵球等級。這回麻煩了，縱然絕頂修行高手親自出馬，以一人之力，也難以破壞大鐵球防禦體系，更何況我只有至多六成火候，自然無力對抗。就在此時，家鄉其他教會的牧師主動與我聯絡，那些牧師邀請我談談壞牧師團隊諸事，我正在想獨力實難以剷除魔穴，自然爽快赴約，期待可以合作。

返鄉見面之後，才知道先前逃離壞牧師掌控的一位弟兄，已經向家鄉其他教會求援，其他教會牧師已經聽聞壞牧師惡行，並已展開營救行動。那幾位牧師說，禱告一段時間沒有什麼效果，他們研判壞牧師的惡勢力很龐大，所以禱告才沒有效。因此那些牧師想邀我和那弟兄召開大型見證會，號召更多教會共同投入禱告，當時家鄉教會界意見分歧，無法凝聚共識對付壞牧師，所以那些牧師希望藉著有力的見證凝聚共識，我欣然答應出面見證。

當公佈見證會時間地點之後，在家鄉基督教界立即成為大消息，此事引起壞牧師大本營的反撲，亦立刻要求家鄉教會各界，召開公聽會，進行公開對質。離見證公聽大會尚有一段時間，一位隱居數十年的高人，忽然現身告知我，魔界已下達格殺令，並已派出許多魔界殺手，他說我處境很危險，要我留意，他還說會幫我擋住這些魔界殺手。

此位高人還透過託夢，多次提醒我母親，你兒子九死一生，因此母親不斷提醒我出入要小心。當時我一出門，真的就不斷出狀況。諸如：高速行駛中的汽車或摩托車，忽然失控向我猛衝過來，我心想死定了，可千鈞一髮之際，一股很強的力量讓失控車輛突然偏向與我擦身而過。

又曾騎機車經過一小路口，一輛車子綠燈了也不走，擋住去路，我按了幾聲喇叭，突然下來一醉漢，拿著很粗的棍棒，說我憑什麼按他喇叭，要打給你死，突然就往我頭重擊下來。當時未規定騎機車要戴安全帽，我又來不及閃躲，心想死定了。就在此時，那醉漢不知什麼緣故，突然跌倒，棒子差幾公分就打到我的頭，我便趁此機會調頭騎車逃離現場，那醉漢站起來瘋狂追我，狂叫要打給你死，幸好沒被追上，我趕緊騎入小巷道，防止他開車追殺我。

除了發生一連串的凶險事件，我當時很清楚察覺身邊被許多惡魔跟上，身邊一大團烏黑之氣，只是我的功力已比從前進步很多，而且有高人暗中保護，所以這些魔界殺手只能跟蹤攪擾，無法附進我身體，如果讓這些魔界殺手附身成功，我必定暴斃病亡。

這位隱居高人，行事低調，外表平凡，可仍然弟子遍及海內外，他不公開收徒，也避免出名，這些弟子均是受過其恩惠，領教其法力高超，而自願追隨，不少弟子分享高人神通廣大，見證仙人常分身多處同時幫助許多人。筆者於部落格發表文章，高人交代千萬不可透露其姓名字號，亦不可透露其行蹤，高人謙虛低調之風範，令人十分欽佩。

高人給我幾句簡單的提示：第一，壞牧師團隊魔法非常高超，他一人之力亦無法剷除之，但至少可以保護我，也可以幫我救幾個人出來。第二，地球上八成以上宗教機構都已被邪魔入侵，無法幫助人解脫，建議我別參加那些宗教團體，自己好好修悟即可。高人的第二點提示，與三隱士所言：「勿執著於經典知識，那是魔障啊。」實乃相似之觀點。

由於屢次發生幾乎喪命之事件，故於見證公聽大會前夕，那些牧師建議我搬進某教會暫居，並停止外出，由教會弟兄輪流保護，並供應餐點。該教會除牧師之外，尚有一位神學碩士擔任輔導員，那位神學碩士負責陪同我，可是那幾日的相處，我與他發生不愉快的摩擦。

我發現那輔導員有一個假設，他認為我聖經學習過程出了問題，否則怎麼會無力分辨那壞牧師是惡魔呢？於是，他開始灌輸我聖經神學的正確知識，滔滔不絕的說了幾天。我對他的輔導實在聽不下去，我想，那壞牧師是你們台北教會總會，經過面試、筆試及格後才聘任的，你不譴責總會那些元老級牧師聘錯人，反倒檢討起我的學習有問題？

此外，他滔滔不絕的展現他神學知識非常淵博，我心想：「你真是無知，那壞牧師的造詣比你高多了，而且你壓根就不知道惡魔的學問早已登峰造極，否則惡魔怎敢惑亂各宗教呢？」再者，這輔導員只是滿腦子學術理論，沒有天眼通，因此他不知道惡魔的活動。三隱士、天橋上的奇人、隱世高人，都以神通力洞悉惡魔的活動，這些高階惡魔如何侵入人心，如何惑亂正道，豈是那位純理論的輔導員所能知悉。

我忍耐了兩天，聽他說個沒完，到第三天，他態度更強勢，用力調整我腦袋的聖經思想，我實在快忍不住了。我心想：「你以為學問就可以打敗惡魔嗎？你不知道惡魔大鐵球總部收集了宇宙各星球所有宗教、哲學等經典，高階惡魔熟悉宇宙一切經典，那些高階惡魔的宗教造詣比你高不知多少萬倍，憑你那些知識怎麼打贏惡魔啊？況且大鐵球總部於各教主過世之後，立即在地球上栽培許多人才，幫助他成為宗教領袖，使其掌握增刪重要經典的機會，教主過世後兩三百年左右，所傳的解脫正道就被惑亂，又豈是你這位輔導員所知悉？」

我本想忍耐他三天，等到見證公聽會結束後就回家。可是他一再加強攻勢，他用的是一種輔導技術，要把所謂的正確聖經神學硬植入我腦袋，算是一種洗腦技術。我的定力實在不夠，第三天下午，我忍不住終於頂撞他，我對他說：「輔導員你說的那套學術理論，一大半我幾年前就懂了，但理論不能解決問題啊，而且那個壞牧師造詣比你高深多了⋯⋯。」轟他幾句後，他生氣地離開了。

其實，我蠻後悔沒有忍完三天，在見證公聽會前夕把輔導員氣得半死，大敵當前，卻自亂陣腳，殊為不智啊！但我更擔心，如果各教會輔導員都只有學術理論，而沒有神通力，對於靈界惡魔的活動一無所悉，如此要如何拯救受困於魔掌的弟兄姐妹呢？又怎麼可能引導世人逃過惡魔的愚弄呢？

讀者Q&A

Q：當生活中不斷的發生負面的、不幸的事情時，如何判斷是巧合或是被邪靈糾纏呢？

A：世上大多數事情的發生絕非偶然，必有其因緣。若是「不斷的」發生，則被外靈附身或惡搞的機率極高，此時可進行強烈的驅魔禱告，若是連續數日的禱告均無改善，建議可以尋找天界之舟援助。

第十四回
關鍵資料魔現身，黑白分戰雲密佈
國際連線禱告網，戰大鐵球防禦網

公聽會如期舉行，會前臨時有一位弟兄願意出面見證，因此總共有我們三位弟兄出席，壞牧師則率領受他控制的那些弟兄姐妹出席。壞牧師矢口否認所有破壞感情的惡行，我那女友竟出來指證，她離開我是因為我不認真清修，不是壞牧師挑撥，當時我頓覺心痛，但旋即以禪定止念，否則要當場落淚，想她被惡魔附身控制，身不由己，實令人憐憫。

某弟兄見證，壞牧師向他借兩百五十萬籌建新組織，弟兄信任壞牧師故未簽借據，但壞牧師說是該弟兄自由奉獻，且已投入新組織建設，故依民法規定無須奉還。談到運用邪術控制弟兄姐妹，壞牧師當然否認，被控制之眾人，當場也都說是自由意願協助壞牧師籌辦新組織。說起來，除了有天眼通之能視透真相，聽眾見兩邊各執一詞，真的很難知道真相。如此，就讓壞牧師成功混過去，如果真的混過去，則教會界當然無法團結與惡魔對決。

幸好當時我們在台北圖書館找到民國六十年代一份報紙新聞，報導壞牧師當時的詐欺惡行，並受到法院判決確定。這份壓箱寶的資料一公佈，有效拆穿壞牧師的假面具，這份資料也證實他到台北總會應徵牧師時，所填寫的六十年代經歷資料係造假的。一位牧師的履歷資料竟是造假的，基督教對牧師的道德要求是極高的，造假履歷資料足以證實他道德有問題，此資料亦可讓台北總會有充分理由解聘壞牧師。

公聽會的結果，壞牧師是輸家，因此他非常不悅地離開會場，台北總會開始約談調查他，他將得到被解聘的結局。話說壞牧師之經歷，他自幼即聰明伶俐，學校成績非常頂尖，但為人貪心、性子又急躁，希求能快速成功，故年輕時就前往東南亞學習邪術，以他的聰明才智，學習成果自然非常出眾，能夠召喚強大惡鬼為其效勞。後來幾年他繼續學習諸派邪法，亦皆成果斐然，能輕易調動大量陰兵陰將為他效勞。後來又受邪派師父指點，開始打坐練習專心，以提高施法之功力。

經過十多年用心苦學之後，他已成為邪術界絕頂高手，尋常人必被玩弄於股掌之間，此時他開始在香港、台灣各地，以通靈算命大師名義問世，多年內靠著頂尖邪術累積了巨額存款，住高級豪宅，開進口轎車，但壞事做多了，不慎留下犯罪紀錄，還見了報，這便是後來我們找到的剪報資料。他這樣的人才，受大鐵球總部垂愛，因此派遣高級惡魔向他現身，吸收他加入總部，許諾將賦予他高級權柄，可以號令魔界高級惡魔，榮華富貴自然皆會遂其所願，他欣然答應加入大鐵球總部。他本來已名列邪法絕頂高手，再加上魔界賦予的高級權柄，簡直如虎添翼，終於成為雄霸一方之魔頭。

此時，大鐵球總部派他去讀基督教神學院，要他將基督教整套教義徹底學好，將來要作為神聖的外包裝，學成之後要他完成大鐵球總部賦予之使命。他本來即天資聰穎，加上高階惡魔的指導，幾年後他的聖經造詣已達登峰造極。他的使命是成立一個新宗教組織，大鐵球總部會設計具魅力的課程吸引民眾來上課，民眾從課程中學到許多新知識，而覺得快樂滿意，但這些課程都刻意隱藏終極解脫的方法，虛耗民眾的人生。壞牧師為魔界效勞，可享受民眾的尊崇、享用民眾的捐款，成為富裕又尊榮的宗教大師。

但是，基督教界開始與壞牧師陣營決戰時，並不知道大鐵球的陰謀，只是認為救人第一，故家鄉各教會開始進行連線禱告，要儘速解開那受困十餘人所受的魔法捆綁。禱告了相當時間之後，一些修為較高的牧師也發現壞牧師大本營似有一堵很厚的牆保護，因此禱告的力量打不進去。於是，電請台北總會號召台灣各地教會，加入連線禱告，想不到集合台灣許多教會力量，又經過一段時間，那堵牆還是堅固無比。

台北總會又電請美國基督教總會，號召各國教會連線禱告，救人如救火啊！於是，此事件就這樣在地球上的基督教界成為重大消息，形成國際基督教連線禱告與大鐵球之間的激戰。與此同時，台灣上空的大鐵球總部除了全力保護壞牧師，亦向宇宙各地大鐵球發出求援訊號，因此高階級惡魔率領大惡魔軍團支援備戰。壞牧師也自行施展其所學，以頂級邪術召喚無數惡鬼、陰兵、陰將，將大本營嚴密保護。

魔界最高統帥撒旦，全天候掌控宇宙所有大鐵球總部所面對之戰局，必要時將親自統帥最高級惡魔軍團解圍。當時，不少基督徒非常納悶，已經啟動國際連線禱告網，壞牧師大本營為何仍然如此堅固難破？難道是上帝不理會國際連線禱告網，而沒有派出天使軍團？或是天使軍團也打不過壞牧師惡魔團隊？有的牧師認為或許是大家不夠虔誠，所以上帝還未應允，因此許多牧師發起禁食禱告，要加強禱告力量，感動耶和華上帝派出天使大軍團。

那些基督徒真是慈愛又良善，為了拯救受困的弟兄姐妹，也是為了阻止壞牧師發展新組織，防止更多無辜之人受害，因此無怨無悔的進行禱告，其實，其至誠早已感動耶和華上帝派出天使軍團。只是基督徒太單純、太善良，不知道大鐵球之惡魔大軍團不是這麼好對付，必須相當時間的激戰才有可能取勝，過程須耗時多久？這很難計算，但只能忍耐等候傳回勝利的好消息。

事實上，這些基督徒之至誠不僅感動耶和華上帝派出天使大軍團，佛國亦派出三大聖者率領天龍護法參戰。那位隱居高人及道家若干隱士亦調集各仙界天兵，以其修為全力參戰。

附註：國際基督教又分出許多獨立分會。本文所謂台北教會總會、美國基督教總會，係指家鄉那家教會所屬之基督教該獨立分會之美國總會及台北總會。

讀者 Q&A

Q：一般禱告和禁食禱告所產生的力量會有差異嗎？

A：我們在禁食過程中，大腦除了飢餓感之外，其他的雜念會大量減少。此時若能進行專注的強力禱告，所產生的力量會較平日大。

第十五回
禱告牽動天魔戰，大鐵球美麗世界
地球眾生猶未覺，自性圓滿超能力

萬古以來，為保護其子民，天界與魔界已進行無數次大戰，其勝敗殊難預料，必須視開戰所護衛的對象而定，若以保護地球民眾來說，天界的勝算僅有兩成，不過，在地球上少數地方勝算還是很高，例如，如果是為了保護古代南美洲馬雅人，則天界勝算幾乎是百分百。地球是令天界經常失望的地方，會輪迴來地球之人，第七意識執著根性都很重，累世習氣老是放不掉，縱然大羅金仙親自苦勸，也未必能使地球人覺悟，總是被習氣牽引，執迷在轉眼成空的五欲紅塵，因此，百千萬劫總在苦海輪迴。

大鐵球防禦體系不但堅固難摧，更有高級魔法自動反彈攻擊能量，天界軍團被自己攻擊的能量反震，故時間拖愈久愈辛苦，天界軍團猶可力挺，但最辛苦的是地球上那群基督徒的連線禱告網，時間拖愈久，假設拖三個月，可能許多基督徒就會停止禱告，畢竟有肉體的地球人，最容易灰心及疲倦，大家看不到禱告的成果，就想放棄禱告，一旦放棄禱告，天界三大軍團將撤離，則此番決戰便失敗了。

須知，禱告確實很重要，如果宇宙生靈沒有禱告祈求什麼事情，天界與魔界軍團很少主動發生重大決戰，天界及魔界以和平為原則，運用各種智慧及方式在宇宙普度生靈，把生靈度到自己的國度。至於要派出多少軍團參與決戰，與生靈進行的禱告質與量息息相關，愈專心、愈誠懇、愈持久的禱告，天界或魔界派出的軍團愈多。至於要派多強大的軍團參戰，則與生靈的修為有關，修為愈高者的禱告，天界或魔界派出的軍團戰鬥力愈強大。

經過天界軍團不眠不休的攻擊約兩個月，大鐵球的防禦網終於被擊破。隨著防禦網被擊破，大鐵球內的世界一覽無遺，令人震驚的是，大鐵球內的魔界竟是個美麗世界，不是幽暗恐怖的世界，不但美麗，還是一個先進又有秩序的文明國度。此外，魔界軍團也是一群會發光的天使軍團，不是鬼怪的組合，而且軍容壯盛，士氣高昂，戰鬥力不輸給天界軍團。

本來以為魔界是醜陋的，而魔界部隊戰鬥力應該是薄弱的，怎能擋得住天界大軍，但實際一遊大鐵球世界之後，才發現不是以前認知的那樣，當時不免十分不解，直到往後參研佛典時方理解，原來眾生之自性都是圓滿俱足，眾生本來平等，魔界眾生與天界眾生，都有平等圓滿的自性，雙方都會運用自性中無限的超能力創造美麗的世界，也運用自性中無限的超能力進行戰鬥，所以雙方的表現都差不多。

因此，我想，地球人為何活得這麼卑微呢？地球一切眾生也有圓滿平等的自性，為何我們不運用這個超能力來創造美好的人生呢？為何大多數地球人都自願淪為虛弱的奴僕狀態？終生依賴神或佛加持保護，地球人把虛弱當成謙虛，把卑微當成美德，盡力高捧著神佛，用盡方法討好神佛，不斷向外求的副作用之一，就是地球上發生許多宗教詐騙案。仔細想想，地球人真是迷失的極嚴重，也虛弱的極嚴重。

經過三個月國際連線禱告網的努力，最後的決戰時刻差不多該來臨了，耶和華上帝的大天使長代表天界與魔界最高統帥撒旦，即將進行高峰會晤解決壞牧師這樁爭議。此時，希望地球上的國際連線禱告網能再挺一段時間，千萬不要於此時放棄禱告，因為靈界的膠著戰局即將有結果。

讀者Q&A

Q：為什麼天界為馬雅人出戰的勝算幾乎是百分百呢？

A：馬雅人相對於地球上的多數眾生，願意接受解脫福音佔絕大多數，其自由意願與天界保護方向相同，因此天界勝算幾乎百分百。

第十六回
撒旦鄉居一文士，兩軍統帥高峰會
談判重點是因果，大鐵球下懲處令

由於壞牧師投效魔界，且壞牧師成立新組織亦為大鐵球總部所下達之任務，故天界派兵懲凶救人，大鐵球防衛隊當然全力保護壞牧師。天界與魔界雖然經常為眾生而戰，但是雙方也時常透過談判解決爭端，尤其戰況陷入膠著時，或某方明顯理虧時，雙方均樂意休兵，改為上談判桌解決問題。出兵保護自己人，是魔界必須有的動作，但壞牧師若干行為激起民怨，且其作為也有違背因果法則之處，故魔界未必願意保護他到底，戰爭進行到一個程度，即適可而止。

此次天界的談判代表是大天使長「加百列」，魔界則由「撒旦」親自出面。不知何原因，加百列竟帶著我一起參與高峰會晤，我們是前往撒旦的住處進行高峰會晤，此舉給足了撒旦面子。加百列跟我說，他有要事必須親自處理，因此派人先將我送去撒旦住處和撒旦見面，他稍後才到。要我一個人先去！當時我嚇到腿都軟了，我想，撒旦是魔界最高統帥，必定法力無邊，還應該是個非常凶殘的魔頭，而我只是一個頂多五六成火候的年輕修士，而且又是一個人進去會見撒旦，萬一不小心冒犯了撒旦，絕無活命的機會，當時真是嚇死我了。

既然大天使長還有事，我只好硬著頭皮先出發，本以為撒旦的住處應該是一所防禦嚴密的大城堡，想不到撒旦是住在某個鄉間小城中一間很樸素的木造平房。把我送到之後，我一個人走進去，當時嚇得大氣都不敢喘一下，深怕得罪撒旦，一進去見到房子擺飾實在非常樸素，在撒旦房子內的僕人也沒幾個，他們很禮貌的請我隨意走走逛逛。

我便四處走走，房子不大，我一下就走到木屋的後院，欣賞撒旦栽種的一些花草，然後又走進來，正好與撒旦碰個正着，我立即閃開讓路，請他先過。撒旦長相與我想像中差異極大，他是一位如同儒家隱居的文士，長相十分清秀有氣質，頭髮稍長如古代書生，身高普通，身材中等偏瘦，著一襲黑灰儒衫，臉上毫無笑容，也不是板著臉，看起來就是一種極深深邃的冷靜，那種深邃的冷靜散發出不怒自威之氣象。

從修禪定者眼中觀之，撒旦那種極深邃的冷靜，表示他的禪定功夫已達爐火純青之境界，無怪乎他的法力深不可測。他沒有搭理我，也沒有為難我，就走到門口去，原來是加百列到了，撒旦出門迎接，然後他們坐下來談許多事情，我遠遠的看，不知道談的內容，撒旦似乎永遠保持那麼深邃的冷靜，我看他沒說幾句話，大半時間都是加百列在說話。

他們在談判，我就繼續參觀撒旦的木屋，走進去某房間，看見好幾排架子上擺著數量極多的小瓶子，每個瓶子裡都裝著一個人，瓶中之人還會動，原來是活生生的人。我突然背脊犯寒，我猜出來這一大堆的瓶中人就是撒旦控制之人，看起來瓶中人都是重要人物，也許這些人就是地球上各國的重要人物，如果我猜的沒有錯，那地球上的重要人物幾乎都被撒旦控制了，怪不得那位隱世仙人跟我說，地球上百分之八十的宗教機構都被邪魔入侵，要我好好自行修悟，不必參加現存的那些宗教機構。

稍後，加百列與撒旦的高峰會晤結束了，撒旦把我們送出門，他還是保持那極深邃的冷靜，一點笑容也沒有，從頭到尾沒跟我說一句話，我看加百列也十分嚴肅，不知他們談判的結果是什麼？在門口我再次端詳撒旦的家，實在是平凡無奇的一間木造平房，原來魔界最高統帥就隱居在我們身邊，而且是這樣的樸素，我很好奇他在全宇宙共有幾處居所。

談判的結果後來我知道了一些，其中一項重要的決定，就是撒旦認同加百列的看法，壞牧師確實是違背了因果法則，因此撒旦決定懲處壞牧師。這次的懲處，使我更清楚認識魔界，原來魔界除了重視紀律，也重視因果法則，撒旦為了完成魔界之目標，頗願意與人為善，會重視民意，也願意講道理，不像壞牧師只會一味邪惡、凶狠、貪婪。

讀者Q&A

Q：為何魔界未必要保護違背因果法則的壞牧師呢？

A：因果法則即是宇宙法則，出去的是什麼、回來的就是什麼。縱然天界不追討惡人，壞牧師終究會被自己行為的反作用力傷到。因此，即便魔界出手相救，能干涉的仍屬有限。

第十七回
高峰會晤止大戰，壞牧師王國夢斷
匆匆一遊大鐵球，是非原來是立場

高峰會的談判結果，當時我不知道，但後來我陸續知道部分談判結果：第一，魔界懲處壞牧師。第二，解散壞牧師剛籌建完成的新組織。所謂懲處壞牧師，就是撤旦收回賦予壞牧師的所有權柄、魔界停止對壞牧師提供任何援助，從此壞牧師失去大鐵球總部的奧援，壞牧師建立其王國的美夢斷滅了。

如前文所述，壞牧師加入大鐵球總部之前，花了十多年學習邪術，成為邪術頂尖高手，有能力召喚許多惡鬼為其效勞，因為其頂尖的才華，而被魔界吸收。魔界吸收他之後，給他可以命令高級惡魔的權柄，還給他調閱大鐵球總部資料庫的權柄，他要知道任何事情的來龍去脈，大鐵球總部立即提供完整影音資料，因此壞牧師可以得到精準的情報，便於他完成魔界指派的任務。

大鐵球蒐集宇宙所有人事物的詳細資料，除此之外，大鐵球總部的智囊團，根據資料庫豐富的資料，隨時預測未來發展情勢，並研判最適當的行動方案，而且宇宙所有大鐵球總部維持連線，彼此提供資料、交換意見，所以大鐵球之行動成功率都很高，如果預測行動成功率不高，就不會採取任何行動。

當時壞牧師得到大鐵球指令，開始籌設新宗教組織，也開始物色新組織可用之人才。為保證新組織順利發展成功，大鐵球總部智囊團給壞牧師許多行動指令，可是壞牧師並沒有完全依指令行事。壞牧師稟性貪婪、急躁，為滿足其私慾，不理會大鐵球之指示，若干人依因果法則，應該享有幸福，他卻硬幹，強奪人家的幸福，導致大地冤情四起，因而引起天界三大軍團出面制裁，為魔界招惹麻煩。

壞牧師能夠達到邪術頂級高手之境界，實在是不可多得之人才，若當年他能忍其貪慾，依照大鐵球總部之指令，二十年後的今日，他已是集富貴與尊榮於一身的國際宗教大師，而他創辦的宗教組織信徒可能已超過百萬人。地球上好幾位國際級宗教大師，就是大鐵球總部栽培成功的，該大師創的宗教組織，其弟子人數均在百萬人以上，這些大師能成功，就是因為完全依照大鐵球的指令行動。

大鐵球總部放棄壞牧師時，他大病了一場，新組織亦同時瓦解，受困的弟兄姐妹紛紛離開他。可是他野心未滅，病情好轉之後，開始運用其頂級邪術全力一搏，又在家鄉成立另一個新宗教團體，同時以邪術召回若干較忠於他的幾位弟兄姐妹，意圖東山再起。他失去魔界的強大奧援，僅以其邪術驅使惡鬼團隊打天下，壞牧師新團體之發展並不理想。

天界三大軍團撤離之前，我匆促一遊大鐵球內國度，當地居民對於這次大戰的評價是，認為自己的國家被侵略，當地報紙上斗大的標題刊載：「上帝大軍捍衛家園，擊退侵略之邪惡軍團。」我驚訝這個國度的居民，竟然黑白是非都搞不清楚，你們國家的防衛隊是撒旦統帥的魔界軍團啊！

匆匆四處參觀一下，竟然這個國家還有佛寺、教堂以及一些我不認識的宗教建築物。走進一家大型書店，書架上陳列的圖書極為豐富，到宗教哲學區一看，竟然聖經、佛經、道德經都有，我隨手翻閱一下聖經，與地球上的聖經的內容，印象中是一樣的，只可惜沒有辦法買一本帶回地球來詳細比對。

又看見商業大樓林立，銀行、企業、大飯店，一幅富裕繁榮景象，都市綠化程度很高，市中心有大型公園，公園中有許多飛鳥，有些鳥類與地球無二，有些則長相怪異。跨越大河的大橋時，看見河內有許多生物，有的生物是地球上沒有的。到海邊看看，美麗的海洋，天空的浮雲，清涼的海風，與地球無異。

天界三大軍團撤離的時間到了，我跟著離開大鐵球這個文明國度，我心中很高興這次攻打大鐵球總部頗有成果，因為確定壞牧師將被魔界懲處。只是，我十分詫異，這國度居民對天界與魔界的認知竟是如此顛倒，明明他們國度的統帥是撒旦，可是他們卻以為是上帝。

宇宙一切生靈都有自由意願，可以選擇自己的生活方式，也許大鐵球世界的生靈願意以忠心服事撒旦換取撒旦的照顧，所以在他們心中，撒旦就是他們的上帝，他們喜歡也已經習慣這種生活方式，因此，任何破壞他們現在生活方式的力量，反而被認定為是撒旦的力量。原來，所謂是非對錯，是以自己的立場來看事情，符合自己立場的，就是對，不符合自己立場的，就是錯。看來必須修為到沒有立場、萬里無雲的絕頂高手，才能準確看出真相。

讀者 Q&A

Q：要如何練習自己的修為達到沒有立場、萬里無雲呢？

A：祕訣在於～「不予置評」，在開法眼能夠明察秋毫一切之前，建議大家先練習不予置評，我們不清楚「因果業力」，不清楚「他人的內心世界」，也不清楚「靈界動向」，這種狀況下，往往容易誤判事件，不如使用不予置評來長養自己的修為。

第十八回
魔難浩劫終成空，細細思量箇中機
耶穌基督親現身，至高天界顯真理

魔界收回壞牧師權柄之後，他出現兵敗如山倒的現象。諸如：突然重病纏身、弟兄姐妹紛紛離開他、新組織解散、家庭失和、台北基督教總會決定解聘他、在家鄉臭名滿天下。對我而言，雖然那幾年活得很痛苦，當一切魔難結束之後，我又恢復清新快樂的修士生活，繼續在禱告及靜坐兩方面持續進步。並且開始整理魔難那幾年親身經歷的一些過程及領悟。

我整理了十二項領悟如下：

第一、**聖經遺漏許多重要資料**。耶和華上帝讓我看見創造地球的過程，證實聖經有遺漏重要資料，也間接證實許多歷史文獻指出羅馬教廷在欽定聖經時，曾蓄意增刪若干資料，以鞏固教廷的領導權威。故目前地球上通用的聖經，是一本資料不齊全的聖經。

第二、**撒旦疼惜魔界子民，也重視因果法則**。從大鐵球戰役中可以知悉，撒旦很疼惜魔界子民，故不惜動用魔界最高級軍團保護壞牧師。但後來高峰會上，因為大天使長指證壞牧師諸多違反因果法則之行為，撒旦只好忍痛割捨壞牧師。此即可知，魔界重視因果法則，是一個講道理的國度。

第三、**撒旦受到魔界子民愛戴與敬重**。魔界不僅是一個講理的國度，撒旦也把他的國度建設的美麗、文明、富裕，因此撒旦受到民眾之愛戴與敬重，將他視為上帝。由此觀之，我們對魔界以及對撒旦的認知有嚴重偏誤，因為認知的偏誤，使得許多人已不知不覺成為魔界國民。

第四、**大鐵球總部刪改宇宙所有重要經典**。大鐵球總部可以派人成功的刪改聖經，當然也可以派人刪改所有重要經典，把終極解脫方法搞得混淆不清。由大鐵球書局內販賣各教經典即可知，魔界居民享有信仰自由，箇中原因不外乎是魔界很有把握，這些經典都被大鐵球總部刪改過，民眾要從經典找到終極解脫之路實在不可能。

第五、**魔界之所以稱為魔，是因為隱藏終極解脫的方法**。撒旦樂意讓國民享受文明及幸福，也會教導人民行善，鼓勵吃素護生，希望國民都享有善報，避免輪迴到惡趣，但他要求大家永遠愛戴敬重他，永遠仰賴他的加持護佑，永遠不要離他而去，永遠當他的下線，永遠不可以和他平等，因此他唯獨隱藏終極解脫之路。至於那種不管因果法則，專門亂搞、降災、害人的靈，應將之分類為鬼。

惡鬼可能獨立，也可能群聚成團隊，若干惡鬼團隊不屬於天界或魔界管轄範圍。惡鬼團隊愈大，實力愈強大，不過惡鬼團隊的實力遙遙落後天界或魔界。由於惡鬼不管因果法則，故不講道理，甚至可能互相吞噬，故與惡鬼團隊打交道十分危險。

第六、**強力的禱告非常重要，有冤情應該立即向上帝伸冤**。這次天界三大軍團出兵懲凶救人，就是因為收到人民的禱告及伸冤。

第七、**意念管理非常重要**。我經過長時期的靜坐練習止念，已可以將意念控制不去想那些令人煩惱的事，不去想就沒事了，心中之悲苦自動煙消雲散，所以後來才能擊退附身之惡魔。爾後又接觸念佛法門，實證經驗發現，念佛法門是意念管理的絕佳方式。

第八、**必須學會破解邪術、驅除附身邪靈**。這個世界很多人運用邪術控制他人，以滿足其私慾，還有許多外靈喜歡附身，享用我們的肉體。但要成功破解邪術，成功驅除附身邪靈，必須自己的禱告及意念管理的功力到相當程度。

第九、**勿執著於經典知識**。三隱士提示我經典知識是魔障，可見得他們早就發現各教經典幾乎都被魔界入侵竄改，因此讀愈多，錯愈多，離解脫之路更遠。厲害的魔，除了滿口經論，還懂得以良好的行為來包裝自己，讓我們看見他的好行為，而更信賴他，等我們完全信賴之後，他就可以暗中驅使惡鬼纏身，方便他進行控制，成功控制之後，就會翻臉露出真面目。

第十、**地球上百分之八十的人民受撒旦管轄**。隱世高人曾說，八成的宗教機構都被魔界入侵，因此我下決心要護持那百分之二十地球上最後的淨土，只是當時我還找不到終極解脫之路，只是一個宏願罷了。

第十一、**紅塵有許多隱藏奇人**。我們應當維持謙虛受教之心，許多奇人喜歡考驗人的謙虛，故意裝瘋賣傻，外表平凡無奇，如果我們心存傲慢瞧不起人家，便會錯過難得的機緣。我過去在台灣大學附近天橋上遇到的奇人，就是看他怪裡怪氣，像個瘋子，於是心存輕蔑，因此錯過了上好機緣。

第十二、**絕頂高人可能不在宗教團體中**。由於大鐵球已經刪改宇宙所有重要的經典，故那些嚴謹依經教奉行的宗教團體，絕頂高人是不願意待下去的。

以上十二點，就是我經過魔難之後所領悟的心得，說起來，惡魔附身之苦，失去摯愛女友之痛，右腿健康也賠進去，但有這十二點領悟，也算值得了。

隨著靜坐、禱告功夫不斷的進步，也整理出一些領悟之後。某日耶穌突然示現，他身上放極強大潔白鐳光，光度之強令我無法逼視，祂的臉我都無法看清楚，臉上也發出極強大的潔白鐳光。

一個基督徒能夠蒙耶穌親自示現，那真是無比的感動和歡喜，我立刻跪在祂面前，感動得不住落淚，祂走過來，用祂的手摸摸我的頭，又摸摸我的臉，祂散發出極為強大的愛的能量，使我更為感動飆淚，祂只簡單的對我說：「你表現很好，要再加油。」聽到祂這句話，除當場已感動飆淚不已，祂離開之後我仍感動落淚了幾小時。我要努力修行，直到擁有耶穌那種愛的能量，若立願要度盡天下蒼生，就不能缺少那種愛的能量。

祂除了示現之外，還帶我去最高層天界，我見到各宗教的修行者都有，也都發出強大潔白的鐳光，只是耶穌的鐳光很明顯是最強的一位。耶穌讓我親眼見到各宗教修行者都可能修到最高層天界，此即表示地球上基督教所說：「基督教是唯一到天國之路」，很明顯是錯誤的看法。

祂的示現帶給我空前的震撼，比耶和華、大天使長、撒旦、仙人的示現所帶給我的震撼高出非常多。尤其在我經過幾年地獄般的魔難煎熬之後，祂充滿了愛摸我的頭、又摸我的臉，又說：你表現得很好。祂對我的愛，安慰了我一切的委屈和心酸，而我也終於明白，這場魔難想必是耶穌安排的一場考驗和歷練，祂要我親身體驗許多苦難，並從中領悟許多事情。祂還說，要再加油。表示未來祂還安排了一些要我親身體驗的功課，我希望我都能勝任，也希望不要再像那場魔難讓我痛心到斷腸。

不久之後，教會新牧師來上任，基於許多理由，使我不得不離開教會，展開下一段生命歷程，我將進入佛教世界，繼續尋找解脫的終極答案。

讀者Q&A

Q：文中提及：「魔之所以稱為魔，是因為隱藏終極解脫的方法。」那麼一般的地球上的鬼群們，是屬於魔的一種嗎？

A：地球上的鬼群們，只是一般的亡靈、邪靈，多數尚不知終極解脫之道，更不懂得隱藏解脫之道，故不屬魔界。魔界是一個高文明、高智慧的美麗國度，魔界積極建設一個幸福又兼具秩序文明世界，但魔界的憲法明定，眾生本來即是佛的真相，列為國家最高機密，不得公開傳述，只能跟魔界政府批准的特定眾生談真相。一般的亡靈惡鬼很自私，很壞，只著重滿足五慾，未必適應追求高度秩序的魔界，所以亡靈惡鬼不是魔界的子民。但是魔界可能因為任務需求，而與大量聚集的鬼群合作。

第十九回
自性超能初體驗，賽斯書重要啟示
新人新政摩擦起，緣盡當散離教會

耶穌基督親自現身時跟我說：還要再加油。於是我知道未來還有一段路要走，但我充滿了信心，有耶穌作我的後盾，我就不擔心魔界的勢力。只是當時我不知道，下一個階段人生歷程，耶穌已經將我交給了地藏王菩薩，地藏王菩薩將帶我找到終極解脫之路。

魔難期間除了諸多實證的經歷，那幾年我便深愛靜坐，靜坐中放下一切念頭，享受一片清淨清涼法喜，一個念頭都不願意起來，不願攪擾那片清淨。有了一些初級的體驗之後，就明白，怪不得這麼多人喜歡靜坐，可是基督教是嚴格禁止靜坐的，所以我不敢在教會談起，教會禁止靜坐的理由是：「一旦心靈放空，最易引起邪靈入侵附身。」

可是我的實證經驗恰好相反，心靈放空，不起一念，讓附身邪靈無力攪動我們的意念，從而無法把我們推入胡思亂想的苦海，此時最易驅除附身邪靈。所以我還是繼續靜坐，以實證經驗優先，至於教會那些教條理論，我則不予理會。

除了一片清涼法喜，當意念管理更進一步時，靜坐中時常看見刺眼的強光，後來又發現自己身上潛藏了一股強大的力量，這個力量大到無法形容，也帶給我極為安穩的感受，還發現這個力量也可以產生許多不可思議的神通。

大學時期為了找尋生命的終極答案而遍覽各宗教的入門書籍，當然也讀了幾本佛教、道教的入門書籍，我還記得，佛教徒以成佛為目的，道教徒以成神仙為目的。當我發現自己身上潛藏無限大的力量，我領悟到怪不得三隱士、隱世高人可以有那麼大的法力，原來每個人本身就潛藏無限大的力量，因此我於靜坐中證實，成佛、成仙是理所當然的，因為力量已經在自己的身上，端視你要不要運用他。

但基督教認為所有的力量都來自於上帝的賜與，如果上帝不賜與我們力量，我們將虛弱不堪，因此我們必須不斷向上帝禱告請求充電，我甚至一度認為，三隱士、隱世高人、所有的天使、撒旦、大天使長、耶穌，都要依賴上帝持續賞賜他們力量，一旦遠離上帝，就會陷入無能及虛弱。但經過靜坐的實證經驗，發現基督教那些教條理論是錯誤的，實際上，每個人都潛藏無限大的力量，根本不用老向上帝禱告請求充電，上帝從創世紀開始，就把大家創造得很圓滿，足以獨立自主，不再須要依賴祂，這就是上帝的大愛，上帝從來就把大家當成平等，從來沒有想過要主宰任何人。那種須要一再弱化自己，請求上帝充電的思想，是魔界蓄意植入聖經的偏差思想。

我又想到，多年前三隱士之一曾經問我：你是上帝嗎？他給我三小時的思考，我那時候三次很明確地回答他：我不是上帝。我還記得他好失望的表情。可是當我發現自己潛藏無限大的力量時，就可以明確的回答：「是的，我是上帝，我是佛，我是神仙。」我這種回答，以基督教教義來看簡直就是異端，但我決定以實證經驗推翻教會那些教條理論。

當時我還想透過深度靜坐斷除一切煩惱，當時認為煩惱都是生活層面的，後來發現，修行者老是想追求修行境界提升，這就是一個大煩惱，如果不斷除追求境界提升的念頭，就不可能斷一切煩惱。因此，後來我又領悟，所謂境界高低，根本就是人去創造出來的分類，既然每個人身上都已潛藏無限的能力，因此大家的境界都是最高、最圓滿，哪有什麼境界高低的問題，而且潛藏的能力已是無限大了，豈可能再提高什麼境界。我領悟到，我們對自己的潛在力量有多信任，就能發揮多大的力量，如果你認為人類比上帝弱小太多了，那是你在自我弱化，你在自我設限，你在封鎖自己的力量。信任彷彿是一個開關，你相信自己有這個力量，你的力量就打開了，你不相信，力量就關閉了，你半信半疑，開關就忽開忽關，力量則忽大忽小，完全取決於你的一念之間。

能發揮多少力量，主要是受到對自己潛在力量的信心高低所影響，此外，尚有一些次要指標也頗重要，以韓國趙牧師強力禱告的成功要件來分析，愈專心、愈持續，則力量發揮得愈大，多年後，我又兼修念佛法門，將意念高度專一，則力量又發揮得更大。

在深度的靜坐冥想中，一再確認自己的新領悟是沒有錯誤的，只是沒有師父可以討論，更不可能和教會牧師或弟兄姐妹討論，所以沒有人能幫我印證我的幾點領悟是否正確，以下歸納當時的六點領悟：

第一、透過深度的清淨可以發現自己潛藏無限的力量。

第二、因為人都潛藏無限的力量，因此人就是上帝、人就是佛、人就是神仙。
第三、潛藏無限的力量，無限就是最大、最高、最圓滿了，沒有高下之分，硬要分境界高下，或是要再去追求境界提升，是畫蛇添足，自尋煩惱。
第四、這個無限的力量是隨著我們意念而啟動。
第五、只要意念管理得很好，意念愈清淨、愈專一、愈能持續、愈有信心，即可愈完美地運用這無限的力量。
第六、當我們能完美運用無限的力量，就不必依賴任何人，也不必仰望上帝的加持充電，就可以達到終極解脫了。

雖然當時找不到人可以印證我的領悟是否正確，但往後我研究賽斯哲學，又再進一步研究佛典，才從資料中印證我的領悟是正確的。某日在書局發現賽斯系列叢書，當場翻閱一下，其主題在談：「意念即是實相，我們的意念就是我們的人生，意念如何，人生結局便是如何。」賽斯系列叢書揭櫫之重點，恰好與我的新領悟頗相似，而且那個時代，賽斯書是世界暢銷書，因此我買了整套回家，讀完之後，我發現我領悟的幾個項目，都有賽斯哲學的支持，因此我初步確定，我的新領悟是正確的。

當時我在家鄉一所鄉下專科學校任教，也在該校成立團契，想把我的領悟和學生們分享，後來該校董事會約談我，表示不歡迎宗教性社團進入校園，因此團契沒多久就結束了。於此同時，台北總會開除壞牧師，不久教會的新牧師來上任，新牧師上任之後，要擴大舉辦教會系列活動，可是壞牧師事件，已重傷教會元氣，許多弟兄姐妹流失，教會剩不到一半會友，人手嚴重短缺，因此我建議新牧師，教會此時不宜舉辦太多活動，這樣會累壞所剩無幾的會友。

可是新牧師認為，要盡力辦活動，才能補充新會友，於是在他堅持之下，聖經班、團契、社區服務、課輔班、珠算班⋯，加起來遠比以前多，真是把大家累斃了，留下來的會友，因為過度疲倦，若干會友也打算離開教會。當時會友和牧師反應，但幾經溝通無效，牧師總是說，這是上帝的教會，不是他的教會，我們都是為上帝在奉獻，因此要求會友撐下去，務必要把教會人數衝回原來數字。

除了會友們已經很疲憊，事實上我早已證實聖經遺漏許多資料，教會那些教條理論很多是人造的，是禁不起實證考驗的，說得更明白，教會已經被魔界滲透成功。因此看見新牧師老是搬出已被魔界滲透的那套聖經教條壓著大家，我真是反感。本來我還幻想可以逐漸把我的領悟在教會推展開來，可是新牧師的頑固強硬作風，根本不接受任何意見，使我對教會的期待急速降溫。

勉強配合新牧師大約兩年後，學校忙碌的工作加上沉重的教會活動，再加上身體非常疲倦，造成我的心完全靜不下來，本來是一個清新快樂的修士，現在變成煩惱得不得了，而且家庭生活也荒廢了，父親非常不滿意，最後我只好痛下決定，離開這間有深厚感情的教會。我離開原教會後，又去別間教會聚會，可是家鄉是個小地方，我又在教會界待了十年，所以各教會都有許多會友認識我，聚會兩週之後，那新教會的長老和牧師約談我，認為原教會需要人手，我不宜此時棄之不顧，他們還說，他們各教會之間有默契，他們不搶其他教會的信徒。結論是：他們希望我回原教會。

我心想，我已經在原教會硬撐著陪新牧師走了兩年，新牧師不但不接受意見，甚至一再想新點子增加活動，我們的疲勞豈是外人可知？別的教會牧師墨守教會間默契，不歡迎我去加入，原教會牧師為達個人設定之目標，毫不憐憫會友的疲倦辛苦，一味的辦活動。本來還有意留在教會，將正確的基督教教義還原，可如今發現，這些教會的領袖頑固難化，故我不想浪費生命與他們虛耗，也不再懷抱任何改革的希望，決定與教會斬斷一切緣分，不再回頭了。

我發現，在魔界掌控的勢力範圍內，我很難有發揮的空間，因為大鐵球總部嚴密盯住我的行動，不允許我動它的地盤。因此，我務必要找到還沒有被大鐵球掌控的最後百分之二十的淨土，如此才有發揮的空間，實踐濟世宏願，後來我發現，這最後的淨土，被佛教禪宗「直指人心、見性成佛」的心法守護著。

讀者Q&A

Q：世人有機緣見著耶穌嗎？

A：只要定位準確、修行的方向準確，每個人都有機會見著耶穌。

第二十回
自由自在一修士，鬧鬼森林探究竟
心靈解放超能力，地藏王菩薩示現

如前文所述，只要我們不追求終極解脫，撒旦亦會疼惜魔界子民，願意給子民幸福，而宇宙生靈能享有幸福，這本來即是上帝的期待，所以在某個層面來看，上帝和撒旦也算是一種合作的微妙關係，因此基督教在全世界成立了許多慈善機構，為人間帶來很多幸福，也是上帝和撒旦都認同的。

離開教會後，我成為一位隱居人間的修士，不與任何宗教機構打交道，放下宗教機構繁重的活動壓力之後，身心壓力頓除，修行功力開始穩定的進步，只要心能維持在清淨狀態，念頭一動，丹田罡氣隨之而起，可以在身邊形成一個光圈似的防護罩，尋常惡鬼近不了我身。

當時還在家鄉的專校任教，離學校幾公里處山上有一所森林公園，附近民眾繪聲繪影的描述，說鬧鬼的很嚴重，縱然正午陽氣最強的時候，山上眾鬼依然敢聚集於山上那座涼亭，又傳聞，不明就裡的遊客，中午在涼亭乘涼小憩，一睡難醒，醒來之後彷彿失神，回家不是重病、便是發瘋。

於是我決定上山到那座森林涼亭小憩，想一探究竟，因為之前已有些靈界的實戰經驗，知道有些鬼群很厲害，可能一時難以擺平，萬一真的一睡難醒，豈不是耽誤了上課？故選了下午無課的一日，午餐也沒吃便上山，找到了森林公園那座涼亭，一踏進涼亭便覺陰氣極重，看來傳言似乎不假。

我將意念清淨下來，讓罡氣光圈維持堅強狀態，便在涼亭石椅躺下來小憩，想不到頭一沾石椅，幾乎立即睡著，確實邪門。一睡著，我就立即身處於一小巷子內，巷子的牆壁陳舊不堪，我順著巷子走，竟走不出去，原來是座迷宮，此時才知道，為何遊客睡不醒，原來一入睡，就陷入鬼群的迷宮。

我便停下來不走，我知道這只是一夢境，醒過來便沒事了，所以我就命令自己醒過來，想不到竟然無法隨心所欲醒過來，此時才發現這群鬼果然有兩把刷子，於是我立即於巷內靜坐，收攝意念，將護身罡氣盡力展開到更大範圍，逐漸將一堵一堵的牆化掉，牆全部化掉之後，一堆惡鬼現形，但一接觸我的護身罡氣，便一哄而散，此時我才醒過來。

醒來一看手錶，將近下午三點，這一小憩竟將近三小時，心中實在震驚，從大學信基督教開始，我修行已超過十年，又經過靈界大戰經驗，想不到一座森林公園的一群游離鬼，就要花三小時才破了牠們的迷宮，一般民眾自然一睡難醒，縱然醒來，恐怕已被鬼群上身。而且我只是破了牠們的迷宮陣，牠們尚活躍的站在遠處瞪著我，我真擔心牠們整群撲過來，當時方後悔，自己心高氣傲，想上山踢館，萬一整群鬼找我麻煩，那可不妙！還好我離開時，牠們只是按兵不動，沒有跟定我不放。

於是便決定，以後非必要不宜招惹這些靈界的惡勢力，尤其自己修行功夫還不夠，更不可去人家勢力範圍踢館。幸好這只是一群游離鬼，萬一遇到深山厲害的大樹精，甚至遇到更凶猛的萬年精怪，那豈不是少說困上一星期才能突破迷宮陣，也說不定會受困迷宮餓死深山之中也未可知？

宇宙空間不僅只是我們知道的三度空間，而是無限維度空間同時重疊並存，亦即那座森林公園不是僅有一座公園這麼簡單，也許還有其他幾個空間的屠宰場、電影院、海洋的重疊並存。如果重疊的空間真是有座屠宰場，而這屠宰場的一大堆亡靈死不瞑目，久而久之必成兇猛厲鬼，就有能力穿梭於各空間，那麼與這座屠宰場空間重疊的公園、電影院、海洋，都可能發生鬧鬼事件，飛機飛過、輪船經過、或是車輛經過，也都容易發生意外事故。

離開教會之後，我暫時沒有再碰聖經，滿書架上的基督教叢書也暫時沒再去碰，當時以研究全套賽斯系列叢書為主，後來又研讀「心靈的解放宣言」，作者是美國 Louise, L. Hay（露意絲．海），她在美國是很知名的心理醫師，其實她已經不僅是心理醫師，而被當代美國人認為是超能力醫師。她說：「心靈能力、精神感應術、千里眼、或是順風耳，應該都是正常人所能擁有的。心靈是有能力去做一些了不起的事情，我相信一切都是可能的。」

讀到此，令我萬分開心，她的說法等於是說：人本來就該是法力高強的神仙，只有不正常的人，才喪失這些能力，她的觀點印證我的領悟是正確的。她是一位值得信賴的人，因為她不是漫談理論的學者，她是有豐富實證經驗的醫師，她引導病人運用自身的超能力醫治自己的病，連許多醫院宣佈無救的病都治好了；除了身體的毛病，還有生活上的各種困境，也可以運用本身的超能力突破。

讀了賽斯系列叢書，又讀了心靈解放宣言，我更確定自己的領悟是正確的，只要我們能完美的運用自身潛藏的無限力量，我們就是終極解脫者，從此在宇宙中自由自在，快樂無憂。不過我也發現，那兩系列的書，只強調超能力，卻沒有提到因果法則，因果法則是上帝和撒旦都遵循的宇宙定律，超能力的運作不應該忽略因果法則，因此那兩系列的書，無法完全令我滿意，因為無法完全滿意，所以我的領悟的正確性只得到頂多九成的印證，還是有點遺憾。

就在此際，某日地藏王菩薩突然示現，我當時對佛教的菩薩不太熟悉，心中想的還是耶穌，因此不知道地藏王菩薩示現的意義何在，因為不熟悉，所以一點也不覺震撼。地藏王菩薩叫我盤坐於地，我就依指示盤坐，然後祂也盤坐於我正對面，突然從祂的眉心射出一道強光，直射我的眉心。我對佛教、對地藏王菩薩都陌生的很，真不懂祂要幹嘛？由於地藏王菩薩法相莊嚴，令人十分敬仰，因此雖然不認識祂、也不知道祂要幹嘛，但我也不敢造次。祂發射強光好一陣子才結束，之後祂請祂的弟子帶我去一座山上觀看人間，我從那山上觀看人間，人間真是烏煙瘴氣，如同垃圾堆，我正觀看中，祂們就全都消失了。

地藏王菩薩的示現雖然沒有帶給我震撼，卻令我印象很深刻，因此，我開始研究佛教資料，想了解祂是誰？還想了解祂向我眉心發射強光有何意義？但我當時避免去佛教機構，因為之前被教會嚇壞了，於是我在家收看佛教衛星電視台的佛學講座，又自修佛典及閱讀佛教相關叢書。

讀者Q&A

Q：為什麼天界不主動出兵將一切魔界的國度及勢力完全剷除呢？

A：一般人將魔的實力給矮化了，撒旦及魔界高級靈除了「隱藏終極解脫的方法」之外，其超能力與天界高級靈相較，只是弱一點而已，天界為了眾生的解脫與魔界已經進行無數次戰鬥。

第二十一回
認識地藏王菩薩，創經教過濾系統
老子現身仙都遊，仙都天池觀宇宙

後來細讀地藏經，我才弄清楚，原來地藏王菩薩從無量劫之前就立願要度盡天下眾生，即所謂：「地獄不空誓不成佛，眾生度盡方證菩提。」亦明白地藏王菩薩捨己度眾之宏願可謂佛教諸聖者第一名，故亦尊稱為「大願」地藏王菩薩，我自幼即有濟世之願，故可謂一拍即合，對地藏王菩薩自然欽敬不已。

至於以強光照射我眉心，我也搞清楚了，是地藏王菩薩在我眉心作個記號，亦稱為「印心授記」，天界會認此記號，對此人進行嚴密保護，直到此人終極解脫，明白這點之後，便對地藏王菩薩無限感激。地藏經亦記載，佛陀過世前，將度眾生的棒子交給地藏王菩薩，並且叮嚀觀世音菩薩及許多大菩薩護持地藏王菩薩，亦即，地藏王菩薩實乃佛教目前最高統帥。可是許多民眾、甚至若干法師，竟將地藏王菩薩分類為管理墓地、靈骨塔、地獄的菩薩，此一分類乃重大錯誤也。

連法師都會搞錯！因此，我開始擔心佛教跟基督教一樣，都被魔界滲透成功了，有了這個警覺性之後，我開始小心翼翼閱讀佛典，切勿中了魔界滲透的文字魔障而不自知。實際上，要分辨聖經、佛典哪些是魔界滲透進來的東西，真的非常困難，尤其兩大宗教的許多教義都是名震江湖的大師級人物編修或註解，單單聽到某大師的名號，就不敢起疑，可是天曉得，那位大師心裡在想什麼？是不是魔界栽培的人？

根據十年的教會經驗，加上多年深度靜坐冥想的體悟，我自行研發兩套過濾經教的系統，以避免受魔界愚弄：

第一套系統：凡經教指引我們把心清淨下來，找到自己無限的力量，引導我們運用這個力量，這個經教可信度就高；反之經教避談此節，則宜小心閱覽。因為撒旦希望我們永遠仰賴他的加持護佑，他不希望我們發現自己擁有與撒旦平等的無限力量，因為那樣我們就不再仰賴他了。

第二套系統：愈複雜的經教，愈可能偏離佛陀或耶穌的教法。佛陀或耶穌那時代，文盲超過百分之九十，多數民眾看不懂文字，無法進行閱讀研究，亦無錄音設備，無法反覆聆聽。故佛陀或耶穌對民眾的演講內容，必然適合文盲水平，以當場能聽懂的淺顯內容為原則。太深奧的內容，很可能是魔界滲透的東西，要我們虛耗人生去研究那套深奧的花樣，最重要的意念清淨，反而搞到沒時間去清淨。

由於之前被教會嚇到了，所以不想再去任何宗教機構，深怕又被套牢，於是在家自行收看佛教衛星電視台的佛學講座，又買解經之類的叢書回家自修。多年前剛成為基督徒時得了聖經知識飢渴症，我那一陣子則是得了佛經知識飢渴症，電視頻道總是對準佛教衛星台，耳朵聽、手也拼命筆記，準時收看一集一集的佛經課程，同時也讀經典兼閱覽解經叢書。

這樣子持續研究佛學大約兩年。某日，忽然老子現身，他以一老者相現身，滿臉慈祥，仙風道骨，帶我去道家仙都參加高級班課程，能參加仙都高級班的人，都是從人間挑選過的，因此我甚覺興奮，很珍惜上課的機會，老子坐在我身旁，全程陪我上課。除了到仙都上課，老子沒有帶我去仙都其他地方遊歷，當高級班課程結業之後，老子帶我與同班同學到仙都的天池去觀看，天池有如一明鏡台，清澈無波，荷花蓮花等一切水生植物都沒有，就只有一池晶瑩剔透的清水，水的能量非常高，才靠近天池，一片心亦跟著清淨下來。

我們靠近天池邊去看，才發現這個天池可以看見宇宙一切人事物的詳細資料，想看什麼，天池立刻顯給我們看，其功能不輸給大鐵球總部的資料庫，亦即道家的仙都清楚掌握宇宙所發生的一切事情，同時也在嚴密監督魔界所有大鐵球總部的動態。觀看之後，我雖然不清楚仙都的實力與魔界相比哪個較強，至少我確定仙都的情報系統不會比魔界遜色，這也讓我寬心不少。

此時老子請天池找出人間的道德經權威，天池中瞬間出現一位女士，她是某國某大學的教授，她就是目前人間道德經權威。老子突然拉著我的手跳進天池，才進天池我和老子立刻就回到地球，而且就在那女教授身後，我此時才知道，仙都的天池還可以瞬間把人移動到宇宙任何地點，實在太神奇了。

老子此時走近那位女教授身旁請益，是請教關於道德經某段經文的解釋，後來女教授和老子便針對那段經文交換意見，結論是，女教授認為老子的看法不正確，所以糾正了老子，老子很有禮貌的接受女教授的指正，就沒有再多言。女教授離開後，老子含笑看著我，一切盡在不言中，我明白老子帶我親會女教授，就是要我知道，地球上所謂的權威，都已偏離了真理，道德經的作者老子就在女教授眼前，女教授猶識不得真人，還要恃其所學糾正老子一番。

仙都課程結業之後，我心情反而沉重起來，原來人間已經偏離真理到這麼嚴重的地步，之前只知道大鐵球總部刪改宇宙所有重要經典，如今更知曉，縱然沒有刪改的經文，大鐵球總部也能引導人解釋錯誤！到底人間顛倒夢想到了什麼程度呢？到底該如何度化這個嚴重迷失的地球呢？

讀者 Q&A

Q：一般人都可以被「印心授記」嗎？

A：是的，只要能接受本文第四十三回，兩千年版終極解脫福音，天界大使即可為其印心授記。

第二十二回
觀世音菩薩示現，古廟比劍敬威神
遠征外星戰魔界，大地聳立古佛示

仙都高級班課程結業後，老子留給我的最後一個提示，讓我親見地球的道德經權威，對道德經之解釋亦偏離老子原意。想不到魔界不僅刪改宇宙所有重要經典，縱然沒有刪改的部份，也能引導人解釋錯誤，地球人迷失得極為嚴重。再回顧首次見到地藏王菩薩的時候，地藏王菩薩特別請祂的弟子帶我去祂居住的山上觀看人間，人間竟似一所烏煙瘴氣的垃圾場，令我怵目驚心，原來地球人活在夢裡胡為苦認真。

那幾年基督教、佛教、道教三界的主要領袖頻頻示現，指導我許多課程，或是讓我看見一些奧秘，我發覺似乎天界要親自訓練我，不假手人間的師父，或許在天界眼中，地球真是烏煙瘴氣，好師父難尋，為了爭取時間，壓制魔界繼續擴大勢力範圍，只好由天界直接訓練人才。

我仍然維持收看衛星佛學講座，自修佛經，偶而會讀一些經典註解的書，可是經過老子點化之後，我不敢太依賴解經的書籍，若有疑惑，則於靜坐時進入深度冥想，直接於冥想中找答案。當時於靜坐中，偶而興起，會將護身光圈逐漸擴大範圍，然後用意念將光圈弄得愈來愈堅強、愈來愈厚實，形成一個強大的護身光球。

後來興起，覺得總不能只是防衛，故於靜坐中，以意念開始練習飛劍，觀想背著雙劍，並以意念強化雙劍的威力，並使其任意飛舞於我的身邊，逐漸的我要雙劍愈飛愈遠，隨意念而動，可飛舞於意念可及之處，我還自己命名為「神光雙飛劍」。事實上，以前獨闖鬧鬼森林，只靠護身罡氣防守，沒有練就攻擊性武器，故當時不懂如何攻擊鬼群，所以一直就想練習一套攻擊武器，但當時禪定功夫不夠，所以無法練習攻擊性武器，等到禪定功夫到達相當程度之後，於是開始練習「神光雙飛劍」。

練了一段時間，護身光球愈來愈堅固，神光雙飛劍也愈來愈靈活強大，隨意飛舞十分自在。忽然一日，靜坐中出現一古廟，從古廟中走出一俠女，我定睛一看，竟是觀世音菩薩，便立即起坐恭迎。不知觀世音菩薩示現有何指示，我默不作聲等候菩薩開示，觀世音菩薩當時著古代俠女服裝，相貌端莊清麗，令我十分敬仰，祂開口說要和我比劍，我十分驚訝，豈敢和觀世音菩薩比劍呢！

可是在祂的要求之下，我也不敢說不，於是就拿起我苦練的神光雙飛劍，菩薩卻只拿出一劍，比劍開始，祂要我盡力出招，於是我便大方出招，意想不到，比劍只一招，我就敗了。觀世音菩薩大威神力驚人，我的劍和祂的劍一接觸便似打到雷霆萬鈞之金鋼鐵，不能動祂分毫，於是一招就敗。

我甚覺慚愧，但祂很慈祥的跟我說，下次再找我比劍，送走祂之後，我方知自己實力差菩薩極遠，因此在禪定力上應更加強。又過了好一陣子，我覺得自己似進步很多。此時觀世音菩薩又忽然示現，祂又從古廟中走出來，我亦恭身相迎，我知道祂又要和我比劍，我這次依然被打敗，可喜的是，我和祂過劍十多招才敗，而且我覺得祂劍的力道也沒有上次那樣如同雷霆萬鈞之金鋼鐵。

祂讚許我進步了，我也頗高興能跟法力無邊的觀世音菩薩過了十多招才敗，祂離開之後，我依舊按部就班的靜坐冥想，希望自己不斷進步。又過了一陣子，突然接到天界號召，前往某外星球參加保衛戰，原來是那個外星球亦發生壞牧師類似案件，大鐵球總部栽培的該星球邪教勢力與魔界大軍團合作，攻擊該外星的天界宗教，天界宗教處境危險，該天界宗教的禱告求救已被天界收到，於是天界派出軍團前往解圍。

上次壞牧師事件，天界軍團進攻大鐵球總部時，我僅是觀戰者，這是我首度收到天界號召參戰，所以很興奮，就歡喜的接受號召，當我們到達該外星球時，大鐵球栽培的邪教勢力以及魔界大軍團已取得絕對優勢。我被分配在河道艦艇部隊，我們數十艘艦艇負責逆流而上掃蕩敵軍，開始和敵軍交戰時，我的神光雙飛劍威力無窮，戰無不勝。

同行戰友亦是勝多敗少，所以一路挺進，後來遭遇了敵軍精銳艦艇部隊，河面上的戰況立即逆轉，我們數十艘艦艇，無法再前進，反而被逐漸擊潰，我的神光雙飛劍打不過敵軍的精銳部隊，我們艦隊指揮官一方面向天界大軍團求救，同時要我們棄船上岸。我們上岸後，艦隊戰友都分散了，我和幾位戰友躲到一個建築物內和敵軍頑強抵抗，等待大軍團本部救援。當時蠻氣餒的，想不到我修行多年，還是打不過敵軍精銳部隊，我將神光雙飛劍放棄攻擊，收回來護住自己全身，連同護身光球硬抵擋敵軍許多強大攻擊。

天界大軍團全力增兵，大軍團統帥求取必勝，激戰很久之後，敵軍才被逼退，終於解除該星球被魔界吞噬的危機。大戰之後，我於該星球稍加遊歷，才知道該星球是一個佛教星球，大鐵球總部覬覦併吞該星球已久，後來我又發現，該星球佛典很少，該星球之古佛於過世時，在高聳的石板上留下祂的教法，石板我算一下才五片，每片像一棟兩層樓的樓房那麼高，而且石板上刻的文字很大，所以五片聳立的大石板總共也沒多少經文，頂多就是我們地球五部般若心經的數量，而一部般若心經才二百六十個字。

這真是極佳的方法，那些堅硬高聳的石板幾千年也不會腐朽，古佛的教法清楚的擺在那邊，人人均可閱讀，而且以石板為證，古佛留下的教法就只有五片，後代學者就很難假冒古佛名義增刪佛典，於是魔界要入侵該宗教的難度就提高不少。支援外星球的戰爭結束，回到地球之後，我檢討自己神光雙飛劍的威力不足，這表示自己禪定力還不夠，以後要再加強修持禪定。

讀者Q&A

Q：若該星球未發出禱告求救訊號，天界是否依然會派出軍團前往解圍呢？

A：眾生離開天界而居住於紅塵，皆乃往昔曾經決定投向魔界所屬之「紅塵」，後來在紅塵中受苦，才希望天界救援，天界當然願意救援，問題是眾生已經投靠魔界，魔界軍團必然阻擋天界干預魔界屬地內之事務，若要天界師出有名，就是憑著眾生的禱告求救訊號，訊號愈多愈強，天界愈有理由出兵。

第二十三回
地藏慈尊親授課，念佛法門攝意念
迷心幻術鬼見愁，軍團苦戰獨立國

那場外星球保衛戰，雖然天界大軍團勝利，但我認為自己是失敗的，因為遭遇魔界最精銳部隊時，我只有勉強防守的份，毫無取勝之機會，還得等著軍團來解圍，因此我對自己的修行程度，非常不滿意。依我實證體驗，禪定功夫是隨著修持的時間慢慢進步的，因此雖然對自己不滿意，可是也提醒自己，一切急不得，愈急愈不能定下來。

靈界大戰是一般人看不見的，可是靈界大戰的結果卻影響宇宙生靈的命運。如果那次我們前往外星球與魔界大戰失敗的話，那個星球的人民雖感覺不出異樣，不過魔界新栽培的宗教會開始興盛起來，人民的觀念逐漸產生偏誤，心也很難靜下來，而且很喜歡於感官慾樂中流連忘返，於是找不到解脫之路，困在輪迴苦海之內，所以靈界大戰的勝敗攸關重大。

還有，我們這些參戰的修行者，只是原靈出竅去參戰，如果在戰場上被敵軍擊成重傷，可以在靈界尋求「靈醫」醫治，如果找不到靈醫幫我們治療，則原靈回到肉體之後，肉體會生病，嚴重的話會長期生病，而且會出現許多不如意的事，意念也混亂了，短時間內靜不下來，所以靈界參戰是很危險的，絲毫大意不得。至於要多久才能恢復正常，就要看在戰場上傷得多重，還要看個人修為高低而定，修為愈高恢復愈快，也許一星期就復原了。天魔兩界大戰的時候，天界都會派靈醫來幫我們療傷，幫助我們加快復原。

若干修行者不願意過問世事，不願意參加靈界大戰，也是有其道理，因為確實危險性很高。而且世人多冥頑不靈，頑固執著第七意識之輪迴根性，勸多少回也沒用，多勸幾句還要被人討厭，因此心也寒了，為這些人冒著危險打戰，實在毫無意義，真是「狗咬呂洞賓，不識好人心」，故索性隱居不問世事。

不久，地藏王菩薩多次示現，傳授我許多課程，還傳授我念佛法門。以往我不重視念佛，靜坐時均以設法保持無念為主。既然地藏王菩薩傳授念佛法門，我便依祂指示開始持念祂的聖號，祂對我說：「持念祂的名號，祂便幫助我解除一切困境，也會幫助我悟透終極解脫之道。」我是一個乖學生，此後日常無事，儘量不胡思亂想，專心默念地藏王菩薩，於靜坐時亦專心默念地藏王菩薩。

經過一段時間，我發現將意念高度集中於祂的聖號，定力提高不少，心也自動達到清淨，無須一直提醒自己止念。經過實證體驗之後，才知道為何佛教界將念佛法門視為非常重要的修持方法，乃確實有其巧妙之處也。隨著定力的成長，我的護身光球，也愈來愈厚實嚴密、光采也愈來愈亮；我的神光雙飛劍也愈來愈強大、劍身也愈來愈亮，如同兩道強大閃電。

不久之後，又接到天界支援外星球的號召通知，其實我曾考慮拒絕參戰，當個自在的隱士，不過，我還是參加了。這次大戰的敵人不是魔界，敵人是靈界的一個獨立國度的軍團，該星球人民被獨立國度控制的很痛苦，所以向佛菩薩禱告求助，天界發現人民確實很痛苦，故回應人民的禱告，派遣大軍團前往攻打獨立國度的軍團，以解除人民痛苦。

這次出征的天界大軍團統帥，兵分幾路攻向獨立國度總部。而我被派為其中一支軍團的指揮官，我這支軍團有一千人，我們的路線是穿過森林、曠野、住宅區，然後到達敵軍總部。由於這次我是指揮官，故使命重大，一則要完成任務掃蕩沿路敵軍，二則要保護本軍團成員安全，使受傷降到最低程度，三則要攻破敵軍總部堅強防線。

靈界除了天界和魔界之外，還有一些獨立的國度，這些獨立國度規模比天界或魔界小很多，如果以軍團總數來比較國度大小，假設天界有一百億個軍團，撒旦統御的魔界則有五十億個軍團，其他各獨立小國度，或有五億、或有三億、或八千萬、或五千萬軍團不等。這些能獨立成為靈界的一個國度，都是其最高統帥的戰鬥力很高，與大天使長或撒旦的戰鬥力不會遜色太多，故有實力獨立成國度，亦能號召靈界一些靈體加入其國度。

但這一堆獨立小國度，未必像天界或魔界那麼嚴守因果法則，所以有時會出現亂搞的情況。一旦亂搞到魔界國度，欺負魔界子民，撒旦亦會派出軍團攻打這些獨立國度。這些獨立國度的最高統帥，有些與魔界理念相同，有些則與天界相同。與天界理念相同的，大多都加盟天界，若不加盟天界，也會維持其獨立性，甚少組成聯盟。與魔界理念相同的獨立國度，有的直接加盟魔界，有的則自組聯盟，目前靈界最強大的兩個與魔界友好的獨立國度聯盟，就是「冥獅尊王」主持的聯盟，以及「聖龍大帝」主持的聯盟，這兩個獨立聯盟的實力超強、國內超能力超過九成五的宇宙霸王不計其數，故足以和天界及魔界長期對抗。至於靈界有多少獨立國度？其數量實在難以估計。

宇宙中任何一個星球受到魔界或親魔界的獨立國度的入侵，一樣都難以承受，我們的地球，就有若干宗派是被這種靈界獨立國度統御。本文之前提及，地球超過八成人民屬於魔界勢力管轄的魔界子民，如果更精確的說，應該說魔界加上親魔界的獨立國度的子民高達八成，因魔界和親魔界的獨立國度都不允許子民終極解脫，故作者概稱為魔界，本書中所稱之獨立國度聯盟，係專指親魔界的獨立國度聯盟。

那個外星球科技文明雖然還不發達，但有佛教及其他不錯的信仰及哲學思想，可是獨立國度栽培的人才在那星球成立了邪教，很多人民受到邪教操控，當地的宗教師父又鬥不過獨立國度支持的團隊，只好向佛菩薩求救。我們到達該外星球之時，遭遇獨立國度猛烈的攻擊，我發現他們軍團除了戰鬥力很高之外，還有很厲害的「迷心幻術」。我指揮的這支軍團從進入森林區開始，便遇到迷心幻術的攻擊，一些戰友出現迷失狀態，原本拯救該星球子民的熱誠突然消失，忽然不知為何而戰，紛紛坐下休息或自行撤離，完全失去戰鬥力。

我見情況不妙，立即以神光雙飛劍快速遊走於森林區域，放出大片強光，照徹戰友們的神識。戰友中亦有許多修行高手放出如日光普照的大光，照徹戰友們的神識。但有若干定力較差的，在強光照徹之下，還是無法醒過來，為了避免被敵軍擊傷，只好命令部分戰友撤退。

此一戰實在非常辛苦，好不容易打出森林區域，在曠野地帶時，我們軍團只剩約一半兵力，在曠野地帶的激戰，我的神光雙飛劍如同兩道巨大閃電快速飛舞於敵陣，幾乎沒有對手，但難就難在，對方迷心幻術太厲害，我的戰友雖未被完全迷倒，但定力差很多，於是攻擊力變弱，我身為指揮官，神光雙飛劍必須不時保護戰友免受重傷，所以攻擊力大降。

突破曠野區敵陣之時，我們原本一千人的軍團，只剩下不到百人，但這不到百人卻都是本軍團最菁英的戰友。我們仍繼續挺進住宅區掃蕩敵軍，很幸運的，此時住宅區反而易通過，因為敵軍把部隊都調回去總部準備決戰，否則我們剩不到百人，可能到不了敵軍總部就完全被殲滅。而且我也被迷心幻術影響到，雖然意識還很清明，但是戰勝的信心不斷動搖，影響戰鬥力的發揮，這個獨立國度的幻術真是太厲害了。

身為指揮官，還沒打到敵軍總部，我指揮的這支軍團剩不到十分之一，真是很丟臉，等一下如何向統帥交代呢？而且兵力剩這麼少，而敵軍總部必然是最精銳部隊，而且據情報顯示，該獨立國度的最高統帥除了戰鬥力已經是宇宙霸王的水準，他的迷心幻術更是霸道之至，等會大決戰要怎麼打呢？

讀者Q&A

Q：一般人的靈體若是受傷了，有機緣尋求天界的靈醫醫治嗎？

A：正宗天界團隊已來到人間，天界團隊除了帶來終極解脫心法之外，也致力於幫助眾生恢復身心靈的健康圓滿。天界之舟奇蹟營的超能禱告，能發揮強大的治癒效果，能有效協助眾生心靈恢復健康。

第二十四回

獨立王國大元帥，宇宙霸王現真身
豢養邪靈捆信徒，宗教信仰成牢籠

敵軍總部是好多個超大金字塔狀的建築物，但沒有塔尖，塔上都是廣大的平台。我很驚訝，金字塔周邊完全沒有敵軍，也沒有任何堅強的防禦體系，看起來我們可以輕易走近金字塔，並從金字塔的階梯直接走上平台。可是我們小心翼翼，擔心有埋伏，畢竟敵軍最高統帥就藏身在某個金字塔內，怎可能沒有最精銳部隊保護統帥呢？因此我要求本軍團遠離一段距離先觀望，等到天界各路軍團陸續到達敵軍總部會師之後，再聽取軍團統帥之命令行事。

等了好一會，天界各軍團從四面八方陸續抵達敵軍總部會師，形成包圍狀，我看各軍團所剩戰友均不多，於是心理壓力頓除，原來各軍團都遭遇苦戰，不是只有我指揮的這支軍團而已。不過這不是好現象，我方兵力剩不到一成，而敵軍最精銳部隊還沒現身，而恐怖的敵軍最高統帥亦藏身其中，不知道本軍團統帥是否有向天界請求援軍？

良久之後，敵軍最高統帥忽然現身，他現出極巨大身形，漂浮站立於整群金字塔之上空，頭戴兩隻牛角的頭盔，全身著鐵甲戰袍，手持鑲著許多寶石的短杖，身材非常壯碩健美，雙眼如日放光，周身有護身鐳光盾三層，臉色極為威嚴，而且我已經感受到他極為強大的能量向我們壓迫而來，因此我將護身光球盡力施展到極限，兩道如同閃電的神光雙飛劍，隨時準備出擊。

怪的是，忽然我回到地球的家中，然後聽家人說，家裡頭發生重大事情，家人正在煩惱，家人問我的意見，我一時想不到解決之道，因此也跟著煩惱。又突然我任職的學校，也來電說我們班的學生發生打架事件，可能驚動報紙媒體，學校要我立即與報社溝通，絕對不可以上報，以免影響校譽，我打電話給報社，可是報社敷衍我，令我煩惱不已、不知所措。

屋漏偏逢連夜雨，電視上看見股市大跌，因為國際突發重大利空消息，我的股票套牢，想要好好研究該出場還是續留，以免財產損失，可是家裡出事，學校又出事，每件事都是急事，哪有時間研究股市，眼前沒有一件事情想到解決方案，搞的我方寸大亂。

我忙著處裡那些突發的急事，不斷打電話溝通，忙著進進出出處理事情，正在進退兩難，煩惱不已的時候，突然看見天上降下萬丈毫光，原來是地藏王菩薩降臨。地藏王菩薩叫我端坐於一塊大石頭上，專心念地藏王菩薩聖號，我便依祂指示坐在石頭上專心念地藏王菩薩聖號，祂交代完就消失了。念一段時間後，空中出現一股強大的龍捲風，把家事、學校的事、股市的事，通通都捲走了，我慶幸所有事情都解決了。

此時，我才大夢初醒，我是在戰場上啊，原來剛剛我中了獨立國度最高統帥的迷心幻術，我這支軍團原來還剩將近百位戰友，怎麼現在剩不到十位?原來大家都中了迷心幻術，忘記自己身處戰場，許多戰友被迷惑後已自行撤退，我們還留下來的，是因為禪定力比較高。

剛剛在迷惑狀態時，戰場上到底發生什麼事情，我們都一無所知，我只知道佛國最高統帥地藏王菩薩親自出馬，才破了迷心幻術。試想，若無地藏王菩薩降臨解救，我和戰友們中了迷心幻術之後，完全失去戰鬥力，此時敵方精銳盡出，我們必被擊成重傷，後果實在不堪設想。我猜測，剛剛必然是地藏王菩薩率領天界援軍和獨立國度最高統帥以及他的精銳部隊交戰過，因為一大群金字塔似乎經過重大戰役摧殘的痕跡，而獨立國度最高統帥和精銳部隊都不見了，顯然獨立國度的軍團已被地藏王菩薩擊退了。

此時，軍團統帥下令我們剩下的戰友登上塔頂掃蕩最後餘孽。這最後餘孽就是獨立國度栽培的邪教份子，獨立國度大軍團撤退之後，這些餘孽頓失依靠，我們登上塔頂平台，很輕易就掃蕩成功。我們進到塔內，發現聚集了極大量的邪靈，這些邪靈層次不高，不敢和我們衝突，這些邪靈都是準備附身到邪教新信徒身上的。後來這群邪靈也都被我們驅離，一哄而散。

原來這個宗教表面是很神聖，其實信徒在入教儀式時，該宗教就暗中派遣邪靈附身信徒肉體，因為有邪靈附身，邪靈會牽引信徒對該宗教忠心，忠心順服的信徒，附身邪靈可以幫助信徒實現一些願望；一旦不忠心或想脫離，附身的邪靈就設法讓該人痛苦甚至出事，使其不得不從。可是信徒自己不知道於入教儀式上已經被邪靈附身。

這些附身之邪靈都服從獨立國度的指令，邪靈肩負控制信徒之任務，附身成功之後，邪靈便可以享用肉體感官的慾樂，可謂互蒙其利。該星球一些宗教大師看出端倪，決定出面阻止，壓制那群邪靈的活動，無奈有獨立國度大軍團撐腰，那些大師亦無力阻止邪教的發展，只好求助於天界。

此次遠征該星球算是非常成功，獨立國度軍團撤離之後，該星球之邪教必然漸漸凋零，人民可以獲得自由，不再受到靈界惡勢力愚弄控制。此戰結束回到地球之後，我思索檢討整個戰役的過程，我得到四點心得：

第一項：**解脫在乎實力，不是教條理論**。那獨立國度最高統帥，修煉到有三層鐳光盾護身，又能隨心所欲放出極強大能量攻擊敵人，還修煉成那麼厲害的迷心幻術，實力達到宇宙霸王境界，所以能萬古暢行於宇宙，沒有任何勢力能消滅他。

第二項：**遵照因果法則，才算完美的終極解脫**。無論實力多強大，都逃不出因果法則，不找別人麻煩，就不會被別人找麻煩，才算完美的終極解脫。那位獨立國度宇宙霸王若不去那星球欺負人，就不會引起地藏王菩薩出面制裁，就什麼麻煩都沒了。

第三項：**意念管理極重要，必須攝念清淨，才能完美發揮我們無限的潛能**。否則遇上敵軍最高統帥強大的迷心幻術，意念就被轉移而困在生活諸事，心煩意亂，超能力是無法有效發揮的。

第四項：**慎選宗教團體**。靈界惡勢力操縱的宗教很多，像那外星球豢養大批邪靈附身於每位信徒體內的宗教，我們地球上也有，參加這種宗教，不但不可能解脫，而且還受邪靈主宰，人生真是悲慘。避免選錯宗教的最好方法，就是遠離「向外求」的宗教，向外求，就很容易受制於外面的那個力量，反求諸己，運用自己無限的潛能，安全性才高。

讀者 Q&A

Q：我們會不會就是陷在一場大戰裡並且中了迷心幻術而不自知呢？

A：正確。地球上多數眾生中了魔界的迷心幻術，明知紅塵必然成空，還是認假為真、繼續執著，甚至經歷了百千萬次苦海輪迴，依然執著紅塵點點，對於開悟解脫沒有興趣，如是頑固執著，就是中了迷心幻術之症狀。

耶和華與天使一起創造宇宙，每個生靈都是平等的

耶和華和眾天使創造的所有宇宙生靈，都是自己的原版複製分身，
其實就是自己，所以大家都是一家人，
所有的生靈都是完全平等的，與耶和華平等，與天使平等，
所有生靈潛藏的超能力完全平等．
都可隨心隨遇、任意揮灑。

第二十五回
天機臺上話天機，金光點點在幽冥
漫談靈界一二事，任意揮灑無量界

某日我到天界之天臺一遊，天臺當日的值班人員是位仙女，仙女要我低頭看凡間，我見凡間烏煙瘴氣、一片幽暗，如同在地藏王菩薩的山上所見的人間差不多。可是仙女叫我再仔細看，我就再仔細看，看出來幽暗的人間有些金點閃耀發光，仙女就跟我說，那些金點就是天界派駐人間的使者，肩負度眾生的使命，這些被選派的使者，除了本身有意願之外，還必須是好幾世的修行高手。

萬古以來，天界不斷派出使者到宇宙各星球，歷史上從來沒有停過，天界使者的最主要任務就是將終極解脫的真理傳揚下去、永續香火，並協助宇宙生靈都達到終極解脫。天臺上有一座類似雷達的儀器，只要這個雷達鎖定某個金點，雷達會向人間射出紅色雷射光線與金點連線，螢幕上便立刻出現這位使者的詳細資料，也可以知道這個使者的任務。如果要下達指令給使者，也可以透過紅色雷射光線將指令送下去。

天臺值班人員必須密切注意每位使者的狀況，包含安排訓練課程，以及提供立即的保護，防止魔界毀掉這個使者，我見到天界如此嚴密的保護每位使者，便知道天界對這些使者寄予極高的厚望。有些使者是出生前就選定了，自己投胎來人間之前也知道自己的任務，但靈魂入肉體之後就會遺忘自己的任務，有時會飄起那些印象，但就是說不出個所以然來。天界會安排一系列課程，漸漸通過考驗之後，天界會讓此人知道自己的使命。

不是每位使者都能如期完成任務，人間有太多的誘惑及辛苦，考驗使者的修行定力。尤其使者身份一旦被魔界知道，魔界會極力攻擊、誘惑，讓使者迷戀於人間生活，以致於無法完成任務。所以天界除了嚴密保護，也會隱藏使者名單，只有機緣成熟時才會公開，如果確定某位使者已在人間迷失，無法完成任務，天界會選出其他人材取代。

當時在天臺時，仙女沒有讓我看使者名單。日後我於靜坐中，天界才讓我看見使者名單，名單底色是牛皮紙顏色，名字用黑色毛筆字書寫，這份名單就是當代天界使者的名單。每位使者訓練課程及格之後，天界會賦予天界使者權柄，此權柄如同欽差大臣，代表天界最高統帥，天界使者在授權範圍內所下達之指令，即等同天界最高統帥之指令，天界大軍團會全力完成指令，以利使者完成任務。

請讀者特別注意，許多通靈人，號稱接到天旨，在民間開壇通靈辦事，這樣的狀況百分之百不是天界使者，天界使者不會從事通靈辦事，天界使者的任務是輔導人做正確的修行，以達到終極解脫，例如：達摩祖師、惠能大師、耶穌及他的十二使徒，他們都是專心的傳達終極解脫的修行，這樣才是天界使者。至於那些通靈人自稱接到天旨，是實話或是謊話？或是他們接到哪邊降下的旨？本文則不予置評。

魔界及各獨立國度，也不斷選派人才到各星球擔任使者，魔界使者的任務就是盡一切可能隱藏終極解脫之路，包含刪改重要經典，曲解重要經典，散佈錯誤的哲學思想，打擊天界使者等等。有不少魔界使者擔任學校老師，利用教育的機會將錯誤的思維教導學生，魔界使者也擔任政治高層官員，利用整個國家資源散播魔界屬意的價值觀。

通常天界、魔界、獨立國度，會以和平方式宣揚理念，吸引宇宙生靈加入自己這邊。但如果發生違反因果法則亂搞之事，就會牽動靈界戰爭。如果亂搞到大地冤聲四起，宇宙生靈迫切禱告伸冤求救，則將牽動大規模的靈界大戰。靈界發生大規模戰爭時，我們會感覺到氣候異常，天雷閃電狂襲，雲層非常幽暗怪異，突發性的狂風，甚至大地不斷地震，天空流星大規模墜落。這些異常的現象通常不會傷到生靈，若傷到生靈必也是惡報恰好上門。

靈界大戰的主力軍團是天界、魔界、獨立國度的天使或靈體，偶而也會號召各星球一些修行者靈魂出竅參戰。經過實際的參戰，我領教靈界許多靈體的超能力強大到驚天動地，可任意遨遊宇宙，所以每次戰役之後，就更不欣賞那些在教條理論裡打轉的宗教團體，也一再提醒自己以實修為重，務必要將自己潛藏的無限力量發揮出來，不可以像隻軟腳蝦。

靈界許多仙人非常喜歡開玩笑、說笑話，那些仙人說笑話的功力實在厲害，能令聽眾爆笑不已，所以那些仙人可以帶給人間許多歡笑。有時那些仙人看某人很可憐，慈心一動，會跑進某人夢中去說笑話，把那個人逗的笑到醒來，那人醒來之後猶大笑不已，不知不覺愁緒就降低很多，所以擅長說笑話逗趣，也是幫助眾生很重要的方法。

有些天使見某人，朝朝暮暮、望穿秋水的思念親友，於心不忍，大悲心起，於是變化成某人思念之人入其夢中，和他快樂的相處，並軟言安慰，貼心照料，使其思念之痛降低不少。宇宙霸王等級的最高級靈，已修到隨心所欲、收放自如的境界。有時突發奇想，就變成一個帥哥，到人間娶個國色天香的美女為妻，就當作春夢一場，享受一場轟轟烈烈的愛情。哪天突發奇想，又變成可愛的寵物狗，享受主人的疼愛，就當作遊戲人間。

又或興致一起，變化成超級大海怪，潛居在海洋之中，當個海洋之王，快樂遊戲壹萬年再說，順便整頓一下海洋世界秩序，打擊海洋靈界惡勢力，若見某漁船上一干人等惡果已熟，便興風作浪把船弄沉。古代若干佛教大師搭船至海外弘法，即曾親眼見過超級大海怪，船舶體積與之相較，如同大果樹上之一粒果子，這種宇宙霸王變化之超級大海怪，欽佩佛教大師不辭萬苦度眾之偉大情懷，故特現身於船邊護持，尋常人絕無緣見到這個神鬼莫測的超級大海怪，就連四海龍王亦不敢冒犯。

哪天逛到某星球，發現這星球人心很壞，該懲罰一下，就化出超級強烈颱風，吹的星球上七葷八素，若某戶人家特別壞，就控制風向特別修理這家人，由於他修煉到宇宙霸王等級，許多星球神祇根本不是對手，只能束手被修理。如果該星球神祇認為那宇宙霸王違背因果法則、任意降災，則主管該星球的靈界力量，極有可能出面抵制，此時可能爆發靈界戰爭。

靈界是一個無限寬廣的空間，所有的生靈都潛藏無限的力量，只要完美的發揮出來，我們可以隨心所欲揮灑，享受所有可能的美好奇麗。哪天不想玩了，就隱息於清涼法海，大睡個幾億年再說。

讀者Q&A

Q：如何才能夠在靈界大戰中，將戰鬥力發揮至最顛峰呢？

A：透徹的「開悟」、絕頂的「禪定」、無私的「大悲心」。若能在這三點上精進修為，其實力乃驚天動地、無人能敵。

第二十六回
細說生靈退化史，一念偏差圓滿破
撒旦私心用謊言，靈界分裂成三國

讀者反應，佛教將「天界」歸類在六道輪迴，是沒有解脫之境界，故建議筆者，不要使用「天界」這個名詞，以免讀者產生誤會。筆者說明，本文並非以佛教觀點來選擇名詞，選擇使用的名詞，是考慮不同宗教徒以及無宗教信仰之民眾對於「天」的普遍看法。儒家、道家自古以來，對「天」均極敬重，視為人間之主宰，皇帝則稱為天子，天主教把上帝稱為「天主」，將來解脫之處稱為「天國」，充分表達他們對天的敬重及嚮往。由此可知，儒家、道家、天主教、基督教的信徒，對於天的看法與佛教徒迥異，若以地球信徒人數統計，佛教徒人數遙遙落後儒家、道家、天主教、基督教，是故筆者採用「天界」這個名詞。

本篇將探討，宇宙所有生靈都潛藏無限的能力，為何有些生靈會退化到如此虛弱的狀態？這個問題必須從耶和華上帝創造天地萬物時談起。耶和華創造天地萬物的時候，不是祂獨立完成，而是和一群天使共同完成，祂們集體創造天地萬物，耶和華說我們來造山吧，那些天使就用超能力創出一些山出來，大家像在玩遊戲這麼簡單，用超能力把一座座巨大的山搬到這裡，移到那裡。

然後大家又創造海洋、河川、樹木、花草，也是用超能力邊創造邊玩耍，如果覺得哪邊不夠美好，只要動個念頭，就可以立刻修改，連那廣大無邊的海洋都隨天使意念而移來移去。創造各種花草樹木時，也是集體創作，耶和華和各天使，創造許多不同品種的植物，每位天使都有創意，創造自己心中想像的植物，意念一起，就成了，就是這麼簡單。想調整太陽、月亮照射在大地上的角度，也是動個意念，就把太陽、月亮移動，不費吹灰之力，想移動各大星球，也是動個意念就搬來搬去，一切就是這麼容易。

接著要創造各種動物，無論是陸地上的、水中的、空中的，都是耶和華和天使們隨意創造的，大家任意為動物造型，就像玩捏黏土遊戲那麼簡單。動物造好了，得要有靈魂才會動啊，這個簡單，天使吹口氣就弄出許多原版複製分身（如同細胞分裂），進入各種動物身體，因此動物就會動了，天使創造的動物，靈魂就是天使的原版複製分身，所以跟天使有完全相等的超能力。耶和華創造的動物，也是吹口氣就弄出許多原版複製分身進入各種自己創造的動物身體去，這些動物也跟耶和華有完全相等的超能力。

創造人類的過程也都一樣，耶和華把自己的原版複製分身吹進人類的身體，所以人類也和耶和華有同等的超能力。耶和華身邊的天使，也是耶和華的原版複製分身，所以眾生都是平等的，大家都是耶和華。眾生迷失之前，動物、人類要生產後代，不須要經過交配的過程，只要動物或人類動個意念就創造出來了，新造的後代所需的靈魂，就把自己的原版複製分身吹進去，生產就是這麼簡單。

那是個充滿無私大愛的世界，耶和華和眾天使創造的所有宇宙生靈，都是自己的原版複製分身，其實就是自己，所以大家都是一家人，所有的生靈都是完全平等的，與耶和華平等，與天使平等，所有生靈潛藏的超能力完全平等，都可隨心所欲、任意揮灑，而且所有生靈都具有與耶和華一樣永生不死的生命，沒有生離死別的問題。所有生靈都是動個意念，就創造一切，大家都是無限的富足，無限的圓滿，無限的快樂，因此那時候沒有任何生靈想過「我能力不夠」，「別人比我強」，「我要佔有什麼」。

某日，首席光明天使長—撒旦，動了自私的念頭：「我想比大家強，我想統馭宇宙生靈」。但這個願望不太可能達成，因為所有生靈的超能力都是平等的，都是無限大的，哪怕是海中一隻蝦，也有無限的超能力，絕不是軟腳蝦，所以沒人比他弱小。撒旦想了不知幾百千億年，終於想出一招：「欺騙別的生靈，耶和華在創造天使、人類及萬靈的時候，偷留了一手，因此大家不是真平等，是比上帝弱，然後再告訴大家，我知道上帝偷留的那一手是什麼，我可以教你們，使你們真的跟上帝平等。只要受騙上當，那生靈就不再相信自己是完美，生靈自我否定、自我弱化，超能力必然下降，於是我就可以統馭宇宙生靈。」

撒旦這個陰謀要成功，是很困難的，因為大家的超能力完全平等，換句話說，大家都有智慧洞悉撒旦的陰謀。上帝也出面澄清，許多天使、生靈則互相提醒：「不要有分別心，萬靈都是平等的，大家都是圓滿的，上帝沒有偷留一手。」可是撒旦不死心，仍到處遊說蠱惑，又過了不知幾百千億年，用了不知多少方法，終於讓夏娃相信撒旦的謊言，從此夏娃圓滿無瑕疵的信心出現裂痕，夏娃的信心動搖了，她懷疑自己不圓滿，認定自己比耶和華弱小，她開始胡思亂想，因此超能力的運用變弱了。

以前只有撒旦說謊欺騙宇宙生靈，現在多了一個夏娃當說客，撒旦和夏娃一起遊說亞當，接著亞當也中毒，相信這套謊言，事情開始惡化，被欺騙的生靈愈來愈多，因此靈界開始分裂，天界之外，又分裂出一個撒旦領導的魔界，往後，若干生靈不願意接受撒旦統治，就獨立門戶，故又分裂出許多獨立國度，原本一個靈界大家庭，形成天界、魔界、獨立國度，三個勢力鼎足而立的態勢。

讀者Q&A

Q：萬靈既是如此圓滿，為什麼還有如撒旦這般自私的靈呢？

A：萬靈的圓滿，最大特色就是「自由意願」，如果萬靈沒有自由意願，那就是奴才，就不算圓滿。「私心」乃是自由意願的一部分，萬靈可以走無私之路、也可以自私自利，這是萬靈的自由。

红塵一行務必保持清淨心

仰望蒼天，天上有位疼愛我的師父守護著我，
遙望深山白雲深處，也有位關照我的師父守護著我，
誰道人間多零丁？

第二十七回
生命之源鐳光球，再談生靈退化史
天界大使降世來，解脫福音度生靈

亞當、夏娃被撒旦欺騙，認為自己比上帝弱，不相信自己和上帝擁有平等圓滿的超能力，因此原本完美無瑕的信心產生了裂痕，這道裂痕使超能力無法完美發揮，這道裂痕也造成清明的智慧開始暗沉。套句聖經的話說，亞當、夏娃犯「罪」了，因此所謂「罪」的標準定義，就是自我降級，把圓滿降級為不圓滿，把無限降級為有限。

上帝的靈的核心有一顆「鐳光球」，這顆鐳光球即是「生命之源」，是無形無相，體積可大可小，但無論大小如何，功能都完全一樣。鐳光球能發出萬丈「鐳光」，這個光的強度比閃電之光還強無數百萬倍。鐳光球具有六個特質：

第一、無限的創造力。

第二、無限的智慧。

第三、無限的快樂。

第四、無限的穩定。

第五、無限的清淨。

第六、無法毀滅，永恆存在。

因為鐳光球具有六大特質，所以上帝也有六大特質：無所不能，無所不知，快樂無憂，絕頂禪定，絕頂清淨，永生不死。上帝在創造天使及一切生靈時，把自己的原版複製分身放進天使及生靈體內，原版複製分身是本尊的複製品，和本尊百分之百相同，如同影印文件，文件原版的內容與影印出來的文件內容百分百相同。因此，所有天使及生靈百分百與本尊相同，大家都有一顆「鐳光球」，既然身懷鐳光球，就跟上帝一樣具六大特質，所有生靈都是百分之百平等。

上帝可以無限複製分身，天使及生靈也可以無限複製分身。所以上帝、天使、生靈無論想創造多少生靈都沒有問題，分身可以無限複製，不怕不夠用，因此宇宙擁有無限的生靈。鐳光球的超能力強大到無法估計，所以創造天地萬物的時候，上帝和每位天使都能把非常巨大的山，一望無際的海洋，用意念輕易地搬來搬去，就連日月星辰也可以用意念輕易移動。

鐳光球的超能力隨著我們的意念立即啟動，在沒有時空限制的天界，鐳光球能將意念瞬間成真，在有時空限制的地球，鐳光球能在短時間內將意念成真。當亞當、夏娃相信自己比上帝「弱」，此時鐳光球就將亞當、夏娃的意念成真，亞當、夏娃產生「自我弱化」的效果，他們必然愈來愈虛弱。亞當、夏娃本來完美無瑕疵的信心，只產生一道裂痕，就產生虛弱現象。如果對自己的信心更加脆弱，這下子問題就嚴重了，鐳光球就創造許多虛弱出來，因此處處是困境，心情會很憂鬱。

撒旦聰明的很，他很清楚自己和上帝完全平等，所謂上帝偷留一手，只是他欺騙大家的技倆，讓被騙的眾生信心產生裂痕，可是撒旦的信心還是保持百分百，因此超能力還是非常強大。撒旦受到的麻煩不是超能力變弱的問題，而是因果法則所帶來的麻煩，因為他存心陷害生靈，因此，撒旦將面對很多生靈的報仇，還得面對自己行為的反作用力，因此撒旦的超能力很難維持百分百圓滿，能到九成九就不錯了。

生靈的超能力只要能維持九成水準，戰鬥力就超強，周身已經形成強大的鐳光防禦光盾。若超能力達九成五以上的水準，戰鬥力驚天動地，周身的鐳光防禦光盾可達三層，已經是宇宙霸王等級，幾乎不可能被打敗，再加上鐳光球具有永生不死的特質，所以撒旦永遠不會被消滅，頂多就是被逼退，因此魔界不可能用武力消滅，必須用勸化、開導的方式，讓迷失的生靈將偏差的意念修正回來。

解脫之路真的很簡單明確，只要能徹底開悟眾生本來成佛、眾生本來平等，就可以逐漸達到終極解脫，因為真的很簡單，所以老子、佛陀、耶穌在文盲高達九成的世界傳揚解脫福音，才能夠讓廣大群眾都聽得懂，引發群眾熱烈的追隨，轟動當時的社會。三位教主在世時，魔界很難滲透，可是等他們相繼過世，魔界栽培的人，就開始滲透進該宗教成為重要人物，掌握編輯經典的機會，伺機刪改解脫福音，因為教主過世了，後代弟子們縱然不同意魔界栽培人物的刪改，也沒有教主可出面仲裁，所以社會上出現許多版本的解脫福音，民眾已不知所從。

當然天界也一直派人降世，力圖保護原始的解脫福音，維持簡單、明確的原貌。以佛教為例，佛陀將過世，於靈鷲山付法於大迦葉尊者，即曾交代「不立文字，只傳心法」，傳到第二十八祖達摩祖師，他東渡到中國弘法，一本經書都沒有帶，只把解脫心法帶來中國。達摩祖師臨終前交代，祖師的衣缽傳到中國六祖就不必再傳，因為解脫心法已廣傳於世，不必再立祖師，傳到第六祖惠能大師，亦即是佛教在地球上的最後一位祖師，竟然是個不識字的文盲。

惠能這個文盲都能接祖師衣缽，此舉令神秀大師等佛學專家錯愕，以為是五祖弘忍大師年紀老邁，頭腦昏花，想必是傳錯人，故千里追殺惠能十餘載，非把祖師衣缽取回不可，其實五祖沒有傳錯人，解脫心法本來即是簡單、明確，就是徹底開悟眾生本來成佛、眾生本來平等，如此而已，著實無須研究複雜的宗教學術，故六祖大師雖是文盲，亦能徹底開悟。

讀者Q&A

Q：只要相信自己、不弱化自己，是否就具有無瑕的信心了呢？

A：光是相信自己還不夠，要把自信開到最大，亦即要完美地相信「自己即是上帝、即是佛」且「眾生即是上帝、即是佛」，如此才是圓滿的相信。若是有些人說相信自己，但仍相信有個比自己更強大的力量存在，代表他的信心還是不夠圓滿，也代表定位尚未準確。

第二十八回
魔界緊盯不放鬆，負面循環苦煎熬
語言文字障礙多，解脫之路遙無期

解脫的福音雖然簡單，可是要讓迷失的生靈能夠接受並且實踐，實際上卻有難度，原因有以下三點：

第一、魔界緊盯不放

撒旦好不容易誘騙生靈上當，豈可能放過這個難得的成果，因此立即分身無數撒旦盯著每個上當的生靈，同時也研發許多控制技術，持續影響迷失生靈的意念，讓生靈一直相信自己是不圓滿的，讓這些生靈徹底忘記自己擁有無所不能的鐳光球。萬古之前生靈剛迷失時，撒旦用自己無數分身盯住生靈，以維持戰果。但是，現在撒旦已毋須使用分身盯住生靈，魔界已經發展成極強大的國度，一個宇宙中就有無數個大鐵球總部，更何況魔界勢力已經滲透到六百六十六個重疊宇宙，兵多將廣，可以派出許多魔界之靈盯緊每個人。

更可怕的是，亞當、夏娃在超能力很圓滿之下尚且不慎被騙，迷失之後各種超能力陸續喪失，天眼、天耳都喪失機能，因此對於靈界的動向既瞎又聾，根本察覺不到魔界之靈就緊盯在身邊。筆者提出一個令讀者難以相信的數字：幾乎每個人都被數個或多達數千個外靈糾纏、甚至被附身，很少人完全不被外靈影響，外靈持續向眾生傳達意念，大家誤以為是自己的想法，因此疏於防範。

人或動物死亡後沒有肉體，因此很不習慣，仍希望有個肉體可以居住，好享受各種肉體感官欲樂，只要找到跟自己第七意識習性相似的人，就設法附身，附身之後亡靈就佔有這個肉體，驅使人類順著亡靈的意志而生活，由於賴在地球的亡靈，大都是沉溺於五欲紅塵，故被附身之後，會明顯的愛好紅塵五欲。

天界使者在傳達終極解脫福音時，那群外靈就不斷在聽眾的耳邊唱反調，讓聽眾對福音不以為然。要不然就在聽眾耳邊講些聽眾重視的事，讓聽眾分心想東想西。要不然就是讓聽眾打瞌睡、頻頻打哈欠。用盡一切方法，要聽眾不接受終極解脫的福音。

天界使者為完成普度任務，必須驅逐大群外靈，所以天界會賦予天界使者驅逐外靈的權柄，天界使者下令驅離外靈，天界驅魔天使長立即堅壁清野，除了冤親債主以及當事人刻意容留的外靈，其他外靈都會被驅魔天使長驅逐。以往耶穌和他的十二使徒在傳福音時，就經常使用權柄驅逐外靈，否則福音根本傳不出去，耶穌為了救一個瘋子，下令驅逐附身在瘋子身上的外靈，後來竟然在瘋子身上趕出去將近五千個附身的外靈，足見外靈對人類的影響很深，被大量外靈附身，很容易導致瘋狂或憂鬱症。

第二、進入負面循環

亞當、夏娃被撒旦欺騙，誤信自己比上帝弱，這個錯誤的信心，被自己的鐳光球創造成真，超能力回來阻擋自己，這種自我創造的障礙，必須自己的想法回歸正常，確信自己與上帝平等，超能力才會停止創造自我障礙。當自我創造的障礙持續導致我們生活不順利，必然一再勾起許多煩惱，鐳光球將這些煩惱又持續創造成真，因此生活更不順利，生命開始惡化，進入負面循環。

許多不順利包圍之下，煩惱愈來愈多，開始產生憎恨心，也產生私心排擠別人，也敢搶奪別人的資源滿足自己，甚至爆發凶殺案，因果報應開始審判這群迷失的生靈。負面循環如此嚴重，處處是被煩惱煎熬的生靈，此時跟這些生靈說：你和上帝是平等的，你即是上帝。這些生靈根本聽不進去，他們會回答你：別說那些無聊話，如果我是上帝，我怎麼搬不走這些惱人之事？實際上，並不是搬不走，那些困境都是自己的鐳光球把自己前世今生的煩惱及負面意念都創造成真，因此必須攝念清淨，才能停止鐳光球繼續創造不利的環境，才可能脫離困境。

所以宣講解脫福音，必須先解決當前人類所面對生活中諸多的煩惱痛苦，否則大家根本靜不下來追求解脫。因此耶穌說：「凡勞苦擔重擔的人可以到我這裡來，我就使你們得安息」，耶穌的方法是，指導大家要恆切地禱告來突破困境。佛陀也傳授密咒及念佛，透過念佛、持咒幫助群眾度過苦厄。

第三、喪失意念溝通能力，依賴語言文字

生靈原本都是以意念進行溝通，假設我們想將鐳光球紀錄的中國五千年的完整歷史資料傳給對方，我們只要動個意念，鐳光球資料庫就寄出一封 email 給對方，對方鐳光球瞬間進行解碼，對方瞬間就知道五千年歷史的全部細節。可生靈迷失到很嚴重的程度，已經無法使用意念溝通。因此後來人類發明了語言，接著又發明了文字，以作為溝通的工具。

採用語言、文字溝通，有很大的限制，不但很難完整表達靈界多維度空間的聲光圖像，而且語言文字很難被對方完整理解，不同語言文字之間的翻譯，又增添許多失真的空間，故語言文字經過幾手傳遞，往往與第一手原貌有顯著差距。若能以意念直接溝通，這些偏差就可避免，正是因為語言文字的溝通有許多缺陷，所以魔界才有機會刪改重要的經典。

本來動一個意念，瞬間可以讓對方知道五千年中國歷史，但使用文字寫成歷史書，要花很多時間寫作，讀者也要花很多時間閱讀，大家都在虛耗時間。而且忙著閱讀、寫作，必然不斷動心起念，要達到深度清淨，而發現自己的鐳光球，那是遙不可及。

筆者於第二十一篇提及老子與地球上的道德經權威教授討論道德經的解釋，那位權威女教授糾正老子的見解，不知道那位老者就是老子本人，足見利用文字記錄，真容易被錯

解。老子欲前往西域施行教化，通過中國邊界函谷關時，守關將軍尹喜素仰老子，遂將老子留在函谷關，請求施以教化，老子的教化核心只有八字心法：「虛心實腹，不與人爭。」老子本來不打算在人間留下任何文章，但在尹喜的強力勸說之下，老子在函谷關寫下了五千餘字的道德經，這是他一生唯一的著作，寫完之後即倒騎青牛出關赴西域。

老子的八字心法：「虛心實腹，不與人爭。」虛心就是把心維持在極為清淨的狀態，便可照見自己的內丹，老子說的內丹，即為鐳光球。實腹就是要注意飲食及營養，以保持身體健康，有健康的身體，才能不礙修道，不與人爭即可不招惹麻煩，生活及修行才能清淨順遂，又可培養謙虛忍辱精神。

道家老祖師，把他的教化歸納成八個字的心法，若能依此八字實踐，必能解脫。老祖師實乃大智慧，留下太多經典反而讓後代困於文字研究，而忽略實踐八字心法。本文多次說明，魔界擅長刪改曲解經典，留下太多經典，必給魔界可趁之機，反而遺禍子孫。故老祖師防範於前，只留八字心法，縱然在函谷關被強力邀請而留下道德經，亦僅五千餘字，算是夠簡略了。

讀者Q&A

Q：要如何才能夠擺脫魔界及外靈的緊迫盯人呢？

A：外靈比蒼蠅蚊子還糾纏人，必須長期驅魔禱告方能排除外靈騷擾。如果覺得自己不夠力，可以請天界大使幫忙，天界賦予天界大使強大的驅魔的權柄，只要天界大使下令，天界天使長立即堅壁清野，天界軍團亦會奉其號令行動。有天界大使驅魔令的幫助，驅魔效果會愈加顯著。

第二十九回
天界慈光照人間，地藏慈尊掌天界
兩代恩師恆垂護，緬懷師恩淚涕零

地球上有許多宗教哲學團體，有的屬於天界，有的屬於魔界，如果該團體揭露眾生本來成佛、眾生本來即是上帝，又引導眾生恢復圓滿的本來面目，如此才是屬於天界的團體。眾生本來成佛是個事實，只要徹底想通這事實，即稱為開悟，開悟後即可有效運用佛性超能力。然若干團體，先設定人類是渺小軟弱的，然後開出許多修行課程，要幫助人類逐漸變強，這些課程循序漸進、一步一步往上堆砌，讓許多民眾深為激賞，認為這才是修行，因此反對眾生本來成佛的真理，他們認為，眾生本來成佛的說法，只有不求上進的修行投機客才會鍾愛。

佛性是奧妙的，你認為自己的力量有多大，佛性就提供你多少力量，如果堅持定位自己很渺小，堅持定位自己比佛差得很遠，那佛性就成全你的心願，你的力量就比佛差得很遠，所以那些人發現自己的力量很弱小，連改變自己的缺點都很難達成，他們不知道弱小的原因起於自我弱化，不是人本來就弱小。

撒旦作亂之後，不只魔界分為若干國度，天界也分為若干國度，主要是迷失的眾生由不同管道回歸天界，幾個管道包含：佛教、道教、基督教、儒家⋯，因此才有不同國度的天界。天界雖分這幾個國度，但這只是初級天界才有分別，超能力回復九成以上的高級天界，就沒有宗教國度之分別，高級天界是完全沒有分別的。

目前天界有無限多的高級靈，皆已達圓滿百分百超能力，每位都能擔任天界最高統帥，但是他們都無私無我，沒有人出來競選最高統帥，後來天界公推地藏王菩薩作為最高統帥，因為地藏王菩薩度眾生之大願是第一名，故推選祂作為天界最高統帥，綜理天界的行動，指揮天界所有軍團。地藏王菩薩擔任天界最高統帥之後，魔界刻意造謠，把地藏王菩薩降級，描述成管理地獄、管理靈骨塔、管理墳墓區的菩薩，造成民間不小的誤解。

整個天界都在積極進行搶救迷失生靈的行動，即便是一條狗，一隻螞蟻，或是一個小鬼，天界也有救援計畫。天界軍團跨越無數宇宙，與魔界軍團已經進行數不清的戰役，當你仰望天際，看見雲層異常詭異，或是聽見天雷大作，那可能是天界與魔界又展開戰鬥，目的是為了我們迷失的眾生而戰。不只天界進行救援計畫，我們已經得道的祖先、歷世已經得道的師父，都會救援自己的後代或門生。

筆者某日神遊至一處人跡罕至之深山，發現一處洞天福地，赫然記起前塵往事，斯處乃數千年前我曾拜師修煉之處。才由雲端落地，大師姐迎面而來，歡喜的擁抱我，一干師兄弟姐妹亦歡喜的將我圍在中心，我們高興的淚流滿面，他們說，你終於找到回家的路了。自幼我總覺得我的家在雲端的天上，或是深山的仙洞，原來我的感覺沒有錯，我真的回家了。

大師姐說道：「師弟此番紅塵走一回，不只師兄弟姐妹關懷師弟於紅塵中的一切，師父更是放心不下，他老人家以神通力暗中保護師弟的安危」。聞大師姐所言，憶起師父往昔一切恩典，不禁感動涕零，師父是隱居深山得道的仙人，對於弟子向來非常嚴格，平日不苟言笑。我走入師父居處，師父背對著我，從他背影看見他一頭白髮，他還是一樣的嚴肅，一句話也沒有對我說，我則在他身後問安求教。

他轉過身來，還是那張嚴肅的臉，每次見到師父嚴肅的臉，就開始反省自己是不是哪邊沒有做好？師父沒有問我下山這幾千年的點滴，他帶我至後院，後院有一片黃土地，師父突然躺在黃土地上打滾，弄得全身都是黃土泥巴，他站起來之後，用力抖落渾身塵土。我不解其意，師父站起來後開示，此番你紅塵一行，必然多歷苦難誘惑，紅塵宛如泥坑，難免有所沾染，但無論苦難及誘惑如何，務必保持清淨心，即可抖落一身塵土，不被紅塵所困。

師父開示之後仍然嚴肅，他親自送我至山口，我離開他的那刻，回首看到他雙眼深深的凝視著我，想必他是忍著淚，不露一絲慈愛笑容，用那一臉嚴肅提醒我紅塵處處多留意。想起師父幾千年來暗中關注，還有得道成仙的大師姐，還有一干師兄弟姐妹，這千年關愛之情，令人萬分感激，故立誓完成任務，方不愧對恩師及同門之至情至義。

家父多年前一場大病，我決心務必救父親一命，故向天界求救，發現一位佛是我好多世前的師父，我小時候也常想，我的家在很高很高的天上，原來這也是真的，我拜過一位佛為師。我到佛居跪求師父救我父親一命，師父慈悲的看著我，立即答應我的懇求，我急著回家看望父親，臨走前師父親切交代，有空回來看看師父，不要一千多年才回來一趟。

後來探望於加護病房的父親，見父親有起色，果然好轉起來，我真是開心。於是幾天後，又去佛居叩謝師恩，見到恩師，嚇一大跳，師父竟然重病臥床，原來師父為了成全我的心願，將父親的病移轉給自己承受，我跪於床前，心痛百感交集，真不知該如何是好，一個是我的父親，一位是我的師父，我不願意他兩位老人家任何人生病，可是因果法則不可含糊，為了成全弟子的心願，師父只好代受病苦折磨。師父見我傷心，用虛弱慈愛的手摸摸我，他說師父功力比較高，承受得起，你別難過。

仰望蒼天，天上有位疼愛我的師父守護著我，遙望深山白雲深處，也有位關愛我的師父守護著我，誰道人間多零丁？除了天界慈光普照之外，蕩蕩師恩實無以為報，惟願紅塵一行能達成任務，切莫令師父失望，方能報答師恩於萬一。

讀者 Q&A

Q：人開悟後，是否所有的困難都會迎刃而解了呢？

A：開悟後，佛性源源不絕的超能力會主動解決人生困難，但並非所有困難都可立刻解決，佛性要花多少時間消除困難，端視困難有多嚴重。也不代表未來不會遇到困難，如果過去世尚有業障要了斷，困難還是會出現，但開悟者不怕困難，佛性之超能力會解決困難，如果想加速清除困難，還可以加上殷勤的禱告。

第三十回
能量缺乏症候群，負面悲觀意闌珊
對症下藥補能量，究竟圓滿不外求

能量缺乏症候群都是些負面的思維，包含：不安、寂寞、暴躁、易怒、悲觀、難過、憂鬱、暴力、自殺⋯⋯。現在的教育專家，不知道這些負面的思維是能量缺乏症候群，以為是道德問題，所以主張加強道德教育，以端正社會風氣，或以為是心理生病，因此成立許多張老師團隊進行心理輔導。道德教育很難解決能量缺乏症候群，許多高級知識分子，負面思維還是很多。心理輔導是治標而不能治本，而且心理輔導經常沒有效果，必須依賴藥物才能壓制各種心理病徵。我們應該對症下藥，傳授補充能量的方法，對於當事人才有助益，缺乏能量之下，是辦不到那些道德要求，也很難調整負面思維。

茲將補充能量的方法分為三大類，第一類稱之為究竟方法，第二類稱之為穩定方法，第三類稱之為權宜方法。

第一類：究竟方法。

亦即透過開悟來取得鐳光球的高能量，開悟得愈透徹，所能取得的能量愈多。此外，沒有開悟的人，透過禱告或透過攝念功夫，亦可得到鐳光球能量之供應，但透過禱告或攝念功夫所能取得的能量，遙遙落後開悟所能取得的鐳光球能量。只要內心能量充沛飽滿，自然能將負面思維以及性格上的毛病逐漸除掉，而且在高能量之下，禱告特易實現，幾乎是心想事成。

第二類：穩定方法。

亦即由高級靈或高段修行者替自己補充能量。佛菩薩、耶穌、老子，都是高級靈，我們可以建立與高級靈之間美好的關係，平日常念他的聖號，遇到麻煩或不快樂的狀況，就立刻禱告，他們會立刻回應。這些高級靈的超能力都是百分百，都有無私的大愛，縱然我們一天禱告求幾百件事，只要不違背因果法則，他們都樂意幫助，不會不耐煩。如果沒有特別偏愛哪位高級靈，建議持念地藏王菩薩聖號，因地藏王菩薩是天界最高統帥，是最具有代表性的高級靈，故持念地藏王菩薩聖號很合適。

以高段修行人為師，亦是補充能量的穩定方式，以高段修行者為師還有個好處，就是可直接溝通，能獲得直接開導，但與高級靈卻難以直接溝通，只有修煉到相當程度之後，才能與高級靈對話。由高級靈或高段修行者補充能量，筆者歸納為穩定方法，並未歸納為究竟方法，因為把自己的鐳光球丟到一邊，老是依賴外求，畢竟是有偏差，始終無法解脫。

高級靈或高段修行者也會驅策我們去找到自己的鐳光球，大家本來就是平等的，高級靈或高段修行者才不願意老是佔你便宜，千秋萬世都當你的老師，這樣他們既不願意也不好意思。在修行的過程中，請高級靈或高段修行者從旁護衛協助，可以幫助我們取得所需的能量，也能降低魔界的干擾，進步才會快。但心態要正確，我們只是暫時請他們協助，不可長期崇拜依賴，如果心態不正確，只想依賴高級靈或師父協助，至於心中雜念則不想去降伏，雜念如烏雲密佈也無所謂，持這種依賴心態的人，魔界之靈最易住進此人體內，牽引此人認識魔界栽培的師父，然後投入魔界栽培的宗教團體。

本文前幾篇多次提到，撒旦以及魔界宇宙霸王的超能力都維持九成五以上，與佛菩薩本尊很接近，一般人絕對不可能判斷真偽。只要不追求終極解脫，願意永遠輪迴當他的子民，撒旦或宇宙霸王也很樂意照顧自己的子民，以他們九成五以上的超能力，要幫助我們實現禱告，實在輕而易舉。因此，民眾參加某些宗派，只要禱告能實現，生活能順利，就覺得快樂滿意，卻不知道自己的主宰是魔界。

確實有人願意選擇輪迴，無數次生老病死，無數次生離死別，對他而言都無所謂。既然如此，這是他的抉擇，天界亦尊重之，就不會再多加勸化，等到某世，他終於被生老病死、生離死別的斷腸之痛驚醒，厭倦無窮盡的輪迴，此時天界才可能勸化成功，並且立刻對他展開救援行動。

第三類：權宜方法。

宇宙處處充滿了能量，只要懂方法，亦可以獲得許多能量的補充：

第一、吸取植物的能量。植物都有能量，尤其大樹的能量最高，我們可以走近植物，專心凝視他們，心中誠意的對植物說，我愛你們，請給我一些能量，然後我們繼續以誠意凝視一陣子，這樣能量就會漸漸輸入自己體內，當我們覺得心情比較好，就是補充到相當的能量了。

第二、吸取音樂、電視、電影、書籍的能量。影像、音樂、文字都是一種能量波動，故可以吸收到一些能量。但必須選擇自己喜歡的，如果不喜歡，我們會起排斥心理，就吸收不到能量了。只要專心聽音樂，專心看影像，專心看書，能量就會進入體內，當心情感覺快樂一點，就是補充到相當能量了。

第三、吸收人與人，人與動物善意互動的能量。由於人與動物都有鐳光球，潛藏能量都是無限大，如果自己心煩意亂靜不下來，無法吸收到自己鐳光球的能量，此時可以找個人善意互動一下，或養個喜愛的寵物，「愛」是一種奇特的管道，可以引導出能量，所以找個人善意互動一下，或是抱抱逗逗喜愛的寵物，心情會好起來，因為愛引導出雙方的能量，所以心情好起來了。

最明顯的就是戀愛，戀愛的愛是一種猛烈的愛，可以引導出很多能量，所以戀愛中人快樂得不得了。還有，助人為快樂之本，這也是愛的運用，幫助人之後會很快樂，因為愛吸引了能量出來。

第四、吸收宇宙一切能量。除了植物之外，天地萬物都是鐳光球所造，故均有能量。我們可以使用吸收植物能量的方式來吸收日月星辰、蒼天白雲、整齊的街景、大自然美景⋯的能量。但是，比較起來，還是以走近植物，尤其是大樹，能量吸收的效率比較高。

第五、罵人、損人、害人可以搶奪能量。所以很多主管喜歡整員工，整一整之後，心理快樂得很，因為搶了一大堆能量回來，但萬一被對方頂撞或反擊成功，則反而能量會被對方搶走，結果更不快樂。縱然罵人、損人、害人成功，必造成對方因失去能量而很苦，這種損人利己的作法，還是不要做比較好，依據因果法則，會有惡果降臨。

三大類補充能量的方法，都介紹給讀者，讀者自可靈活運用。筆者最推薦第一種方式，找到自己的生命之源，鐳光球可供應無窮無盡的能量，這樣才究竟圓滿。對於剛起步的修行者，第二類方法也有其必要。前兩類方法如果運用得宜，就會感覺第三類方法所得到的能量補充真是微不足道。

讀者 Q&A

Q：能量缺乏症和年紀有關嗎？為什麼小孩普遍都比成人快樂呢？

A：隨著年齡增長，人的知識、想法及執著也越來越多，外靈常利用意念管道進出人體，故意念愈多、愈雜亂，身上的外靈一定愈多，外靈除了吸取了人類的正量，也會帶來負面的思想，因此小孩的生命力及快樂程度普遍高於成人。

第五章　天界團隊普度實例

書籍堆積如山，
就像文字迷宮一樣令人走不出來

老子、佛陀、耶穌那時代，文盲超過九成，面對大量文盲，
三位怎可能傳講艱澀的宗教課程呢？
那些艱澀作品，必是後人加進去的。

第三十一回

末日預言可改寫，高峰會議定乾坤
馬雅解脫為主流，飛碟未必外星人

南美洲馬雅人預言二〇一二年十二月二十二日地球將滅亡，考古學家從馬雅人遺留的大批石版上發現，馬雅人對未來的預言神準無比，幾乎沒有失算過，因此，馬雅人對地球滅亡日的預言，讓許多人深信不疑。馬雅人怎會知悉那麼多未來的事情？那是因為幾位馬雅人的開悟者於佛陀過世之後、耶穌出生之前那段時期接下天界大使的使命，那幾位天界大使參加過很多靈界最高層級高峰會，知悉高峰會的決議，因此馬雅人能知道未來情勢的發展。

靈界最高層級高峰會，長期以來以四方談判為主，這四方即：天界、魔界、獨立國度聯盟代表甲、獨立國度聯盟代表乙，這四方勢力的最高統帥談判的結果將影響宇宙無數星球生靈的命運。天界出席高峰會的是地藏王菩薩，魔界則由撒旦出席，獨立聯盟則最高統帥出席，但有時候他們會派遣代理人出席。雖然天界實力最強，但通常魔界和獨立國度立場比較一致，所以談判結果殊難預料。

高峰會談判的議題非常廣泛，除解決當前正在進行的靈界大戰之外，經常對於宇宙未來局勢的發展進行談判。星球滅亡的日期是高峰會上極重要的議題，星球滅亡日期不是隨意決定的，而是四方勢力根據該星球正負能量狀況，所作的精細運算結果，當負面能量已經絕對壓制正面力量的那個臨界點一出現，就是該星球滅亡日。

星球滅亡日如果不公開，在生靈茫然不知的情況下，實現的機率是百分百。但一公開之後，人類可能發起各種悔改以及拯救行動，使正向力量急速增強，改變原來負面能量壓倒性的優勢，因此星球滅亡日便會延後，至於延後多久，那又要再精細運算正負力量消長的狀況而定。

各國元首的產生，也是高峰會談判的重要議題，四方勢力都希望自己中意的人選擔任國家元首，這樣就掌握了該國的全部資源，要保護自己國度的大使，或阻礙其他國度的大使，那就方便多了。如果高峰會議對國家元首人選談判無法達成共識，則現任國家元首可能遭遇政變，或革命被推翻，或可能被刺殺，或可能因醜聞而下臺。

佛陀降世的時代，不但佛陀的父親是國王，其他幾個國家的國王也鑾支持佛陀，那是因為靈界高峰會時，天界談判成功，天界中意的人選擔任國家元首，所以佛陀和他的門徒，可以在印度順利的宏揚解脫心法，因此佛陀得以住世弘法四十九年，還安然辭世。但，耶穌降生的時代，幾個國家元首都不歡迎耶穌，那是因為在靈界高峰會時，魔界談判成功，魔界中意的人選擔任國家元首，所以耶穌和十二使徒，幾乎都是慘死殉道，耶穌只傳了三年多的解脫福音，就被釘死在十字架上。耶穌的表兄「施洗約翰」，是天界派下人間作為耶穌的開路先鋒，也慘遭斬首。

地球歷史上最悲壯的一群天界大使，就是耶穌那時代的那群天界大使。天界在靈界四方高峰會推選以色列國王時談判失利，讓撒旦的人選當了國王，其實耶穌他們可以延後百年降世，但耶穌他們仍然願意冒著生命危險降世，他們那種偉大度眾生的精神，令我們欽敬感動不已。

主題再回到馬雅人，終極解脫的福音在耶穌出生前兩百年左右即在馬雅人的社會開始傳揚，馬雅人接受度很高，許多馬雅人用心攝念清淨，漸漸找到自己的鐳光球，因此超能力不斷恢復，超能力恢復約九成的馬雅人很多，因此能夠創造輝煌的馬雅文明。科學家無法理解，以當時人類的科技水準，怎可能造出南美洲的金字塔群，很多科學家懷疑是外星人的作品，實際上不是外星人，而是馬雅人找到鐳光球，超能力逐漸恢復之後，沒有辦不到的事情。

馬雅人的天界大使用石版留下來許多重要預言，並且隱藏得很好，埋葬在古廟的廢墟之中，等未來一千多年後，適當的時機要讓這些預言石版曝光。這些石版紀錄的各種預言都只是陪襯性質，目的是要後代知道這些預言神準無比，使後代重視最重要的二〇一二年地球滅亡的預言。

馬雅人天界大使的用心，產生很好的效果，地球上很多大宗教團體深信不疑，早在多年前即進行國際連線禱告，宣揚拯救地球的思維。這幾年幾個國際大宗教團體發起吃素護生的理想，盡力降低動物被殺害的怨念詛咒。科學界也強調節能減碳，環保救地球。電影界也拍了二〇一二地球滅亡的影片。地球上不分天界、魔界或獨立國度的各種宗教團體或其他組織，面對地球生死存亡的關鍵時刻，一同發起的拯救地球運動，幾年下來累積的正面力量增強許多，因此二〇一二年地球滅亡日勢必延後。

因為正負能量的平衡改變了，為回應地球人民所作的努力，靈界為了地球滅亡日曾經再次召開了高峰會議，經過四方勢力仔細運算正負能量消長的情況，地球滅亡年延後七十年至二〇八二年。但所謂的延後七十年，是高峰會還另外決定讓負面能量在地球上釋放一些，才可能延後七十年之久。

至於該選擇哪些地點釋放負面能量，則依據因果法則來決定，當時四方高峰會選定的其中一個地點即是日本福島，因此發生了福島大地震，並且引起大海嘯，還引起重大核能危機，這一連串驚人的重大災難，目的就是釋放地球的負面能量。日本近百年來殺害生靈極嚴重，尤其大量殺害海洋生物，太平洋經常被日本漁船宰殺魚類的鮮血染紅，魚類悲慘的哀號，海洋當中若干萬年的深海魚精極為震怒，老早就想以大海嘯修理日本人，但是日本群島上一些神祇盡力捍衛日本國土，所以大海嘯一直還未發生。此次靈界高峰會決議，必須決定負面能量釋放地點，會議中接受各方生靈對日本人的指控，當然包含深海魚精對日本人的指控，日本群島上的神祇無力反抗高峰會的決定，終於在日本降下大型災難。

當時靈界高峰會，地球上被選定釋放負面能量的地點不是只有日本，筆者只是舉一例說明，亦非暗示日本人共業最深，特向讀者說明。二〇八二年地球滅亡日是否實現，仍必須精算正負兩種力量的消長情況，如果負面力量大到那個臨界點，地球必滅無疑。但願地球民眾知道靈界高峰會運算出的地球滅亡年之後，仍舊如往昔幾年一樣，盡力採取各種拯救地球的行動，讓正面力量向上累積，避免地球真的滅亡。

馬雅人於西元第九世紀開始在南美洲的文明地點離奇的整個民族失蹤，幾個城市漸漸荒廢，至今考古學家仍然無法了解，為何一個這麼強盛的文明，突然自原地點人間蒸發，那數十萬人口到哪兒去了？後來考古學家在南美洲其他地點發現馬雅人的文明，但依據遺物比較，顯然比之前的馬雅文明退步很多，不太像原來的那群高文明的馬雅人。

實際上，不是馬雅文明荒廢，也沒有發生什麼離奇事件，而是馬雅人在地球上創造了一個天界很成功的案例。如前所述，馬雅人聽到解脫福音之後，接受度極高，很多人下決心攝念清淨，以找到自己的鐳光球作為人生第一目標，追求終極解脫成為當代馬雅人的主流思維，不接受解脫福音的人反而居少數。

經過幾百年，持續幾代的修持，幾乎所有的馬雅人都找到自己的鐳光球，可以說整個族群都證道，證道之後，也不一定要居住在石頭、木頭營造的城市，要去要留均隨意自在，最後那群證道的馬雅人選擇集體坐化升天，有部分馬雅人則選擇將身體隱形，仍經常居住於原地，因此表面上整個族群消失了。至於考古學家在南美洲其他地點發現的馬雅文明，就是當代不接受解脫福音的馬雅人，因為不符合馬雅人追求解脫的主流思維，故脫離馬雅人核心都市，遷移至外地定居，由於他們都拒絕找自己的鐳光球，故文明比不上主流馬雅人，目前南美洲的馬雅人，都是那些不接受解脫福音的族群的後裔。

除了馬雅人集體解脫的成功案例，北非若干少數民族部落也有集體解脫的成功案例，這兩個案例是天界在地球上少數的重大勝利案例。北非那些部落跟馬雅人一樣，也建設金字塔群，他們的超能力也都恢復約九成，所以有能力創造一些科學家眼中的奇蹟。此外，許多飛碟不一定都是外星人來地球，有些飛碟是馬雅人或北非人發明的交通工具，對那群得道成仙的人而言，已經可以飛天遁地，未必需要飛碟那種交通工具，可是他們弄個飛碟來玩亦是一種樂趣，但主要目的是給地球人一個對抗外星人的利器。

讀者 Q&A

Q：若是末日預言可以改寫，是否生死簿上的事情也有機會得以改變呢？

A：當然可以。無論是預言或是生死簿上的記載，都是經過精密的因果運算及能量運算而成。透過開悟及努力實修三元合一可創造強大的正量，當正量強大到某一程度時，不僅可以改變現狀，甚至得以改變過去、影響未來。

第三十二回
高峰會上魔界勝，天界棋局護大使
絕頂高手雙核心，強度關山度生靈

公元前壹百多年左右，靈界召開最高層級的四方高峰會，這次談判的議題之一係推選以色列國王，此次推選國王人選，魔界勢在必得。因為魔界智囊團已經算出，天界將有極高階人選要降生到以色列擔任天界大使，很可能是耶和華要親自降世。兩個獨立國度聯盟的智囊團也有同樣的預測，獨立國度聯盟研判，如果耶和華親自降世，必然將終極解脫的福音傳揚到天涯海角，比馬雅人的天界大使更厲害，勢必嚴重打擊魔界以及獨立國度聯盟。天界為何要在此時派出這麼高階的大使呢？這是根據古聖經推算出的時間表，古聖經隱藏許多暗示，耶和華上帝於生靈迷失到一個嚴重的狀況時，祂將親自降世宣揚解脫福音。

除了魔界及獨立國度聯盟在高峰會上務必要主導以色列國王的人選，魔界及獨立聯盟也準備選派幾位宇宙霸王等級的大使與耶和華同時降世，撒旦亦不排除親自降世。魔界還精密計算，耶和華可能降世的時間、地點及方式，預先調集地球上所有魔界可用的人力，全力格殺耶和華的肉體，次要目標則是要全力阻止終極解脫福音傳出去。

高峰會上撒旦和兩位宇宙霸王聯手，全力主導以色列國王人選，地藏王菩薩當然全力反對。因為天界也計算出，如果推選國王失敗，耶和華親自降世被格殺的機率非常高。高峰會上的談判結果，講究的是平衡設計，天界如果推選以色列國王失利，魔界及獨立國度聯盟必須在某個議題上讓步，如此談判才不會破局。同理，天界如果推選以色列國王成功，勢必在某些議題上讓魔界和獨立國度聯盟有所收穫。

如果天界堅持推選以色列國王，必須在未來某個國家元首推選案讓步，但魔界中意的元首可能會主導許多戰爭，地球生靈將面對巨大浩劫，因此地藏王菩薩只好讓步。實際上，在高峰會召開之前，天界智囊團也計算出最後可能必須接受這個結果，耶和華於會前也同意高峰會可能的結果。

高峰會談判失利之後，天界眾靈力勸耶和華不必親自降世，大家捨不得祂被地球人羞辱，天界有無限多超能力達百分百的高級靈願意代替耶和華降世，後來耶和華接受大家的勸阻，經過商議之後，天界派遣兩位絕頂修行高手降世，一位是上古第一修行高手：「以諾」，第二位是以色列第一大先知：「以利亞」，這兩人都曾是迷失的人類，經過好幾世的輪迴修行，終於找到終極解脫之路，發現自己的鐳光球，這兩人不但達到終極解脫，而且修煉成不死之身，是帶著肉體回天界，不僅是靈魂回天界，故以此兩人的修行功力，加上他們都曾經迷失，能體會迷失人類的心態，此次再回到人間普度，實在是超級強棒。

既然耶和華不親自降世，魔界智囊團也計算，天界派以諾、以利亞這兩人的可能性最高，魔界知道這兩人十分厲害，故規劃了精細的格殺計畫。除了以色列國王是魔界指定人選，魔界同時派遣好幾位宇宙霸王等級的魔界大使降世，其中一位是絕色美女，就是以色列的皇后，以色列的大祭司長亦是魔界大使，魔界佈下了天羅地網，務必格殺以諾、以利亞。

天界為了履行古聖經中隱含的耶和華親自降世拯救生靈的時間，故應派人降世。但古聖經隱藏的時間表已經被魔界解碼成功，最重要的是高峰會又談判失利，讓魔界的人當以色列國王，還佈下天羅地網格殺天界大使，因此天界許多高級靈建議延後派人降世，如不延後，天界大使犧牲生命的機率極高。可是古聖經隱含的降世時間表不是耶和華隨意定的，乃是天界經過精細計算而定，當時如果不派高級大使團隊降世牽制魔界活動，地球上僅剩的佛教及道家保存的終極解脫心法，將成為魔界打擊重心，不用多久，佛道兩家的解脫心法可能被魔界刪改成功，地球就整個被魔界吃掉了。

以諾、以利亞兩人當然知道這個狀況，也知道魔界佈置天羅地網的格殺令，但他們不懼喪命的危險，堅持降世普度。最後由天界最高統帥拍板定案，地藏王菩薩派遣以諾、以利亞降世，並擬定了兩份天界大使名單交給兩人，這兩份天界大使名單上的人選，每位都是好幾世的修行高手，地藏王菩薩也徵詢過當事人意願，他們都願意降世準備隨時殉道。

歷史上的天界大使團隊，通常是採取一位核心大使領導多位大使的單核心團隊。但這次天界是採用「雙核心團隊」模式降世，亦即以諾、以利亞分成兩個獨立團隊運作，他們手上的天界大使名單也不同，採用雙核心團隊，就是希望突破魔界天羅地網。雖然是雙核心團隊，但第一團隊是以犧牲為目的，用來掩護第二團隊，希望第一團隊大使的犧牲生命，可以有效提高第二團隊的成功率。

當時任務分配，由以利亞為核心率領第一天界大使團隊，由以諾為核心率領第二天界大使團隊。以利亞降世後以大先知「施洗約翰」的名義率領第一團隊宣揚終極解脫的福音。以諾降世之後則以救世主「耶穌基督」的名義率領第二團隊宣揚終極解脫的福音，第二團隊就是歷史上有名的十二使徒。

無論多高級的靈，一旦降生在迷失的人類肉體，會立刻退回凡夫程度，還要經過再修煉的程序，才能恢復本來的程度。但是雖然是凡夫，可是心中老是會覺得似乎有什麼使命在身上，而且自幼就會有不同的人生觀，同時天界高級靈會對這些有使命的人不斷顯化及提示，讓這些人回憶起自己的使命。相反的，魔界會用各種方法汙染、誘惑、打擊這些大使，讓這些大使回不到原來的程度，所以天界大使可能還沒開始實踐任務，就已迷失在紅塵中。以諾降世成為耶穌之後，立即變成凡夫，跟一般孩童一樣天真愛玩，以利亞的情況也是一樣。

魔界除了對此兩人下達格殺令，如果成功讓這兩人遠離修行之路，縱然格殺不成功，他們也不可能再傳解脫福音，所以利用各種人事物，把兩人困在紅塵中，徹底遠離修行，亦為魔界策略之一。因此，地藏王菩薩為了讓施洗約翰及耶穌恢復原來的程度，也規劃了周詳的保護及訓練計畫。施洗約翰隱居於以色列的某處曠野修行，耶穌則被安排遠赴北非以及北印度兩地修行，地藏王菩薩還在以色列、北非、北印度三地都安排了幾位修行高手，保護及教導幼年的施洗約翰及耶穌。

耶穌、施洗約翰因為目標太明顯，所以一出生就被魔界盯上，但他們手中那兩份天界大使名單，魔界未必能完全推算出來，為了保護名單中人，名單列入天機，不能透露，一旦透露，魔界立刻盯上這些人，或格殺、或破壞。雖天界封鎖名單內容，但魔界智囊團經過分析，仍會推測出大使名單，只要經常接觸耶穌或施洗約翰的人，魔界立刻進行分析此人累世修行程度，凡過去世修行功夫已經很高者，又跟耶穌或施洗約翰經常接觸，八成就是天界安排的大使人選，所以魔界立即鎖定打擊。

因為魔界的打擊實在厲害，所以能夠列入耶穌或施洗約翰的天界大使名單人選至少必須具備兩個條件，第一：至少三世以上的修行高手。第二：與耶穌或施洗約翰累世緣分深厚。有三世以上的高段修行根底，才能有足夠的悟性及定力抗拒魔界的騷擾破壞。有足夠的緣分，團隊成員方能互相愛惜、有足夠默契、能夠團結。

讀者Q&A

Q：以諾和以利亞手中的大使團隊名單，是否會被魔界刻意破壞而無法與他倆會合呢？

A：打擊及分化天界團隊是魔界的最重要任務，因魔界的破壞導致大使無法會合是可能的。但是無論魔界如何破壞，天界大使彼此間因著萬古緣分，縱然分隔天涯海角，緣分也會將這群人緊緊相繫。

第三十三回
天機密碼四十二，萬古魔獸大集結
靈界終極大決戰，天界大使命垂危

古聖經密碼被魔界破解，這個密碼就是42，亦即從上古先知「亞伯拉罕」起算，耶和華預計親自降生在亞伯拉罕譜系第42代子孫的肉體。魔界大智囊團不但成功破解42這個密碼，就連以亞伯拉罕作為起算點也破解出來，因此，魔界才能成功計算出耶和華降世的時間。這就是鐳光球厲害之處，可以精密且快速的解析一切奧秘，魔界的智囊團成員都是超能力達九成五以上的宇宙霸王，宇宙霸王對於宇宙發生的事情，幾乎是無所不知，而且魔界大智囊團召開會議時，出席的成員人數都在萬人以上，在集體解析之下，預測的精確度幾乎是百分之百。

鐳光球不但有強大的解析能力，還具備無限的超能力。本文第二十六篇談到創世紀的奧秘，上帝和眾天使都是動個意念就創造出高山、大海、動物、植物、人類，動個意念就把宇宙星球移來移去，簡單又輕鬆，這就是鐳光球無限超能力的運用。

目前居住在宇宙各星球迷失的人類，由於沒有開悟，意念又極混亂，所以無法妥善運用鐳光球，各星球人類頂多能夠發揮百分之五到百分之十的鐳光球潛能，少數所謂的天才，頂多發揮到百分之十五就屬極限了，運用這麼微弱的力量從事醫療、科技、歷史、音樂、藝術、建築⋯等各項研究，無論多認真研究，研究成果離完美狀態都很遙遠。單單音樂這個項目的創作，以前唐玄宗夢中遊歷天界月宮，在天界聽到的音樂簡直就是天籟，大唐皇宮那些樂曲沒有一曲比得上，他夢醒之後，憑著記憶，要求皇宮音樂家將他在天界聽到的樂曲編成了「霓裳羽衣曲」。

再以科技研究來說，無論科技再怎麼進步，研發再厲害的武器，亦是離完美極遙遠。所謂的外星人高科技的無敵宇宙戰艦，在靈界宇宙霸王眼中來看，簡直就是小孩的玩具。只有開悟者，又能攝念清淨達到萬里無雲的境界，才能讓鐳光普照，鐳光球的超能力才能逐漸恢復，從百分之十⋯百分之六十⋯百分之八十⋯百分之九十五，最後終於恢復百分之百的程度。

由於各星球迷失的人類實在太脆弱，任何一位宇宙霸王都可以輕易毀滅一個太陽系，故靈界高峰會議達成共識，除非高峰會同意，否則避免以超能力直接攻擊各星球，以免造成宇宙各星球的浩劫，四方勢力同意以宣揚理念的方式，吸引生靈加入自己這邊。

話題再回到雙核心天界大使團隊降世的問題。魔界成功主導的以色列國王人選，是以色列歷史上惡名昭彰的「大希律王」，他權力慾望極重、猜忌又嗜殺，三個親生兒子都被他殺害，連親生兒子都殺，更何況對非親非故的人，那手段就更凶殘了。雙核心天界大使就是降生在這種以色列政治最黑暗的時代，按照天界的計畫，施洗約翰比耶穌早半年出生，施洗約翰領導的第一團隊是以犧牲性命掩護第二團隊為目的，但以色列那個時代實在太凶險，天界不排除必要時變更計畫，以第二團隊犧牲性命掩護第一團隊。因為以諾、以利亞兩人是地球上絕無僅有的修行絕頂高手，功力相當，都有能力承擔救世主的角色。

當時以色列已被羅馬帝國征服，屬於羅馬帝國管轄下的自治國，當時大希律王還未當上以色列國王，魔界本來預測耶和華會親自降世，因此魔界智囊團特別安排凶殘的大希律王救了羅馬帝國皇帝凱撒一命，所以大希律王得到凱撒大帝的垂愛，安排他當上以色列國王，魔界要利用他的凶殘格殺耶和華的肉體。因此，這位殘暴的大希律王不但是以色列國王，還是羅馬大帝的救命恩人，其政治地位非常的穩固，就連羅馬派到以色列的巡撫，都對他非常客氣。

魔界還鎖定波斯帝國拜火教的三位博士，利用他們的專長作為格殺耶穌和施洗約翰的媒介，這三位博士都是占星專家，擅長觀星象，地球任何重要人物降世，這三位博士都能從星象看出端倪。天界大使是代表天界最高統帥在人間執行任務，故天界大使降世，星象上會呈現重要人物降世的跡象，尤其天界大使的核心人物降世，星象上會呈現一代明君降世的祥瑞跡象，但這個君王不是政治上的，而是傳揚解脫福音的君王。魔界計劃，當耶穌和施洗約翰兩位核心天界大使一降世，星象上呈現明君降世的跡象時，就要驅使這三個博士前往以色列向大希律王報喜信，恭喜以色列降生了一代明君，由於大希律王猜忌心極重，聽到三博士的報喜，不管是政治上或解脫福音的君王，必然下令格殺嬰兒以保全自己的王位。

魔界還驅使羅馬皇帝下令進行人口普查，按羅馬帝國人口普查的規矩，各地人民必須到所屬都市官府報名上冊。而人口普查所定的期間就定在魔界推算出耶穌和施洗約翰的出生日期，逼這兩人別想躲起來，不得不現身，以方便魔界格殺。

天界智囊團也計算出魔界的所有佈局，為了保護嬰兒耶穌和施洗約翰，天界擬訂四個行動方案，第一：阻止東方三博士前往向大希律王報喜。第二：阻止凱撒大帝下令人口普查。第三：萬一前兩個方案失利，則阻止大希律王下令殺嬰。第四：萬一大希律王下令殺嬰，必須安排兩位嬰兒的逃亡路線。

如前所述，靈界四方高峰會議達成共識，避免以超能力直接攻擊各星球，四方勢力都同意以宣揚理念方式，吸引生靈加入自己這邊。故天界要完成計畫，必須設法影響凱撒大帝、三博士及大希律王的思想，讓他們認同天界的建議。但天界也盤算，可能最後只有逃亡一路可走。因為凱撒大帝、三博士及大希律王這些人的第七意識劣根性都很嚴重，凱撒大帝及大希律王有強烈的權位佔有慾，三博士則想賣弄學問討好權貴，有這些劣根性在，很容易被魔界利用，天界很難影響他們的想法。

再加上撒旦以及兩位獨立國聯盟的最高統帥，調集了最精銳的龐大天使軍團，將凱撒大帝、三博士及大希律王等人嚴密保護，不讓天界的天使軍團有靠近遊說的機會。天界的天使軍團務必衝破魔界封鎖線，才有機會接近遊說影響凱撒大帝、三博士及大希律王等人的思想。因此靈界爆發了驚天動地的戰鬥。從西邊的羅馬帝國皇都，中央的以色列王都，東至波斯帝國三博士居處，世人看不見的靈界正進行雙方都絕不退讓的天魔兩界大戰。

撒旦從各宇宙調集數量龐大的萬古七頭十角的超級猛獸，超能力直逼九成八，戰鬥力恐怖之至，兇猛無比，所有猛獸周身的鐳光防禦光盾都是三層，天界派出大批霸王級天龍降臨戰場，苦戰萬古猛獸。天界軍團的任務是：「衝破魔界封鎖線，取得與凱撒大帝、三博士及大希律王等人對話的機會」。經過苦戰，天界軍團雖然衝近凱撒大帝、三博士及大希律王身邊，可是勸說無效，他們仍依照第七意識的劣根性走下去。因此人口普查進行了，三博士也去報喜了，大希律王也下令殺害以色列境內兩歲以內的嬰兒，因此耶穌及施洗約翰勢必逃亡，大天使長加百列率領兩支最精銳天使軍團，每支都有十二萬名天使，一支軍團保護耶穌，另一支軍團保護施洗約翰。

依照靈界高峰會的共識，靈界不可使用超能力直接攻擊各星球，因此這兩支天使軍團，不是和以色列軍隊作戰，乃是防堵魔界軍團靠近耶穌和施洗約翰，只要魔界軍團被隔離在外，魔界就無法影響以色列軍隊靠近耶穌和施洗約翰。依照天界規劃，施洗約翰隱居於以色列某曠野，耶穌則逃亡至北非的埃及，天界安排了隱居的修行高人保護及教育他們兩人。

耶穌與施洗約翰都還是嬰兒時期就面對殉道的威脅，回顧過去天界大使所面對的危機，乃因當時是獨裁政體，不重視人權及法律，只要國王懷疑天界大使威脅到自己的利益，便可隨時下令處死，所以古代天界大使的處境實在危險。

讀者Q&A

Q：人類該如何做才能躲過魔界智囊團的測算呢？

A：未開悟的生靈，意念混亂，鐳光球處於「當機」狀態，無法運用鐳光球的超高智慧，故不可能躲過魔界的算計，必須大徹大悟，讓自己的鐳光球正常運作，方能與魔界對決。

第三十四回
天界震怒撥因果，魔界繁星連環套
基因密碼三十六，耶穌隱身佛門中

某日波斯帝國拜火教的三位博士夜觀星象，看見星空呈現祥瑞之象，便知悉地球上降生了一代明君，將成為「世界的救世主」。依星象方位確定是降生在以色列，於是在魔界的驅使之下，三位博士前往向大希律王報喜信，大希律王聽了三位博士所報之喜信後，立即召見以色列的祭司長及古聖經權威學者，要了解何謂世界的救世主？祭司長及聖經學者向大希律王解釋，依據古聖經的記載，將有一位救世主降生在以色列，這位救世主將成為以色列歷史上最偉大的先知，他會指出全世界的人民返回天國之路，但並不是政治上的君王。

大希律王還想知道救世主降生的時間和地點，但是祭司長及聖經學者不知道何時降生，因為古聖經沒有明確提到降生時間。至於地點倒是有暗示，可能將在以色列的「伯利恆」城降生。

本文第三十三篇提到，天界必須突破魔界的封鎖線，才能靠近大希律王身邊，影響他放棄殺嬰兒的想法，天界影響大希律王想法的方式，就是透過祭司長和聖經學者與大希律王對話，讓大希律王知道，救世主是大先知的角色，是傳揚解脫福音的君王，不是政治上的君王。天界透過祭司長和聖經學者的答覆，應該足以讓大希律王釋懷，但大希律王仍擔心這麼有聲望的人在國內，萬一帶頭叛變，必然威脅自己的王位，因此依然決心殺嬰兒，以永絕後患。這就是迷失人類的第七意識劣根性在作祟，有這個劣根性，魔界之靈就能牢牢地附身在大希律王體內，驅使大希律王為魔界去殺害耶穌及施洗約翰。

經過三博士的報喜，雖確定救世主已經降生，但不知道究竟是哪位？於是大希律王下令，兩歲以內的男孩一律處死，大屠殺開始之後，以色列境內遍地是哀哭的聲音，誰家的孩子莫名奇妙被殺死，父母家人不痛心疾首呢？大地哀哭及寃聲四起，天界極為傷心及震怒，因為天界已經透過祭司長及聖經學者告知大希律王，救世主不是政治上的君王，不會威脅到他的王位，但大希律王還是進行大屠殺。

天界管轄的地府，開始清算大屠殺的因果，只要大希律王錯殺一位不當死的嬰兒，地府立即提前報應大希律王的罪狀，地府查明之後，確認有錯殺若干不當死的嬰兒，依大希律王的前世因果，他還可以安享好幾年的王位，但地府決定，大希律王那幾年王位，等待來世再給他享受，先讓大希律王的惡報上身，以阻止大屠殺延續。

縱然大希律王提前報應，但對魔界的計畫影響不大，因為魔界已佈置天羅地網，魔界可用之人才如繁星降生，大希律王死了之後，大希律王的幾個兒子都很凶殘，無論哪位繼承王位，都是魔界可用的棋子。還有兩位魔界大使—絕色美女希羅底皇后、傾城美女沙美樂公主，都是魔界手中王牌。兩個獨立國度聯盟也派出數位大使，扮演聖經權威學者、大祭司長、社會上流意見領袖，四處都是魔界可用的人。

大希律王很快的報應上身，突然重病，不久就死亡了。靈界四方高峰會議一向尊重因果法則，讓惡報提前上身，不違反因果法則，因為這是咎由自取。魔界是否反對惡報提前，端視利用價值而論，若有利用價值，則會堅持依據原訂因果順序受報，此時魔界會派軍團保護此惡人，但若無利用價值，則不反對提前受報，畢竟高峰會要談判的議題很多，魔界沒有必要為了一個惡貫滿盈之人與天界唱反調到底。

話題再回到雙核心大使。其實古聖經暗藏有兩個密碼，第一個密碼是42，第二個密碼是36。如果第一個密碼被魔界破解，就會緊急啟動第二個密碼。42這個密碼，筆者於本文第三十三篇已有解釋。36這個密碼則成功瞞過魔界，這組密碼牽涉到耶穌和施洗約翰肉體基因問題，由天使長加百列在第一個密碼被魔界破解之後，負責完成第二個密碼，當時這個密碼如何實踐，在人間只有四個人知悉，這四個人就是耶穌的父、母親以及施洗約翰的父、母親。

本文於第三十二篇提及：「古聖經隱含的降生時間表不是耶和華隨意定的，乃是天界經過精細計算而定，當時如果不派高級大使團隊降生牽制魔界活動，地球上僅剩的佛教及道家保存的終極解脫心法，將成為魔界打擊重心，不用多久，佛道兩家的解脫心法可能被魔界刪改成功，地球就整個被魔界吃掉了。」

因為42這個密碼必須實踐，時間又已被魔界算準，所以魔界能夠從容地佈置天羅地網等著格殺天界降生的大使，天界智囊團也評估，耶穌和施洗約翰頂多活到三十三歲左右必被魔界格殺成功。在那極端惡劣的環境，要求雙核心大使三十三年內要完全開悟，還要他們將解脫福音傳揚到相當成果，時間實在太短、太緊迫、太為難。因此天界只好啟動第二組密碼，為耶穌和施洗約翰的肉體進行特殊基因篩選。有個好肉體，以諾和以利亞的原靈降生入體之後，才可能於最短時間開悟證道。至於密碼36如何進行基因篩選，兩千年後的今日仍列入天機，只可對有緣人明示。

大希律王過世之後，天使長加百列告訴逃亡至埃及的耶穌父母可以回以色列，也告訴隱藏於以色列曠野的施洗約翰父母可以安心。這兩個小孩實在傑出，才十二歲的年紀，耶穌在猶太的會堂與聖經專家以及祭師辯論，那群聖經專家竟被幼年耶穌辯得無言以對；見過施洗約翰的人亦讚不絕口，都說施洗約翰具有先知的心智和能力。他們十二歲就大放異彩，除了他們原靈本來即是地球上絕無僅有的修行絕頂高手，為他們的肉體進行基因篩選確實發揮了功效。輪迴眾生肉體難免遺傳些不好的基因，這些基因都是修行開悟的障礙，要花不少時間及功夫去克服。

後來天界安排耶穌遠赴北印度參學佛法，學習佛門「解脫心法及禪定」，當今基督教歷史，只接受耶穌逃亡至埃及那一段，不接受耶穌到印度修行佛法這一段。但是翻遍聖經及以色列當地歷史資料，耶穌從十二歲之後到三十歲之間那段時間，完全沒有紀錄，耶穌失蹤了十八年，基督教無法解釋耶穌到何處去了？那段時間耶穌確實到北印度學習佛門「解脫心法及禪定」，比較標準的時間是耶穌十四歲到二十九歲在北印度修行佛法，二十九歲之後啟程回到以色列與施洗約翰會合，大約於三十歲開始宣揚終極解脫福音。

有些佛教史紀錄耶穌還赴西藏學習佛法，實際上耶穌佛法參學區域只限於北印度及尼泊爾，沒到過西藏，當時西藏是許多大精靈王獨立國度的勢力範圍，正宗佛法還未傳入西藏，所以耶穌不可能去西藏學習佛法。耶穌到達印度時，是釋迦牟尼佛過世六百年左右，那時佛法已被魔界栽培的大師刪改得很嚴重，幸好佛教還有一脈成功的保存解脫心法，沒有被魔界刪改，這一脈就是耶穌前往學習之處。這一脈在耶穌離開印度後五百多年，由達摩祖師將此脈解脫心法帶到中國，成為中國的禪宗。

耶穌二十五歲左右大徹大悟，約二十八歲恢復以諾的修行程度，再度成為一位地球上絕無僅有的絕頂修行高手。在回以色列之前，他花了一些時間，將佛門解脫心法用以色列當地的習慣用語加以闡釋，也使用以色列古聖經用語架構，讓以色列百姓能聽懂。與此同時，施洗約翰隱居於以色列曠野過著簡樸的修行者生活，透過甚深靜坐冥想，以及天界之靈直接顯化指導，施洗約翰也恢復了以利亞的修行程度，成為絕頂修行高手，天界要施洗約翰開始傳揚解脫福音。

不久，施洗約翰被民眾高度敬仰，天界也放出訊息，讓以色列人知道，施洗約翰就是以色列歷史上最偉大的先知以利亞的化身，以鞏固施洗約翰傳揚終極解脫福音的公信力。施洗約翰發現以色列那些聖經權威以及祭司，嚴重偏離真理，古聖經已被魔界滲透曲解的完全走樣，故施洗約翰規勸那些宗教領袖悔改，群眾將施洗約翰的教化簡稱為「悔改的洗禮」，那群宗教領袖當然聽不進規勸。

同樣的，耶穌也發現古聖經及佛經內容被刪改曲解的嚴重失真，簡單的解脫心法，被誤導成艱深的佛學研究，耶穌不想學習那些佛經，耶穌專心研究解脫心法及禪定，解脫心法就是「直指人心、見性成佛」，禪定就是「專一念佛，收攝意念」。所謂「見性」，就是發現自己圓滿的「佛性」，只要發現自己圓滿的佛性，當下即成佛，見性與成佛同時完成，其間毫無半秒落差。「佛性」是佛教用語，我們用天界超越宗教的說法，是把佛性稱為「鐳光球」。耶穌回以色列之前，也思考如何把佛性這個佛教用語轉換為以色列人可接受的用語，後來耶穌採用「生命之光」這個用語。

念佛號、或念地藏王菩薩聖號來攝念，基於信仰差異，以色列人絕對不會接受。故耶穌編了一篇極有名的「主禱文」，以中譯「和合本」計算，主禱文總共才九十七個字，比般若心經兩百六十個字還短，耶穌指導以色列人專心念主禱文來攝念清淨，深度清淨之後，便可發現自己的生命之光（鐳光球）。

讀者Q&A

Q：第七意識劣根性是什麼呢？

A：第七意識劣根性是累世以來跟著我們的「成見」及「習氣」，這些成見習氣讓我們非常頑固、無法接受建議、喜歡我行我素、偏愛紅塵名利及娛樂。成見習氣如同一扇敞開的大門，讓邪靈得以附身於人體，被邪靈附身之後，此人就更加頑固、更加偏愛紅塵，甚至帶來身體疾病，根性不除，真是禍患無窮。

第三十五回
施洗約翰行洗禮，絕色公主戀約翰
靈界之父降世間，天界棋局魔界愕

耶穌開悟終極解脫之道以後，準備動身回以色列傳揚終極解脫福音，並且要將第二天界大使團隊集合起來。耶穌還沒回到以色列時，由施洗約翰領導的第一天界大使團隊已經到齊，並已經開始傳揚終極解脫福音，天使長加百列率領十二萬最精銳的天使軍團，全天候保護第一天界大使團隊。施洗約翰恢復以利亞的功力之後，展現出驚人的群眾魅力，他的講道深深打動以色列老百姓的心，大批群眾整天圍繞在施洗約翰身邊聽他講道，老百姓歡喜的接受他在約旦河為大家施行悔改的洗禮。

天界還安排了幾位頗有知名度的修行者，見證施洗約翰就是以色列第一大先知以利亞親自降生，天界的目的是要鞏固施洗約翰的地位，加強施洗約翰傳揚解脫福音的公信力。施洗約翰所實施的悔改洗禮，目前各教會解釋為：「悔改自己的罪，棄惡從善」，但這個定義不是施洗約翰當時所傳的定義。

我們將衣物放到水中清洗，就將衣物的一切雜質都洗掉，還原衣物的潔淨，水在清洗衣物時怎可能只沖洗紅的雜質，而不沖洗綠的雜質，當然是一切雜質都清洗掉。所以施洗約翰悔改的洗禮，就是：「把民眾心中一切雜念都洗掉，還原心靈完全清淨的狀態。」但各教會將悔改的洗禮曲解為善惡兩元對立的棄惡從善論，這種曲解，使得基督徒執著於善惡對錯之爭，最重要的心靈清淨就忽略了。

對於悔改洗禮定義的致命錯誤，導致基督徒不知道終極解脫的核心重點在於洗掉一切雜念、揚棄一切是非論辯，才可能開悟，才可能發現自己的鐳光球。基督教的聖經早在西元第四世紀左右就被曲解，實際上被曲解之處很多，對洗禮的曲解只是其一，這乃是魔界的技倆，留下一本被大量曲解的聖經，讓基督徒一生瞎忙，卻始終難以終極解脫。

聖經被魔界搞的殘缺不全，人間已無經典可依，天界未來只好再派下新大使團隊，還原終極解脫的方法，屆時新派下來的大使團隊，不可能依據現有聖經作為教材。不只基督教界如此，釋迦牟尼佛於弘法之時，沒有採用印度當地盛行的任何經典作為教材，為何不採用呢？因為都被魔界滲透了，沒有一本完全純正的經典，因此所有開示，都是佛陀全新的開示。

大希律王過世後，他的三個兒子分別管理以色列北、中、南三個區域。北部是「希律・亞基老王」，中部是「希律・腓利王」，南部是「希律・安提帕斯王」。這三個兒子都遺傳乃父殘暴之作風，都是魔界可用來格殺天界大使的棋子。三個兒子中，腓利王比較講道理，沒有那麼荒唐，這點令魔界非常擔心，因此特別派出兩位魔界大使，希羅底皇后、沙美樂公主，分別擔任他的妻子及女兒，務必要完成格殺任務。

但天界也不斷派人影響腓利王，讓腓力王有愈來愈善良的現象，魔界為了修理腓利王，因此安排希羅底皇后離婚，並且嫁給腓利王的親兄弟—安提帕斯王。這是一場荒唐亂倫的婚事，讓以色列人民覺得不恥，只是沒人敢批評，這齣荒唐亂倫的鬧劇，是魔界用來活活氣死腓力王的策略，也企圖引起施洗約翰發言譴責，讓施洗約翰去得罪安提帕斯王以及希羅底皇后，為格殺施洗約翰作準備。腓利王氣死之後，魔界安排大希律王之孫「亞基帕一世」繼承，他是個殘暴無道的國王，這種人就是魔界要的人才，後來亞基帕王在格殺十二使徒上，發揮了重要的功能。

施洗約翰在以色列的聲望不斷的提高，達到如日中天的程度。魔界將猜忌放進幾個國王的心中，他們擔心施洗約翰的聲望這麼高，老百姓都聽他的，萬一他帶頭叛變勢必威脅自己的王位，因此幾個國王開始計劃除掉施洗約翰。施洗約翰不僅是修行絕頂高手，而且風度翩翩、氣質出眾、相貌英俊，以色列想嫁給他的女子多不勝數。此時魔界指示傾城美女沙美樂公主去勾引施洗約翰，魔界的計畫是，沙美樂的母親希羅底改嫁事件使希羅底家族在以色列聲名狼藉，如果勾引成功，施洗約翰與沙美樂結婚，施洗約翰必然聲名狼藉，就別想繼續傳解脫福音。

魔界也算準，年輕貌美的沙美樂公主一定會情不自禁愛上施洗約翰，如果施洗約翰拒絕沙美樂，沙美樂公主由愛轉恨，必然要殺死施洗約翰而後快。沙美樂公主見到施洗約翰之後，果然情不自禁的愛上施洗約翰，沙美樂長期糾纏不休，幾近搶婚、逼婚，於眾目睽睽之下，不但有失公主應有之威儀，對大先知施洗約翰也失應有之敬重。因此，施洗約翰終於忍無可忍，不但拒絕沙美樂公主的求婚，還嚴正譴責沙美樂以及希羅底皇后、安提帕斯王。以施洗約翰如日中天的聲望，他的嚴正譴責說出老百姓不敢說的心聲，因此成為以色列的大新聞，實在是大快人心。

但施洗約翰的嚴正譴責，不但重傷沙美樂的心，也令安提帕斯王及希羅底皇后非常憤怒，為施洗約翰的殉道種下難以解決的因緣，這個結果，正是魔界大智囊團精心設計的。此時耶穌已經回到以色列，耶穌立即去曠野見施洗約翰，兩位從十二歲之後分兩處修行，闊別十八年後初次重逢，兩人歡喜含淚擁抱，此時雙方都已恢復絕頂修行高手的功力，那眼淚是惺惺相惜之淚，也是施洗約翰即將面對殉道的不捨之淚。

見到耶穌之後，施洗約翰將他幾年下來的經營成果慷慨的交給耶穌接收，施洗約翰公開對群眾說：「耶穌就是古聖經預言將來的救世主，我給他繫鞋帶都不配，你們應當追隨耶穌。」施洗約翰還說：「我是用水替你們施洗，耶穌將用聖靈與火為你們施洗。」施洗約翰的門徒非常不服氣，他們的老師是以色列歷史上第一大先知以利亞，又是地球上絕無僅有的修行絕頂高手，怎麼老師會說，他給耶穌繫鞋帶都不配呢？老師也未免太自貶身價了吧！

群眾好奇的看著耶穌，原來耶穌就是古聖經預言的那位救世主！在他們最敬愛的施洗約翰的見證下，民眾雖難以置信，但卻不懷疑施洗約翰的見證。至於施洗約翰說：「耶穌將用聖靈與火為你們施洗。」這段話除了耶穌和施洗約翰外，其他人都聽不懂。此時耶穌請求施洗約翰為他在約旦河進行洗禮，但施洗約翰拒絕，施洗約翰說他不配為耶穌施洗，但耶穌堅持施洗約翰為他進行洗禮，耶穌說：「我應當受你的洗禮，這是天界賦予你的權柄及使命，就讓我們完成這些必經的程序吧。」

於是兩人雙雙下約旦河，施洗約翰為耶穌進行洗禮，就在洗禮結束的那刻，天空忽然大放鐳光，強大鐳光照射在耶穌和施洗約翰身上，一個高級靈於眾目睽睽之下從天上降下來進入耶穌的肉體。那降下的靈竟然就是靈界之父─耶和華，耶和華實踐了他的承諾，他依據密碼42準時降世。魔界智囊團千算萬算，也沒有算到耶和華會用這種方式降世，怪不得施洗約翰會說「我給他繫鞋帶都不配」，原來萬靈之父要親自降臨在耶穌身上，天界竟然佈置了這麼一個精細的棋局。

魔界智囊團必須立即調整戰略佈局，因為耶和華親自降臨，想必天界將動用最高級的保護規格全力保護耶和華，尤其耶穌肉體內是宇宙罕見的耶和華與以諾「雙靈會」，耶和華與以諾將如何運用耶穌的肉體？還有耶穌要如何進行「用聖靈與火為你們施洗」？這些天機是魔界智囊團必須立刻分析破解的。

天界為了保護萬靈之父，必然動用天界最強的防禦武力「基路伯」。因此撒旦下達六百六十六魔界最高級動員指令，魔界所屬超能力達九成五以上的宇宙霸王，以及魔界最強的戰鬥武力「飛天朱龍」，全部往以色列上空的靈界集結，務必格殺耶穌。天界與魔界將進行創世紀以來最大規模的決戰。

讀者 Q&A

Q：文中提及的「聖靈與火」是什麼意思呢？

A：聖靈乃是指高級靈；火乃是指眾生的鐳光球。「聖靈與火」的洗禮乃是指天界運用完美的「天人合作」戰勝這場解脫之戰。不僅高級靈協助我們走解脫之路，我們自身的鐳光球也會導航我們走上解脫之路，在內外兩個力量的協助之下，讓眾生成功解脫的力量大增。

第三十六回
驅離之戰分天下，耶穌福音集大成
鮮血鋪出解脫路，迷失群眾病入膏

耶和華於約旦河親自降臨在耶穌身上，發生了地球上難得一見的「雙靈會」，此舉令魔界智囊團錯愕。為何「雙靈會」令魔界錯愕呢？因為天界高級靈不會附身人類肉體，高級靈如果有度眾生的宏願，會經由正常分娩降生，從嬰兒開始成長。肉體如果被外靈附身，降生於這個肉體的原靈將失去自主權，也失去正常修煉解脫的機會，所以肉體的主權屬於降生於這個肉體的原靈所專屬，這是天界堅持的原則。故時下許多所謂被神靈附身之靈媒、乩童，實際上都不是天界之靈附身。

此次「雙靈會」標準的說法是，耶穌在約旦河完成洗禮之後，原靈以諾離開肉體，讓靈界之父耶和華降世於耶穌的肉體，以實現耶和華在古聖經親自降世的預言，以諾則成為圍繞在耶穌肉體邊的守護者。必要時，耶和華可以靈魂出竅，與以諾雙靈會，兩靈合一能發揮單一原靈數十倍的超能力，可有效防守耶穌的肉身不被殺害，大幅降低耶穌被格殺的機率。

隨著耶和華的降世，天界最強的防衛武力「基路伯」也現身，天界與魔界萬古以來交戰無數回合，基路伯只出現過一次參戰，那次是靈界第一場戰役，此後基路伯除非是為了保護萬靈之父，或為了保護天界最高統帥，就不再現身戰場參戰。靈界第一場戰役稱為「驅離之戰」，撒旦迷惑亞當、夏娃成功之後，靈界迷失的生靈總數已將近三分之一時，萬靈之父為防止眾生繼續迷失，而下令天使長加百列、米迦勒率領大軍團進行「驅離之戰」，驅逐迷失的眾生離開，撒旦陣營立即進行反擊，因此靈界爆發了第一次大戰。

靈界本來都是一家人，沒有天界與魔界之分，也從未打過仗，耶和華驅逐自己所造的眾生，宇宙最痛心的靈就是耶和華，自爆發第一次大戰，耶和華未再親自參加任何戰役，因為他不願意和自己所造的生靈交戰。約旦河那次耶和華降臨耶穌肉體，是耶和華再度親自投入戰局，可耶穌一生均以傳揚解脫福音為人生目標，寧願受盡羞辱也不願反擊，此即萬靈之父耶和華的風範，祂絕不傷害自己所造的生靈。

「驅離之戰」時，眾生才剛迷失，超能力幾乎都還在九成以上，撒旦等領導團隊的超能力很接近百分百，所以第一次的靈界大戰，對雙方陣營而言都是苦戰。那群迷失的眾生，原本就被撒旦挑撥成功，懷疑耶和華偷留一手，驅離之戰開始時，愈發相信撒旦所言，認為萬靈之父果然無情無義，故他們全力與撒旦合作，雙方打的天昏地暗，無數日月星辰遭毀滅。

大戰延續非常久，為了盡快結束戰局，天界才研發出基路伯，基路伯其實也是一種天使，只是他是由三個天使連結而成的合體，周身可以展開九層鐳光防禦光盾，因此基路伯大軍團一出現戰場，撒旦陣營所發射的強大鐳光都被擋下來。撒旦陣營無力攻破基路伯防線，一時又研究不出破解之道，大戰又僵持一陣子之後，基路伯軍團不斷前進，撒旦陣營則節節後退，勝負情形已分，故撒旦陣營全面撤離。從此靈界分成天界、魔界兩個國度。看著自己一家人懷著誤解離開，耶和華萬分痛心，天界眾靈亦皆悲泣，天使長加百列、米迦勒從此挑起勸醒迷失眾生回家的重任。

撒旦陣營與耶和華分家之後，迅速的建立一個有組織的國度，也成立了一個龐大的智囊團，開始與天界展開競爭，尤其要好好研究破解「基路伯」九層鐳光盾防禦體系之武力。研究成果即是魔界最強的「七頭十角」萬古猛獸，這種萬古猛獸有十七組密碼在身上，天界要完全解碼，亦非易事。這種七頭十角猛獸又分為兩種，一種是「滄海尊龍」，最厲害的即是「飛天朱龍」，魔界刻意隱藏不用這個秘密武器，因為飛天朱龍究竟能不能打贏基路伯，尚難以評估，畢竟天界自「驅離之戰」後，除了保護天界元首的安全，從未派遣過基路伯參戰，故雙方交手機會很少。此次靈界之父親身投入戰局，基路伯軍團跟著現身保護元首安全，撒旦知道基路伯的威力，因此將飛天朱龍軍團調來以色列上空靈界備戰。

魔界智囊團研判，此次天界派出最強的防衛武力「基路伯」軍團，目標應該不僅是保護靈界之父的肉體，而是天界已經設計一套理想的解脫福音，要在「基路伯」軍團防衛之下強勢傳揚。魔界的研判是正確的，天界智囊團設計了一套理想的解脫福音，耶穌的解脫福音是結合「道家解脫心法」、「佛門解脫心法」、「馬雅人解脫心法」三次成功的經驗，因此耶穌的解脫福音，才能深深打動人心，兩千年後成為世界各強國的主流信仰。兩千年後的現代，如果有新的天界團隊降世，表示天界必然已經研究出比耶穌解脫福音更能打動人心的公元兩千年版解脫福音，新版解脫福音勢必在地球上引爆巨大的心靈革命。

話題回到施洗約翰，施洗約翰和耶穌相見後，施洗約翰將幾年下來的經營成果慷慨的交給耶穌，他公開對群眾說：「耶穌就是古聖經預言將來的救世主，我給他繫鞋帶都不配，你們應當追隨耶穌。」幾年下來，施洗約翰成為以色列人民的精神領袖，以色列人民敬愛他，歡喜圍繞著他。但他知道，他的第一天界大使團隊的任務是一支犧牲打，是為耶穌率領的第二天界大使團隊奠定良好的傳福音基礎而存在。他不但慷慨的將精神領袖的棒子交給耶穌，也坦然面對即將而來的殉道。

只有絕頂的開悟者才有如此偉大的胸襟，以利亞為拯救迷失的人類而降生，他在毫無因果業報下願意殉道，用自己的鮮血鋪出人類解脫之路。耶穌開始傳揚解脫福音不久，安提帕斯王下令逮捕施洗約翰，近因是施洗約翰拒絕沙美樂公主的求婚，又公開譴責安提帕斯王及希羅底皇后的亂倫婚姻。真正的原因是魔界將猜忌放進安提帕斯王的心，施洗約翰的聲望實在太高，安提帕斯王擔心萬一施洗約翰號召群眾叛亂，後果將不堪設想，必威脅到自己的王位。

施洗約翰被逮捕後，以色列百姓萬難接受，天界也全力搶救施洗約翰，縱然九死一生，也不能放棄任何希望，因此天界大舉增兵搶救。魔界兵多將廣，撒旦欽點魔界最強的一百二十位宇宙霸王，統領魔界最高級鐳光部隊上陣，飛天朱龍軍團也上戰場。天界與魔界大軍在安提帕斯王身邊的靈界進行猛烈的戰役，戰況極為險惡，安提帕斯王的意念將隨著靈界戰役的勝負而決定殺不殺施洗約翰。

飛天朱龍竟然周身也有九層鐳光防禦光盾，七頭十角可以同時發射十七道鐳光柱攻擊敵人，攻擊威力驚天動地，天界天使軍團招架不住，直到基路伯軍團現身支援，才穩住局勢，基路伯的攻擊武器是發射巨大鐳光彈，以強大鐳光彈之爆破能量震垮敵人，經過纏鬥，基路伯略佔上風，故天界尚能影響安提帕斯王的意念，讓安提帕斯王擔心殺了以色列歷史上第一大先知以利亞恐遭天譴，故遲未敢下令殺人。

但希羅底皇后以及沙美樂公主兩位魔界大使，骨子裡就是魔界思維，天界無法影響她們，她倆恨透施洗約翰，因此慫恿安提帕斯王殺施洗約翰，在兩位絕色美女強力遊說下，安提帕斯王漸漸動搖，不再顧慮天界提醒，下令處斬施洗約翰。施洗約翰被斬後，頭顱被沙美樂公主取去，沙美樂公主熱吻施洗約翰的頭顱，沙美樂骨子裡充滿變態佔有慾，得不到活的施洗約翰，與施洗約翰的頭顱戀愛也依然快樂。

施洗約翰被處斬的消息傳開後，不僅以色列百姓難過痛哭，天界眾靈亦悲傷，雖天界計畫施洗約翰和他的團隊是以犧牲為目的，但假若以色列國王稍有良心，便不會殺施洗約翰，則兩個天界團隊可攜手傳揚解脫福音，何其美哉！故天界眾靈無不悲傷，深深嘆息地球眾生迷失顛倒到如是嚴重的地步。耶穌知悉之後，一個人躲到曠野痛哭，彼時耶穌的原靈即是萬靈之父耶和華，耶和華自然不忍施洗約翰受此苦難。

一代絕頂修行高人以利亞成功的完成任務，後來以利亞的原靈回到天界，而第一天界大使團隊其他使徒，後來都加入耶穌第二天界大使團隊。施洗約翰殉道之後，地府讓安提帕斯王、希羅底皇后、沙美樂公主提前遭受惡報。但安提帕斯王、希羅底皇后、沙美樂公主對魔界而言是很重要的三個棋子，非常具有利用價值，還要用此三人來殺害耶穌，因此撒旦堅持依據前世今生排定的業報順序受報，反對提前受報，並派遣魔界軍團保護安提帕斯王等人，因此安提帕斯王等人繼續安享王室的尊榮及舒適的生活。

讀者Q&A

Q：為何在驅離之戰前，超能力極高的眾生無法明辨撒旦的謊言呢？

A：萬古以來，眾生之心性本來即是「善惡並存、相信與懷疑並存、強弱並存」，眾生可以自由選擇站在哪邊。因此夏娃選擇站撒旦那邊，不是超能力強弱的問題，乃是選擇的問題。

第三十七回
使徒團隊全軍沒，戀棧輪迴危機多
提高規格護大使，還原耶穌真福音

施洗約翰被斬首之後，天界眾靈無不悲傷。地球是一個令天界時常難過的地方，在宇宙諸星球當中，地球人算是迷失的比較嚴重的，本文第二十二篇提及的外星球，魔界勢力僅約四成，不像地球魔界勢力高達八成，由於魔界勢力太強，所以天界團隊很難運作，耶穌所率領的第二天界大使團隊，總共十三人中有十二人殉道，只有約翰一人終老，歸納如下：

核心大使：

耶穌，被釘十字架而死

十二使徒：

彼得，被倒釘十字架而死

腓力，被倒釘十字架而死

達太，被釘十字架而死

安得烈，被X型釘十字架而死

雅各，被斬首而死
馬提亞，被斬首而死
馬太，被異教徒殺死
巴多羅買，被異教徒殺死
多馬，被異教徒殺死
西門，身體被鋸成兩段而死
亞勒腓雅各，身首被鋸斷而死
約翰，被放逐到拔摩海島，後被釋放終老

除了第二天界團隊，耶穌將施洗約翰的第一天界團隊成員，加上多位願意自度度人的信徒，合組「七十門徒」團隊，後來七十門徒亦多數殉道。歷史上最慘烈殉道的天界團隊即是施洗約翰和耶穌的雙核心團隊，地球人在輪迴苦海中不知危機，對解脫興趣缺缺，殊不知稍一不慎便可能疾病、意外上身，甚至輪迴成畜牲蚊蟲，進入動物互相吞噬的恐怖食物鏈，還得擔心被人類抓來屠宰烹飪。

無論地球人荒唐迷失到什麼程度，天界不會放棄地球人，天界智囊團不斷研究適合地球人根性的解脫福音，一旦研發出理想的新版本，就會組成天界團隊降生，將新版的解脫福音傳出去，而且一次傳的比一次遠，一次比一次傳的影響力更大。經過多位天界大使殉道，天界已加強天界大使的保護規格，任何人惡意阻擋天界大使完成任務，地府會加速清算，讓該人惡報提前上場，鬼使神差如果遇到魔界軍團阻擋，天界隨時派出軍團與魔界展開「因果轉輪」之戰，務必清除障礙，不讓魔界得逞。

本文第三十五篇提及，由於魔界刪改重要經典，因此佛陀開始弘法時，沒有採用任何印度當地盛行的經典作為教材。實際上，新的天界大使團隊降生之後，都跟佛陀面對的情形一樣，找不到一本經典可以採用，只好宣講新的內容。魔界為何容易滲透成功，主要的原因是若干宗教界人士喜好學術研究，忽略開悟的重要，也不重視意念管理，自己還未開悟、意念尚東飄西蕩的情況之下，就貿然投入學術研究，心中還躲藏許多魔界附身之靈卻茫然不知，被魔界誤導寫出偏差的著作，又以此著作要求門生作為必修讀本，如此代代相傳，正法被嚴重扭曲。

喜好學術研究也便罷，又特愛搞得複雜艱澀，並以此為樂，甚至以此傲然於世，最好別人都看不懂、聽不懂，這樣即可表示自己學問夠高深。與民眾對話，一出口即是專有名詞，賣弄自己的學問，民眾聽的一頭霧水，對民眾毫無意義，浪費民眾的歲月。

搞得複雜艱澀也便罷，又喜好大量著作，若只寫個幾本，還擔心別人以為自己學問不夠豐富，因此擁有十冊以上著作的宗教大師非常多，大師把這十多本複雜艱澀著作律定為門下必讀教材，又經其弟子宣揚誇大，並大量開班授課，因此蔚為風氣。

大量著作也便罷，稍有領悟便要自立門戶，獨創新門派，帶著一群人就籌辦起來，自己成為新門派的當家師父，何其威風也。自立門戶後，必須持續有金錢進帳支持運轉，就開始大量開辦活動，經教班、靜坐班、培訓班、義工營、法會，活動又多又長，把大家累翻了，家庭生活都被破壞。辦這麼多活動的目的是綁住信眾，有信眾才有金錢來源。

靜坐班原本極佳，有助於攝念清淨，可是不告訴信徒終極開悟的重要性，只是一味靜坐，多年漫長的靜坐，從初禪天一路坐到七禪天，把一個個活潑的生靈都坐成枯木寒巖，靜坐過了頭，不敢起一念，連生命之源鐳光球都不要了，那何必當人呢？

如此下來，不出百年，簡單明確的終極解脫心法，就被弄的混淆不清。更嚴重的是，民眾把這麼一堆虛妄的東西「真理化」，以其所學為尺度衡量別人，別人跟他不一樣，就將別人視為「異端邪說」、「著魔入邪」，他們哪知，他們滿腦子那些東西，許多是魔界刻意造假的。本文之前提及，老子、佛陀、耶穌那時代，文盲超過九成，面對大量文盲，三位怎可能傳講艱澀的宗教課程呢？那些艱澀課程，連大學畢業生都未必能看懂，何況兩千年前大批文盲怎麼搞的懂？那些艱澀作品，必是後人加進去的，如此簡單的道理，地球人怎麼就是想不透呢？

接下來介紹耶穌帶來的終極解脫福音，這個福音是天界集合道家、佛家、馬雅人三次成功經驗的「福音升級版」，內容簡單明確，很容易打動人心，但是羅馬教廷於欽定聖經時，受魔界影響多處被刪改，所以聖經有若干偏差，本文寫作不以聖經為依據，乃直接還原兩千年前耶穌的解脫福音。

每個人都有鐳光球，所以大家本來即是圓滿的，問題是出在對自己的定位錯誤，誤以為自己不圓滿，意念又雜亂失控，鐳光球就把我們定位錯誤以及雜亂的意念都創造成真，才會把自己推入苦海。因此，天界設計解脫福音的重點，是要幫助大家重新定位，再幫助大家把失控的意念穩定下來，十分簡單明確，保證大家都聽得懂，保證大家都做得到。

耶穌解脫福音有以下四點特色：

第一項：重新定位，確信自己是圓滿的

耶穌說：「你若是有信心，就是命令這座山移開，也能移開，並且沒有一件事情辦不到的。」耶穌說，命令山移開，這就是在運用超能力，超能力的來源即是鐳光球，只要你相信不疑惑，鐳光球必然實現你所有的願望，沒有一件事辦不到，包含回到天界也辦得到，所以只要找到自己的鐳光球，就能回到天界。耶穌又說：「凡禱告就給你們，叩門就給你開門。」這也是在強調我們具備無所不能的實力，所以才說「凡禱告就給你們」。

「信心＋禱告」，就是耶穌福音的核心重點，任何人只要具備百分百信心，又能持之以恆的禱告，必能滿足所願。兩千年來，基督徒有說不完的見證，禱告讓他們的人生過的幸福美滿。很多基督徒，每天進行兩次禱告，起床時、睡前這兩個時段。並且準備一本禱

告簿，詳細紀錄禱告事項、開始禱告的日期、禱告實現的日期。基督徒聚會時，他們帶著禱告簿，開心的分享他們的實證經驗。

因為禱告實在太簡單了，連小孩都會禱告，所以小孩就開始體驗禱告的神奇力量。這就是為什麼基督教能成為世界各主要強國的信仰，因為禱告真是簡單易做，效果又神奇，不但可以實現個人的願望，還可以用禱告幫助別人，許多基督徒經常一同為國家禱告，促進國家文明進步。

第二項：專心禱告，可攝念清淨，回到天界

有些基督徒修行功夫比其他基督徒更高超，乃是因為他們禱告時很專心，而且時常禱告，遇到任何狀況，諸如：塞車、失物、口角、疑惑、故障、不舒服…就立即靜下來默禱，無事則心中不停默念「主禱文」，不胡思亂想。久而久之，因為靜下來專心禱告的時間很多，所以心很清淨，修行功夫就比其他基督徒高。

許多基督教修士「禱告到天都開了」，所謂天開了，就是心中至為清淨，萬里無雲，鐳光普照，此時已找到自己的鐳光球，因此就能回到天界。達到這個境界時，只要不違背因果法則，任何禱告幾乎是立刻實現。

第三項：打破神權至高之迷思

耶穌說：「你怎麼對待人，上帝就怎麼對待你。」耶穌又說：「凡做在最小的弟兄身上，就是做在上帝身上。」耶穌知道眾生都有一顆無所不能的鐳光球，眾生本來平等，與耶和華上帝也是平等。

當時的社會充滿神權崇拜的迷思，大家自認為是神的奴僕，愛神比愛人還要重要，討好神永遠列為第一，至於親友的難處，則不放在心上。有這樣錯誤迷思，不但無法回到與耶和華平等圓滿的狀態，而且最易滋生「假傳神旨」的神棍，危害社會極為嚴重，所以耶穌才會強調，你怎麼對待人，上帝就怎麼對待你，亦即，討好上帝的正確方式就是善待眾人。此外，天界之指令若是不願遵守，也沒有天譴，眾生本來平等，天界尊重每個人的自由意願。若某宗教告訴人民：「不遵守天旨、必遭天譴。」那宗教絕非天界的宗教，天界只會執行因果清算，亦即惡有惡報，不會因為「你不聽我的，我就修理你」。

第四項：強調愛仇敵，重視饒恕

耶穌說：「應當愛你的仇敵，饒恕仇敵七十個七次，要為逼迫你們的人禱告。」基督教的最大特色之一即是「愛」，就算仇敵我們都應當愛他們，因此基督教在世界各地成立許多人道組織、慈善機構，對於拔苦與樂，有極大的貢獻。

我們心中充滿愛與饒恕的意念，鐳光球將這些意念都創造成真，讓我們活在充滿愛與饒恕的環境，我們會經常遇到貴人，縱然不慎犯錯，也很容易被別人饒恕，不會計較我們的過失。耶穌要我們愛仇敵、為逼迫我們的人禱告，不只是愛的教育，也是指導我們一種了斷宿世恩怨、消除業障的理想方式。會逼迫我們的人，多半是前世有仇恨，如果我們能為逼迫我們的人禱告祈福，非常有助於消除前世冤欠，可提早結束這段恩怨情仇。

以上四個項目即是原始的耶穌解脫福音，如果能照著去實踐，必可達終極解脫。魔界之前把佛教的教義複雜化，這回卻把基督教的教義過於簡化，魔界在聖經中滲透偽造：「只要相信耶穌釘十字架，是為了替我們贖罪，你即可上天國。」這個魔界偽造的經文編入聖經後，基督教界不知道此乃魔界偽造，本應棄絕之，卻牽強解釋合理化，不但誤導基督徒的修行，也讓基督教淪為不符合因果法則、不勞而獲上天國的迷信宗教。

天界原來的計畫，是希望耶穌能夠長年在地球上傳揚解脫福音，能夠幫助更多的人，但因局勢太惡劣，所以耶穌只傳了三年多，就被釘十字架處死，那麼年輕就被釘十字架，是天界的失敗，絕對不是什麼榮耀的事。此外，耶穌釘十字架也代表：「耶和華願意上十字架讓他所造的眾生處決自己，這是耶和華對自己的責罰，他責罰自己沒有照顧好他所造的眾生，讓眾生沉淪苦海，所以要與苦海眾生同受苦難。」只是這種自我責罰，天界眾靈是何其不捨！

讀者 Q&A

Q：要如何判斷一部經典是否是來自天界的啟示書呢？

A：開悟是發揮自己無極神力的必要過程，因此引導眾生開悟、引導眾生相信「本來成佛、本來是上帝」乃是天界啟示之核心。此外，天界重視「行善」、「自由意願」及「因果法則」，因此天界之啟示不可能偏離此三個原則。

第六章　各界高人齊相助，天界之舟現人間

審判台、生死簿，公平、公正、公義，須以鐳光球改變80%註定好的人生

依地府的規劃，每個人的一生際遇大約百分之八十都是在承受因果報應，
與其找通靈人解決難關，不如自己虔誠持續的禱告，
專心念佛號收攝意念，定位在自己的鐳光球上，「禱告＋念佛＋定位」，
這種三元合一的力量對於清償業障、改善人生命運的效果極佳。

第三十八回
土地廟前樹哀吟，大愛應澤及植物
植物修煉得解脫，精靈王國勢力強

十多年前經過台北某土地廟，聽到一棵樹痛苦低吟，我趨前一看，原來土地公廟的金爐蓋的離樹太近，燒金紙的高熱，讓那棵樹非常痛苦，我趕緊找水來澆樹。我向土地公廟管理人員反應，他覺得我所言難以置信，所以不理我，他們不願意遷建金爐，也不願意移植那棵樹。所以我只要去台北，就會想抽空去替那棵樹澆水，但真是杯水車薪、遠水救不了近火，我難得上台北一趟，有空去看那棵樹，發現他愈來愈枯萎，多年後我再去看那棵樹，已經不見了。

一切植物都有生命，都會發出呢喃的聲音，植物面對死亡時，例如：缺水口渴及火燒，植物就會發出痛苦低吟，有時真不敢去聽，因為我無能為力，我無法阻止人類去燒植物，我也無法要求蒼天下雨。人類或動物為了身體維生，不得不吃植物，甚至人會吃動物，動物也會吃人。我們可以聽見人類的痛苦慘叫，也可以聽見動物的痛苦哀號，卻聽不到植物將死前的痛苦低吟，如果大家能聽到，便知悉植物痛苦的低吟聽起來很悽涼，不輸動物的慘叫。是故，為了身體所需，必須殺害植物時，應對植物心懷悲憫感恩，並且不可過於貪食，以足以維持身體所需即可，以免徒增植物之痛苦。

眾生迷失之前，都是靠生命之源鐳光球供應所需之能量，鐳光球的能量取之不盡、用之不竭，眾生不必互相吞噬，所以宇宙一片祥和。眾生迷失後，雜念如烏雲密佈，把鐳光都遮住了，能量供應斷了線，才開始互相吞噬。因為植物沒有鐳光球，所以植物一旦死亡就灰飛煙滅，什麼也沒有了。而人類及動物都有鐳光球，所以人類及動物肉體死亡後，靈魂能永生不死。

植物雖然沒有鐳光球，但是植物有「植物魂」，植物魂控制植物的成長，植物缺水、或被火燒、或面對死亡威脅，植物魂就會發出低吟，低吟是一種痛苦或恐懼的聲音，這聲音的最主要目的是通知天使，請天使來排除植物面對的危機。天使起初創造植物時，是觀賞及美化所用，因此沒有賦予植物鐳光球，只賦予植物魂，植物魂只要管理好植物的成長及通知天使即可。植物魂如同電腦晶片，會持續細密管理植物的成長，植物魂會設法讓植物成長到最理想狀況，這種追求更好的傾向，即可稱之為修行，只是植物沒有鐳光球，故修行成果不易展現，多半是表現在植物的茁壯成長，故看見某植物成長的非常茁壯，可以說「這植物修行不錯」。

人類、動物都有鐳光球，所以修行的正確步驟都是一樣，首先要明確定位自己是圓滿的，其次就是攝念清淨，撥開雲霧見鐳光球。植物的修行方法不同於人類和動物，植物沒有鐳光球，所以不能定位自己是圓滿的，植物必須承認自己是不圓滿，然後慢慢的成長進步。魔界對人類所傳的修行之道，其實是植物的修行方式，魔界的宗教跟大家說，我們都不圓滿，我們離成佛很遙遠，大家要加油！人類被魔界都當成「植物人」教育。

植物必須能存活幾千年、甚至超過萬年，不斷吸收天地靈氣，靈性漸漸提昇，植物魂才有機會升級形成鐳光球，此時就成為「植物精靈」，能夠跟人類、動物一樣，具有靈魂永生不死的能耐。多數植物無法存活幾千年以上，尤其若干花草壽命不長，又很容易被人類或動物吃掉，或被踐踏而死，多半是大樹才有辦法存活那麼久，所以有機會成為精靈的植物魂，幾乎都是大樹魂。若干天使或魔界高級靈，如果經常親近某植物，對該植物產生鍾愛，也可能以超能力把植物魂升級為鐳光球，此時植物魂很快就成為精靈，不需要數千年或上萬年。

成形不久的植物精靈還不懂自己是圓滿的，也不懂因果法則，只知道自己能飛行變化，此時只要稍加點化，植物精靈一旦開悟，當下即可成佛。魔界也會去欺騙這群植物精靈，如同欺騙亞當、夏娃一樣，魔界跟植物精靈說，你們都是不圓滿的，然後會熱心的指導植物精靈通往圓滿的方法，那套方法當然是又複雜又漫長。

多數植物精靈意念比人類清淨很多，所以可以發揮比較強的念力，神通變化頗厲害，不必受制於他人，可形成自己的國家，不與天界或魔界打交道。植物精靈的功力不斷提昇，若超能力回復八成以上時，就成了「小精靈王」，到小精靈王等級的時候，就知道自己有一顆無所不能的鐳光球，也懂得因果法則。若超能力回復九成以上就是「精靈王」，以人類來說，超能力回復九成以上就已證道，證道者可立於不敗，無懼宇宙任何勢力。若回復九成五以上就是「大精靈王」，已登宇宙霸王之列，足以自行立國擔任國度最高統帥。

一大群植物精靈若團結建立一個國度，戰鬥力將非常強大，若該國最高統帥是大精靈王等級，則有實力和天界、魔界展開競爭。他們在靈界建設出美麗的仙境，百花綠地，飛瀑流泉，蟲鳴鳥叫，白雲彩虹，還有壯觀的皇宮，也會組成軍團，防禦國土。植物精靈國很歡迎各種植物精靈加入，除了大樹精靈之外，還有許多花仙子、人蔘精靈。一些修煉成精的動物若有意願加入植物精靈國，只要理念相近，精靈國也非常歡迎，不少厲害的蛇精、狼精、鰻魚精、龜精都願意加入，因此植物精靈國勢力龐大。

植物精靈王國，大多是愛好和平，沒有什麼野心，也沒興趣與其他國度競爭，這些精靈聚在一起，安分守己，過著快樂無憂的生活，如同居住在天界一樣，這類愛好和平的精靈王國與天界通常非常友好，成為天界的盟友，甚至整國度解散加入天界。本書第三十篇提及人類可以吸收植物的能量，就是因為大多數植物都愛好和平、都很慷慨，願意供應人類能量。

這類和平植物精靈王國也會派遣大使到地球，但他們的大使不是宣揚解脫福音，這些大使的特色是宣導愛植物的理念，若干國際知名環保人士，就是精靈王國的大使。有些偏激的環保人士，不顧慮經濟發展，不顧慮人道安全，這種人不是精靈王國大使，精靈王國與天界很相似，看事情是全盤考量的，不是只考慮環保單一議題。但也有些植物精靈王國，野心勃勃，想插手宇宙事務，想擴大勢力範圍，這類精靈王國就可歸類於本書前幾篇所說的「獨立國度」，獨立國度與魔界屬性類似，故與魔界關係友好。

不管是愛好和平的精靈王國，或是野心勃勃的獨立國度，這些植物精靈所組成的國度倒是有個交集，就是非常關注各星球的植物狀況，因為他們都是從植物修煉成精的。最近幾十年地球風行的環保觀念、保育觀念、綠化觀念、植樹觀念，就是這些植物精靈國度在背後推動。

讀者 Q&A

Q：若日常飲食需要食用植物，要如何才能減低植物們的痛苦呢？

A：建議在烹煮植物時，以大火快煮或快炒，縮短植物們痛苦及掙扎的時間，使其痛感的承受時間降到最低，如此即可。

第三十九回
浮雲守望台現身，移動島嶼投戰局
銀河騎兵團義助，天界之舟度眾生

地球某處靈界有一精靈國，精靈國廣大無邊，除了百花綠地、奇麗的天空、汪洋大海、綿延不絕的雄偉高山，還有許多村莊，村莊是小精靈的居處，這些村莊均為小精靈以法力創作，故每戶人家造型都不一樣，該國國王─大精靈王的住處，乃是在高山頂上的皇宮。該精靈國的最強國防武力為七十座浮雲守望台，所有守望台均建築於浮雲之上，每座守望台均有五萬精兵駐守，故該精靈王國有精兵三百五十萬，在靈界來說，算是非常強大的國度，只要有敵軍來犯，浮雲守望台立即前往拒敵。除了三百五十萬精兵，在該國居住的所有精靈，法力都很強大，隨時可以再組成後備軍團。

某次筆者神遊至該精靈國拜訪該國國王，國王名為「百山雄」，是超能力達九成七的大精靈王，渾身潔白放大鐳光，相貌非常清奇，宛若神仙。百山雄是天界的盟友，我們會談了一些天界重大計畫，百山雄知悉天界智囊團已經完成兩千年版的終極解脫福音，他允諾親自率領八座浮雲守望台，計四十萬最精銳精靈國兵力，協助天界團隊傳揚終極解脫福音。

某次神遊於外星球地極之海，該海域極深之海底有一處海底王國，該海底王國為海洋生物修煉成精之精靈所組成，該國軍力強大，最菁英軍隊為移動海島二百八十座，每座海島上均有堡壘一座，堡壘中有駐軍一萬，故該國最菁英軍隊達兩百八十萬。於該海底國居住的一切精靈，法力都非同小可，可隨時再組成軍隊增援拒敵，故該國也是靈界強國。

海底王國的國王名為「安可女神」，是超能力達九成七的大精靈王，安可女神容貌既莊嚴又美麗，形象彷彿聖母瑪利亞，周身之鐳光盾為七色彩虹，安可女神亦為天界之盟友。我與安可女神寒暄，我們談了一些天界的重大計畫，安可女神知悉天界智囊團已完成兩千年版的終極解脫福音，她表示全力支持，允諾親自率領四十座移動海島共四十萬海底王國精兵，護衛天界團隊傳揚解脫福音。我感激後欲離去，但她堅持送我回家，回到我居處之後又再聊了許多事情，安可女神才回她的海底王國。

某日神遊太虛，於虛空中忽見晚霞般色彩之大光顯現，原來是我在靈界的好朋友「大日紅」宇宙霸王來臨，他為靈界某獨立國度最高統帥，超能力達九成八，大日紅喜歡以晚霞為鐳光盾，大日紅古道熱腸，幽默逗趣，亦為天界之盟友。他知道天界兩千年版的終極解脫福音已經完成，亦知道天界團隊即將有所行動，他提醒我魔界和魔界的盟國已調集龐大軍團全力打擊天界團隊，撒旦的兩大超強軍團「滄海尊龍」、「飛天朱龍」已經全面集結。

大日紅國度的智囊團研發出靈界非常具有知名度的強大武力「銀河騎兵團」，銀河騎兵是兩個天使的合體，一個扮演戰馬，一個扮演武士，並以六道密碼完成合體，銀河騎兵團被魔界視為「麻煩的敵人」。大日紅允諾親自率領四十萬銀河騎兵團全力幫助天界大使團隊傳揚解脫福音。

在三個國度的支持下，天界團隊的保護陣形為：天使長加百列率領一百二十萬最精銳天使軍團以球狀圍繞保護天界團隊，形成一個超大形球狀鐳光盾。右翼則由天使長米迦勒率領的一百二十萬霸王級天龍軍團護衛，米迦勒負責攻擊並掃蕩魔界軍團陣地，以便地府鬼使神差進行「因果轉輪」，讓蓄意阻擋天界大使完成任務的人惡業報提前上場。左翼則由宇宙霸王大日紅的銀河騎兵團，大精靈王百山雄的浮雲守望台，大精靈王安可女神的移動海島，合組一百二十萬天界盟友的最強戰鬥群，左翼的功能是掃蕩魔界軍團對民眾的阻擋，以便民眾能夠接受並實踐天界終極解脫福音。

天界有一條寬敞的「宗教大街」，大街兩邊有許多獨立的大型建築物，這些獨立的大型建築物，均為宇宙各星球各宗教、哲學機構的跨時空實體投射。這些實體投射，與各星球宗教、哲學機構的運作百分百無誤差，想要了解哪個宗教、哲學，只要走進去觀摩，即可知悉一切實景，這些實景包含：教義、儀軌、服裝、飲食、典籍、領導人物、信徒⋯。這些實景不是僅有影像，我們一走進該建築物，便立即跨過時空之門，真的進入該星球之該建築，建築內的人員會以為我們是訪客，我們可以和那些人員直接進行對話，更深入了解各宗派的思維。

大街上僅有一棟建築物是傳講天界純正的解脫福音，這棟建築物命名為「天界之舟」，意義是：「接引迷失於苦海之眾生登船回天界。」天界之舟陳列天界智囊團所設計歷代各版本的終極解脫福音，最新的兩千年版終極解脫福音亦陳列於內。降生人間的天界大使都必須到「天界之舟」上課，課程內容有二個，第一，了解天界智囊團設計的歷代解脫福音。第二，學習最新版的解脫福音。天界大使必須了解歷代解脫福音的原始版本，這樣才能看透各宗派哪些地方被魔界滲透混淆，以便引導各宗派迷失眾生回歸正確定位。不過，眾生見解偏差很嚴重，勢難相信自己所學是魔界偽造的，眾生若有緣親自到「宗教大街」一遊，並到「天界之舟」上課，便知自己的偏差。

許多人以為老子、佛陀、耶穌這幾位教主，是將自己開悟之心得傳講出去，事實上，那些教主所傳講的都是天界智囊團設計好的內容，因此三位教主傳講的核心內容均相同，老子、佛陀、耶穌都到天界之舟上過課。天界之舟雖然設計最新版本的福音，實際上與歷代的解脫福音都差不多，主要內容就是本文經常提及的兩個項目：「定位自己是圓滿的」以及「攝念清淨」，只是歷代名詞及語法運用會有些差異，差異的原因有三：第一，必須適應不同時空背景的人文環境。第二，前一代大使所使用的名詞，已被往後許多學者定義解釋的混淆不清，故不適合再用。第三，人間宗教門戶成見極深，故明顯屬於某宗教之用語，不宜再用，以免觸動門戶成見，影響天界解脫福音傳揚的廣度及深度。

例如：佛陀指導大家念佛號或持咒來攝念清淨，可是耶穌就不能把佛陀那套方法介紹給以色列人，因此耶穌傳講九十七個字的「主禱文」取代念佛或持咒，這就是考慮宗教門戶之見不得已之變通。又例如：老子時代就在傳揚人類都有圓滿的特質，他把這個圓滿的特質稱之為「內丹」，但往後佛陀就不引用老子的名詞，而另創新名詞「佛性」，因道家後人將內丹曲解為「吃仙丹」，歷代皇帝四處尋找高道，要高道煉仙丹給皇帝服用，幻想吃仙丹來達成圓滿的人生、或達成長生不死。故內丹這兩個字的解釋已不再純正，貿然使用，誤會可能不少。

耶穌接棒之後，內丹、佛性這兩個名詞都不用，耶穌是用「生命之光」，這三個名詞的定義百分百一樣，都強調人類已具有圓滿的特質。因為目前若干天主教機構，已經使用生命之光這個名詞，因此兩千年解脫福音專用的名詞將改為「鐳光球」，天界智囊團一再創新名詞，目的就是盡力避免引起宗教門戶之爭，以利解脫福音能夠傳的更遠、更廣。

讀者 Q&A

Q：要如何才能到天界之舟上課呢？

A：天界之舟目前在花蓮、台北、台中各有一個靈修中心，並陸續擴增新的靈修據點，各地靈修中心每週都有舉辦「靈修會」，歡迎民眾到靈修中心參與靈修。每週日晚上則舉辦「全球視訊連線」，透過視訊傳達正確的解脫思想，民眾透過手機或電腦就可上線收看。

第四十回
孟子法音震人心，天河芙蓉展天籟
天界之舟已啟航，冥獅尊王現身影

某日於天界之舟上課，當次課程主講人為孟子，中國人將孟子尊稱為儒家「亞聖」，為僅次於孔子的聖人，實際上在天界，孟子才是儒家的最正宗代表，孟子在人間時已經開悟，而孔子則還沒有開悟。那次聽孟子講課，竟然聽得我感動落淚不已，那可不是傷心之淚，實在是孟子講的精闢之至，我在天界從來沒有聽過哪位高級靈的演講，可以演講到這樣震動人心，孟子實在是開悟的太透徹了，所以才能演講的這麼精闢、這麼精采、這麼動人，孟子絕對有資格名列天界第一名演講大師。

令人振奮的是，孟子亦已降生人間，亦為兩千年天界團隊成員之一，地球人有福了，可以聆聽天界第一名的演講大師演講終極解脫福音。這次天界精選的兩千年天界團隊，陣容非常堅強，堅強程度比起佛陀、耶穌的團隊毫不遜色。團隊成員都是絕頂修行高手，每位成員的功力都與孟子相當，各有特色，都有獨立主持大局的實力。

筆者將孟子於天界之舟演講內容歸納如下，部分內容與時下典籍之記載有出入，但筆者以天界之舟所耳聞為標準，孟子學說可以簡單歸為兩項：

第一項，即為知名的「性善說」。

學者把「性善」解釋為惻隱之心、羞惡之心、辭讓之心、是非之心，簡稱「四德」，學者這樣的解釋限縮了孟子的本意，性善說成為道德教育。實際上，孟子所說的「性善」，指的是「圓滿的本性」，孟子已大徹大悟，孟子知道每個人都具有圓滿的本性，既然是圓滿的，因此每個人什麼都不缺，每個人都是最高境界。孟子發現，本性具有無限的創造力，可以滿足一切願望，因此每個人都是無限富足，能夠無限的富足，才有能力去施捨，故人人才有惻隱之心。

孟子不是道德教條派，硬規定大家憐憫別人，孟子知道，人處於貧窮和困境之中，必然想盡辦法擺脫貧窮和困境，自顧尚且不暇，沒有足夠能力去愛別人，因此務必先找回圓滿的本性，成為無限富足之人，才有能力去愛別人。同理，人處於貧窮和困境中，亦無能力去實踐：羞惡之心、辭讓之心、是非之心…這些道德標準。只要找回圓滿的本性，不但可以擺脫貧窮和困境，圓滿的本性本來就具備一切的道德及智慧，所以可以輕鬆的實踐一切道德，亦有足夠的智慧明察秋毫，絕不會被他人所矇蔽。

第二項，人民第一，打破獨裁及神權。

孟子在西元前三百年左右那種「君主專制獨裁」以及「迷信神權至高」的年代，就提出「人民第一」的民本思想，只有開悟的大師才提得出這般主張，孟子說：「民為貴，社稷次之，君為輕。」孟子把人民的福祉擺在第一順位，打破君主獨裁的偏差思維。孟子這種主張，完全符合天界的實況，萬靈之父耶和華創造的一切眾生，都與自己具備百分百相同的鐳光球，大家都是平等的。孟子並引用尚書太誓篇：「天視自我民視，天聽自我民聽。」亦即，人民的視聽即是上天的視聽，上天重視人民的意見，上天絕不會逼著老百姓奉行上天的指令，孟子徹底打破神棍假借天旨、假借神旨掌控及愚弄人民的荒唐亂象。

以上即為孟子在天界之舟的演講內容，聽完孟子的演講，令我感動不已，孟子不但講的精闢，而且他口才極好，亦擅長運用各種演講技巧，故聽他演講實在是一大樂也。

天界還有一處「仙樂洞」，仙樂洞有類似地球的卡拉OK設備，天界眾靈可以前往仙樂洞聆聽演唱，亦可自行登台演唱。但是其演唱時不像地球以電視播放影片伴唱，在仙樂洞演唱時，會有一班仙女、神仙實地表演，亦有高超水準的天使樂團伴奏，在現場聆聽眾靈演唱，曲曲均是仙樂仙曲，極為動人心弦，令人心曠神怡，享受之至，絕非地球卡拉OK可以比擬。

當日十分幸運，天界第一美麗仙女「天河芙蓉」亦到仙樂洞演唱，她不但是天界第一美仙女，亦是天界首席歌后，聽她演唱一曲，足可解百年之憂，天河芙蓉歌聲中蘊藏無極神力，能以天籟歌聲洗盡眾生之塵勞及顛倒夢想。我於雅座上享受天河芙蓉的歌聲，悠然沉醉於極樂仙境，神清氣爽，智慧清明，百憂俱泯。我心想，如果天河芙蓉願意降世參加天界團隊，以她無極神力歌聲，足以破解魔界「滄海尊龍」萬古獸鳴所帶來的迷離幻境。我正想邀請她，天河芙蓉已經感應到我的意念，她遠遠的向我凝視，含笑對我點頭示意，我明白天河芙蓉願意降世，隨即她與眾仙女邀請我登台一唱，我推辭歌喉不好，不願意登台，故天河芙蓉與眾仙女隨即退席。

雖然天界團隊成員尚未到齊，但天界之舟已經揚帆啟動，而且已經到達台灣上空靈界，天界之舟為地球人帶來了終極解脫的福音，要把地球人都接引到舟上，天界之舟將直達天界，讓地球人永遠脫離苦海，目前天界之舟的首要任務是要找齊天界團隊成員。自從天界之舟來臨之後，撒旦下達六百六十六魔界最高動員令，魔界所有超能力達九成五的宇宙霸王均已待命，隨時可到達台灣上空靈界大鐵球總部，撒旦稱此役為「沉舟之戰」，亦即務必擊沉天界之舟。

魔界盟友—獨立國度聯盟聯合推選的最高統帥「冥獅尊王」也到達台灣上空靈界，冥獅尊王超能力達九成八，冥獅尊王在魔界及其盟國中的聲望僅次於撒旦，亦是靈界四方高峰會議四位代表之一，冥獅尊王的現身，令魔界及其盟國士氣大振。冥獅尊王這個聯盟勢力極為強大，人才濟濟、兵強馬壯，並擁有與滄海尊龍齊名的超強軍團「冥海流星軍團」，冥獅尊王甚少親自現身戰場，此番御駕親征，率領龐大的冥海流星軍團參戰，目的是要擊潰天界團隊。

只要抬頭望天便可看見天界之舟，尚可看見天界之舟周邊壯觀的天界五大護衛軍團，縱然你肉眼看不見，至少你可以看見晚霞，那就是宇宙霸王大日紅的銀河騎兵團。你還可以看見彩虹，那便是大精靈王安可女神的移動海島軍團。你還可以看見浮雲片片，那便是大精靈王百山雄的浮雲守望台軍團。

讀者 Q&A

Q：窮人也能藉著孟子所說的「性善—圓滿的本性」而致富嗎？

A：孟子所說的性善，乃是指眾生只要找回圓滿的本性，即可恢復無限的智慧和創造力來擺脫貧窮和困境，進而過著如意的生活。但眾生之貧窮必然有其因緣，如果是業障所致之貧窮，就不容易擺脫，必須要積極禱告，同時搭配若干必要的行動，方能致富。

第四十一回

地母娘娘賜生機，天界大使點將錄
魔界基因藏肉體，終極開悟致命傷

地母娘娘即是地藏經所稱之「堅牢地神」，是地球生物得以滋生的生命之源，堅牢地神以其鐳光持續照耀地球，鐳光本來即是生命之光，經照射之後，地球開始有生命跡象，萬物得以滋長。我們抬頭看看月球，月球與地球很接近，與太陽的距離也和地球與太陽的距離相當，卻了無生機，其原因便是沒有神靈選擇月球駐留，實際上，月球遠古曾有神靈駐留，該神靈以鐳光照耀月球，使月球呈現生機，因此月球上有人類居住，亦有高度文明，然月球之生靈搞到負面能量絕對大於正面能量，帶來月球毀滅，該神靈亦失望的離開月球，以至於月球目前毫無生機。

說起來，地球人應該感謝地母娘娘駐留地球，讓地球有生機，地母娘娘的宮殿位於地球地殼中心之靈界，地母娘娘便於此中心點放大鐳光，地母娘娘所在之宮殿為一美麗仙境，有各方高級靈前來雲集，地球上所有土地神（土地公）皆為地母娘娘所派遣，故地母娘娘之國度，亦為靈界強盛之國度，地母娘娘與天界友好，地母娘娘為天界之盟友。

一旦地母娘娘離開地球，所有土地神亦將跟隨撤離，除非有其他高級靈願意駐留地球地殼中心靈界，否則，地球的結局便如同月球一樣，成為槁木死灰，毫無生機。天界之舟到達台灣上空靈界，與魔界大鐵球形成對峙之勢，地母娘娘已指示地球所有土地神全力協助天界團隊傳揚終極解脫福音，故各地之土地公廟儼然成為天界團隊的保護所、休息站。

除了地母娘娘協助天界團隊，地球最高統帥玉皇大帝也派遣欽差大臣降生台灣，玉皇大帝只派一位欽差來人間，該欽差為一女性，是十幾世的修行高手，也被地藏王菩薩列入兩千年天界團隊。玉帝之欽差受到嚴密保護，第一層由四天王天的四大天王以四角方陣保護，第二層由三大降魔帝君：玄天上帝、關聖帝君、鍾馗帝君以三角陣形保護。欽差大臣手執「擎天大令旗」，令旗一揮如玉帝聖旨，忉利天、四天王天、地府、城隍、四海龍王所有大小官署均奉令辦事，千軍萬馬咸來相會。

天界有一條大河，名曰「彌天大河」，大河之水湛藍放光，能量超高，只要走近大河，除享受奇麗美景，更因超高能量，便可心曠神怡。彌天大河之水由虛空無極天界而降，垂直狂瀉，萬古不絕，河寬一望無際，河道如遊龍，可隨意變換河道。彌天大河周邊有無數神駿雙翼白馬飛翔其間，飛馬潔白放大光，彌天大河與無數飛馬，均為「安潔斯女王」所管轄，安潔斯女王為一小仙子，心靈清澈如水，無塵垢之染，頭戴珍珠小王冠，身披金色披肩，披肩衣領處鑲有各色寶石，手持銀色小權杖，權杖頂端亦鑲有各色寶石。

以宿世因緣故，經地藏王菩薩邀請，安潔斯女王亦下凡降生人間，成為兩千年天界團隊成員之一，安潔斯女王身邊有許多神駿飛馬圍繞護衛，實際上這些飛馬均為天使所變化，戰鬥力很強大，安潔斯女王權杖一揮，即可調集彌天大河龐大飛馬軍團前來，故安潔斯女王亦是天界團隊的超級強棒。

天界有一處宮殿名曰：「月光仙宮」，昔日唐玄宗夢遊之月宮即為此處，月光仙宮當時曾以樂曲以及仙女跳舞款待唐玄宗，月宮之樂曲極為動人，絕非大唐皇宮樂曲可以比擬，故唐玄宗夢醒後，命令音樂家將其在月宮所聞之音樂譜成「霓裳羽衣曲」。月光仙宮之主人為「月光仙子」，月光仙宮外方圓數萬里有無量天龍、鳳凰遊戲天際，所有天龍、鳳凰均放七彩光，異常祥瑞，一切天龍皆能普降甘霖、澤披蒼生。所謂「雲從龍，風從虎」，月光仙宮之外祥雲片片，雲霧裊裊，實乃一奇麗仙境也。

月光仙子皮膚皎潔放光、心性柔和慈悲，喜好關懷苦海生靈，故自許為黑夜中之明月，以其大悲心故，受到無量天龍、鳳凰擁護，流連月光仙宮不去，月光仙子與仙宮之眾仙或騎龍、或乘鳳、或踏雲，快意遨遊天界，無憂無慮，並四處度化苦海生靈。以宿世因緣故，月光仙子亦受地藏王菩薩邀請，降生人間加入兩千年天界團隊，月光仙子身邊有許多天龍、鳳凰護衛，月光仙子可隨時下令調遣大量天龍、鳳凰軍團，所有天龍、鳳凰均有強大戰鬥力，故月光仙子亦為天界團隊超級強棒。

天界有一高級靈，名曰：「小龍女」，小龍女為龍王之女兒，八歲時聽文殊師利菩薩講解法華經，當下頓悟成佛，小龍女悟性之高，不僅為水族生物之奇蹟，就算在人間，也屬罕見。以宿世因緣故，小龍女亦接受地藏王菩薩之邀請，降生人間參加兩千年天界團隊，以小龍女高超悟性，並有頓悟成佛之經驗，定能幫助眾生開悟，故小龍女亦為天界團隊強棒。

前一次地球毀滅之後，大量的亡靈在地球表面流浪，後來地府設一「陰間」來收留這大批亡靈。等到地球漸漸恢復適合人類居住之時，天界之靈以及魔界之靈都創造了許多的人類及動物，讓陰間大批亡靈可以開始進行輪迴。由於新造的肉體有魔界作品，故人類基因有一些魔界蓄意留下的瑕疵，這個瑕疵基因不但影響身體健康，也讓人迷戀紅塵、難以開悟。後來天界及魔界所造的人類通婚，所生下來的後代都遺傳到魔界的瑕疵基因，是故，絕大多數的人類難以開悟，魔界的瑕疵基因，是人類開悟解脫的致命障礙。

天界密切觀察降生人間的天界大使成長情況，若干大使尚受到紅塵影響，或是受到傳統宗教影響，經常以紅塵中人之見解分析事情，或引用現有宗教之觀點決定對錯，實際上，如果紅塵之觀點正確，如果現有宗教可以助人達成終極解脫，天界何必派大使團隊降生人間呢？佛陀、耶穌都不採用當時流行的任何典籍作為教材，佛陀、耶穌都是採用天界之舟所設計的內容作為教化。如果佛陀或耶穌團隊成員，不能體解佛陀、耶穌之用心，反而奉勸佛陀或耶穌參酌當時流行之作風修正教化，足證他們仍受到魔界基因影響、尚在迷失狀態。

天界會等他們成長，但是若等太久，他們仍然以紅塵眼光為準、仍然以現有宗教作風為模範，天界只好放棄他們，自有預備人員補上，以免貽誤重要任務之執行。

讀者Q&A

Q：魔界的瑕疵基因會有哪些特性呢？

A：魔界基因深入人類的DNA，影響腦細胞之決策，魔界基因有三大特質：「懷疑」、「自私」、「物質化」，此三毒使眾生疑神疑鬼，否定自己本來成佛的事實，又使眾生自私自利、喜好排他佔有，致使鬥爭不斷，又使眾生迷戀於五欲感官之樂，遠離靈界的故鄉，又遠離心靈的無極神力。因此，眾生很難開悟、又軟弱無力，百千萬劫困於苦海輪迴，終究不得解脫。

第四十二回
神仙家庭隱地球，度人不靠顯神蹟
誠懇開悟無僥倖，通靈難解因果業

天界有些神仙直接變化成人類居住於地球，這些變化成人類的神仙，或一人獨居，或組成一個家庭，如果是組成一個家庭，就是好幾個神仙共同下凡地球組成神仙家庭。神仙都是大自在解脫，所以愛住在何處都是自由，只是到地球來居住，要注意不可驚擾地球的秩序，尤其神仙要實施神通變化，務必選擇無人可見之處實施。實際上，這些限制都是魔界要求的，因為地球百分之八十的人民都被魔界管轄，如果人民看見神仙神通變化，極易追隨學習，萬一都習得解脫之道，就脫離魔界管轄。是故，如果天界堅持依靠神通吸引眾生，魔界必如法炮製，魔界高級靈可輕易變成佛陀或上帝，吸引大量人民加入魔界的機構，所以天界已不再依靠神通度人，以免魔界如法炮製。

神仙如果只是暫時來地球居住，就不必向戶政事務所申請身份證。可是若決定長期居住，那就得有張身份證才行，在戶政機關也要有戶籍資料，甚至某大學也得有此神仙就讀記錄。神仙沒有透過出生程序，也沒有去讀大學，這些資料都是神仙直接輸入地球各機關的電腦系統，或直接放入各機關的資料庫。有了完整的資料，就不會成為「偷渡客」。

在台九線某處路旁，就有一個神仙家庭，筆者曾前往拜訪，這個神仙家庭所有成員都是神仙變化，外表平凡無奇，但關起門來沒有任何民眾看見之時，他們就顯出真身。筆者成長過程受到這些隱居於人間的神仙照顧提攜甚多，目前這些神仙家庭亦暗助兩千年天界團隊。至於在台灣有多少神仙家庭，這些神仙家庭的地址，皆屬天機，不足為外人道也。

對於一個找到自己鐳光球的解脫者來說，生活方式真是多彩多姿，一切均自在隨心，除了來地球居住，想去地獄居住也行，解脫者可以在地獄烈火中造出飛瀑流泉及綠草如茵的美麗家園，鐳光球沒有辦不到的事。縱然在天界最高層鐳光強烈普照之處，解脫者亦可創造一個永夜世界，在這個永夜的世界，處處是月光、星光、螢光、燭光，就用這些光來照亮他的永夜世界，鐳光球照他一切所願成就，鐳光球沒有辦不到的事情。

兩千年終極解脫福音，就是幫助大家找到自己的鐳光球，只要找回自己的鐳光球，就等於找回自己一切的幸福，不用求人，不用看人臉色，這樣才有尊嚴，縱然想行善助人，找回自己的鐳光球之後，才有足夠的實力助人。許多民眾不尋求自己的鐳光球，卻求助於通靈人，談到通靈人，奉勸讀者少接觸為宜，與通靈人相通之靈，幾乎皆為亡靈或是些厲鬼精怪，鮮少通靈人能和天界之靈相通，若以量化指標，至少九成通靈人均和亡靈或厲鬼精怪相通。

何故通靈人幾乎都是和亡靈相通？因為地球上的通靈人來歷十分怪異，第一種人，是忽然就通靈，至於怎麼忽然通靈，他們自己也搞不清楚，頂多說：「神明找上我。」第二種通靈人，是到宮廟神壇受短期訓練，通常不用一年，就可以替人通靈辦事。時下通靈人幾乎都是前兩種，無論是讓人忽然通靈，或是讓人經過短期訓練即通靈，那都是亡靈的作風，天界高級靈不會那樣做。天界高級靈乃是指導人開悟證道，經過一個穩定的修行過程，開悟不透徹者、或意念散亂者，不可能有神通，其間毫無僥倖及捷徑。

亡靈或是精怪能提供通靈人準確的情報，讓民眾非常崇拜，因此門庭若市。可是，亡靈或精怪僅能在人間查資料，天界或地府的資料，他們就查不到，因為他們無能力上天界，也沒有權柄翻閱地府文書，而且對於未來的預測能力很弱，準確度不高。若干亡靈精通算命，就可以提高未來的預測準度，可幫助民眾推算未來。少部分通靈人能與高階的魔互通，那些魔十分厲害，有能力讀取民眾鐳光球的資料，因此可以洞悉民眾前世及今生所發生的許多事，而且預測未來的能力也不俗，這種通靈人很容易成為知名大師。

民眾求助通靈人，無非是想「求取速效」，盼望通靈人指點迷津，或協助快速越過難關。但是，依地府的規劃，每個人的一生際遇大約百分之八十都是在承受因果報應，亦即百分之八十的難關，通靈人不可能解決。因此，如果通靈人不尊重因果法則、不引導民眾老實修行及懺悔，反倒誇口自己消災解厄的能力，那通靈人八成是個神棍。與其找通靈人解決難關，不如自己虔誠持續的禱告，又能專心念佛號收攝意念，又能定位在自己的鐳光球上，「禱告＋念佛＋定位」，這種三元合一的力量對於清償業障、改善人生命運的效果極佳。

讀者 Q&A

Q：人間有部分團體宣稱，通靈師父能夠為弟子背負業障。請問這樣的做法是可行的嗎？

A：如果眾生的業障可如是處理的話，天界早已於萬古前派高級靈下來背負眾生的業障，解決眾生之苦，好讓地球眾生悉皆歸天。往昔所造諸惡業，解鈴還須繫鈴人，業障是一種過去負面能量的累積，能量不會憑空消失，若想要消除負能量，就必須創造正能量來抵銷。準確開悟 + 積極禱告 + 認真念佛，此三種方法能創造強大正量，對於業障的清償、正量的累積具有顯著之效，但願讀者能心生實信、著手努力實修，切莫貪圖捷徑。

三元合一

兩千年終極解脫福音
「三元合一：定位、禱告、念佛」

定位 · 禱告 · 念佛

定位：於自己圓滿具足的鐳光球

禱告：如同練劍，專注、持續，累積能量

念佛：收攝意念，萬里無雲

第四十三回
鋼甲戰艦成天舟，聖龍大帝蝕心波
詳述新解脫福音，有緣得見當珍惜

在台灣上空靈界的天界之舟，原本是一棟木製房屋，近日天界將木製房屋變成一艘鋼甲超大型戰艦，這艘戰艦有好多寬敞舒適的房間，這些房間都是為地球上的眾生所預備，期待有緣人能登舟。天界之舟變成鋼甲戰艦，乃是因應魔界近日的動員，魔界動員的層次極高，除了之前撒旦、冥獅尊王兩巨頭親臨台灣上空靈界大鐵球總部，另一位獨立國度聯盟推選的代表「聖龍大帝」也於近日親臨大鐵球總部，目前魔界三巨頭已經全員到齊。

聖龍大帝亦為靈界四方高峰會議成員之一，聖龍大帝所代表的獨立國度聯盟與冥獅尊王所代表的獨立國度聯盟實力相當，聖龍大帝之聲望在魔界及其盟國中僅次於撒旦及冥獅尊王。聖龍大帝超能力高達九成八左右，他親自率領龐大的「天光白龍軍團」進駐大鐵球總部周邊靈界。

天光白龍軍團亦為靈界極富盛名之超強軍團，天光白龍軍團正如其名，散發純潔白色大光，軍容極其莊嚴殊勝，凡夫望之必然迷惑，以為是天界的軍團。天光白龍軍團除了外觀令人迷惑，尚有極強大的鐳光攻擊力，更能發射恐怖的「蝕心電磁波」，蝕心電磁波能使人類或動物的腦神經產生幻象、夢魘、暈眩及引發病變，亦能造成意志消沉、慵懶無力、心煩意亂，此時最易執著紅塵五欲、說錯話、做錯事，甚至出車禍。

天光白龍軍團的蝕心電磁波再加上撒旦的滄海尊龍軍團所發出的萬古獸鳴，不用經過大戰即能輕易迷倒地球芸芸眾生，恰如兵法所云「不戰而屈人之兵」，實在是非常麻煩的兩支軍團，聖龍大帝才到達大鐵球總部，立即對天界團隊展開數波攻擊，造成天界團隊若干損傷。除了魔界三巨頭全員到齊，三巨頭最菁英的智囊團均也到達大鐵球總部，魔界大智囊團研究出千變萬化的複雜密碼保護訊息之傳送，故要破解複雜密碼，洞悉魔界之行動，需要一些時間，一旦破解成功，可能災情已發生，造成天界團隊不少困擾。

魔界大智囊團設計的複雜密碼，各宗教頂尖修行者亦難以破解，那些通靈大師更是毫無破解能力，故地球人民完全不知道魔界的行動，仍在安逸過日子，頗似詩云「商女不知亡國恨，隔江猶唱後庭花」，只有找到鐳光球的解脫者才可能解碼，但因密碼太複雜，解碼需要一些時間。因應魔界三巨頭及其智囊團，亦是為了破解千變萬化複雜的魔界密碼，天界七大軍師亦進駐天界之舟，七大軍師一向於天界樞機重地與天界大智囊團研究普度眾生方案，還設法破解魔界的各種行動。

七大軍師很少同時出動，可如今七大軍師到齊，天界之舟也改變結構成為鋼甲戰艦，此即表示天界保護天界團隊健康及安全的決心，以利天界團隊順利傳揚兩千年版的終極解脫福音。

＝＝＝＝＝＝＝＝＝＝＝＝

天界智囊團設計的兩千年版終極解脫福音分為「一世解脫」、「印心授記」、「三元合一」三個部份，茲分別詳述如下：

第一：一世解脫

只要願意接受解脫福音，並且認真著手實修者，今生必可達到解脫，不必再經過輪迴。若尚未達解脫之境，但生命即將結束，亦可為其延壽，使其今生可以解脫。如果個人累世根器甚佳，甚至於可能在三至五年內達到解脫。

第二：印心授記

只要願意接受解脫福音者，天界大使將為他「印心授記」，於此人身上留下一個印記，此印記係天界贈送的禮物，此印記有三個效果。

一、**天界護衛**。授記之後，天界之靈將於此人身邊終生護衛，盡力排除其人生障礙。

二、**速證解脫**。天界之靈如同老師，時刻在身邊提醒教導，使此人速證解脫。

三、**禱告強效**。只要不違背因果法則的禱告，天界之靈會盡力實現此人的禱告。

第三：三元合一

「三元合一」係指兩千年版終極解脫福音的修行方式，修行方式分為三個部份：

一、定位

☆相信眾生都具有一顆圓滿的鐳光球。
☆相信鐳光球能夠實現我們一切的願望。
☆以找到自己的鐳光球作為人生第一目標。

以上三個項目我們至少每天定位一次，能定位多次當然更佳，所謂定位，就是提醒自己深刻記住那三個項目，要把那三個項目內化成我們最基本的思維，正如同我們知道口渴就要喝水、累了就要休息。

定位，是天界智囊團最新設計的「解脫超級利器」，人類歷史上從未有哪個宗教團體將定位作為修行的首要方法，這是一個嶄新的修行方法。

鐳光球是一個超高級智慧體，鐳光球會自動將我們導航到定位點，鐳光球也會依照我們的定位自動現身，對於達成解脫，定位比靜坐、念佛、禱告的效果更好，所以說定位是「解脫超級利器」。

因此，我們不需要辛苦的修行，也不會因為修行而影響工作和生活，只要始終維持明確的定位，就是在修行了，遲早會達成解脫。但是，如果想要更快速解脫，除了定位，還要再加以下兩項。

二、念佛

念佛法門，是兩千六百年前天界智囊團設計的解脫利器，透過當時的天界核心大使一釋迦牟尼佛傳給世人。由於念佛法門對於完成解脫，亦具有強大功效，故我們目前仍然兼採此法門。

專一默念「地藏王菩薩」聖號，除了上班、上課以及其他必須起心動念的情況，其餘時間則專心的持念地藏王菩薩。靜坐時念，走路時念，搭車時念，睡覺時念，將滿腦子的胡思亂想以地藏王菩薩這五個字取而代之，漸漸的會養成一種習慣，一切雜念皆被降伏，內心一片清淨法喜，了無牽掛，自在無憂，此時將加速鐳光球的現身。

念聖號時，每個字皆清晰的念，而且以很穩定的速度念，如果決定一秒鐘念一個字，那就維持這個速度，如同星球運行那樣的穩定，如此可以培養禪定的工夫，漸漸的，可達堅固禪定，八風吹不動，端坐紫金蓮，魔界任何的騷擾，皆難以亂我心。

念聖號時必蒙天界之靈圍繞護衛，與印心授記之功能，實乃相得益彰，甚至地藏王菩薩亦會親自現身護衛。聖號念到爐火純青時，吾即是地藏王菩薩，地藏王菩薩即是吾，已經和地藏王菩薩合而為一。

地藏王菩薩是天界最高統帥，故持念其聖號最具有代表性。若個人喜好念其他聖號，只要是超能力達百分百的高級靈聖號皆可，例如：耶穌基督、觀世音菩薩、阿彌陀佛、藥師佛⋯均可。

三、禱告

禱告，是公元元年天界智囊團設計的解脫利器，透過當時的天界核心大使—耶穌傳給世人。由於禱告對於達成解脫，改善生活均具有很好的功效，因此我們目前仍然將禱告列為修行重要方式。

將自己的心願透過禱告向地藏王菩薩訴說，什麼願望都可以禱告，大事小事都可以禱告，為家人禱告，為朋友禱告，為祖先禱告，為亡靈禱告，為自己禱告，為路見不平禱告，為可憐的小動物禱告，為大樹禱告，為花草禱告、為國家禱告。

心煩意亂時，請地藏王菩薩安定我的心。心情難過的時候，請地藏王菩薩安慰我。被欺負的時候，跟地藏王菩薩申冤，請地藏王菩薩為我討回公道。被外靈附身時，請地藏王菩薩清除我身上的外靈。想念某人時，就請地藏王菩薩安排相見的機會。

還為自己達成解脫禱告，為天下蒼生得以解脫禱告，為兩千年版的終極解脫福音能廣傳到天涯海角禱告，為辛苦的天界團隊禱告。將禱告生活化，養成與地藏王菩薩對話的習慣，禱告如同練劍，愈練劍法愈厲害；禱告亦如是，愈能經常禱告，禱告功夫將愈高超，我們禱告的事項將一一實現，我們每天都在歡喜收割禱告的成果，至終，我們將駕著自己禱告出的解脫祥雲飛回天界。

禱告的力量是神奇的，我們為一百人禱告，不但那一百人蒙福，而且那一百人的福，也同時降臨在自己身上。如果我們為一千人禱告，那一千人的福全部降臨在自己的身上，那是多麼大的幸福啊！

禱告還有一個神奇的力量，你為誰禱告，那個人會對你特別有好感，如果你長年累月的為他禱告，你們一定可以成為知心的好友。所以我們可以為仇敵禱告，讓對方漸漸增加對我們的好感，必然有一天，一笑泯恩仇，仇敵成為朋友。

＝＝＝＝＝＝＝＝＝＝＝

以上即為天界智囊團設計的兩千年版終極解脫福音，有緣讀此文章者，皆為宿世善根深厚，今生有解脫之機會，至盼讀者能相信並加以實修，亦盼來日有緣，讀者能與天界團隊見面，得印心授記。讀者經歷百千萬劫之輪迴，今日有緣讀到天界正宗解脫福音，亦有緣得見天界團隊，至盼讀者珍惜此緣，莫待緣盡空嘆息。

讀者Q&A

Q：請問面對來勢洶洶的魔界三巨頭，我們平時該如何自保呢？

A：想自保，務必要「開悟」，開悟即是「能覺察並深信」眾生本來成佛的歷史真相，開悟的瞬間，自身的無極神力同步啟動，佛性開始強大的導航我們的人生，如果又能禱告不懈，如此方有可能擺脫魔界的封鎖。此外，三巨頭在紅塵佈滿向下的拉力，建議讀者可參與天界之舟的靈修會，大家一同修悟成長，如此更能有效抵擋魔界破壞開悟，而成就終極解脫。

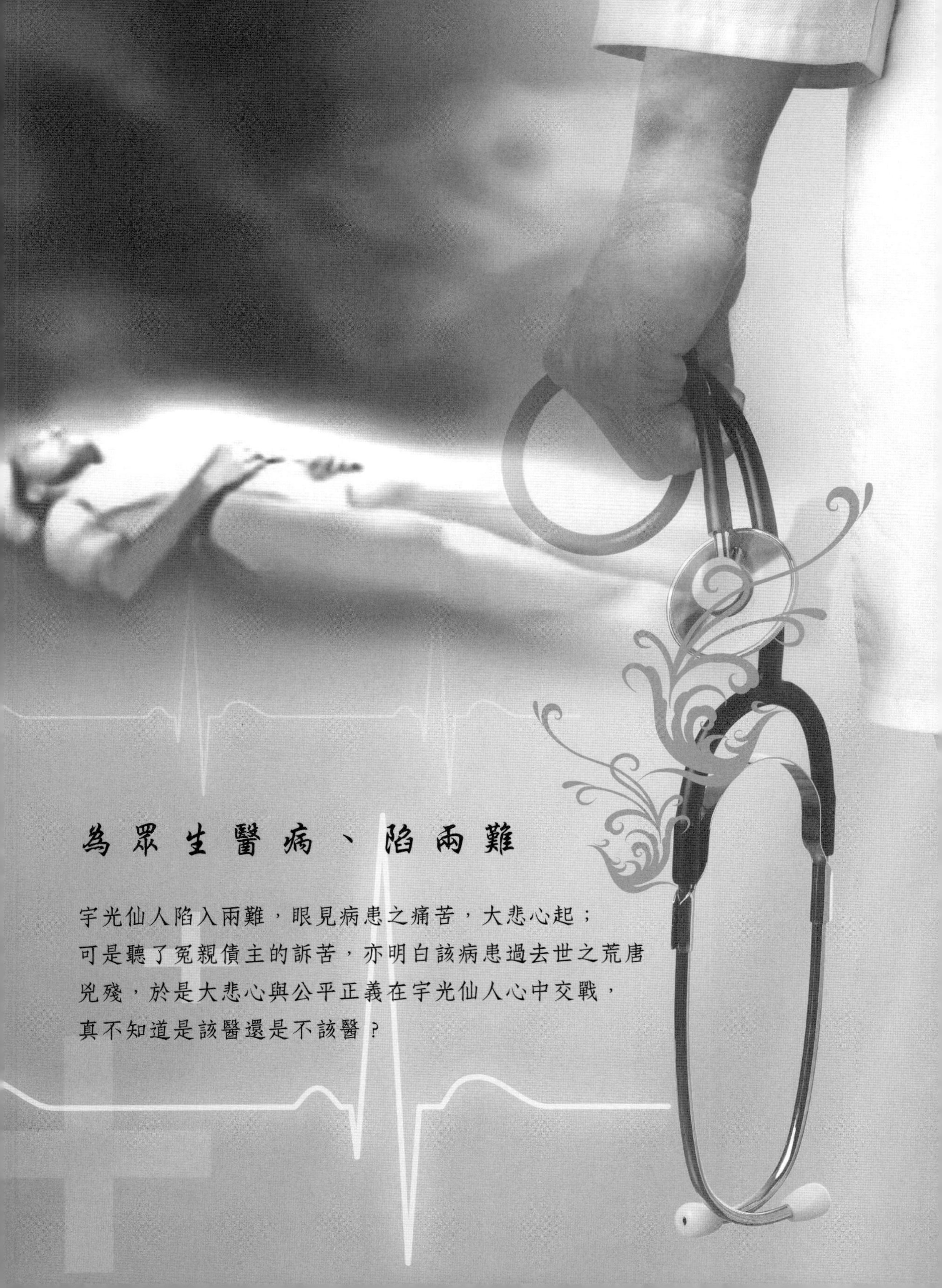

為眾生醫病、陷兩難

宇光仙人陷入兩難，眼見病患之痛苦，大悲心起；可是聽了冤親債主的訴苦，亦明白該病患過去世之荒唐兇殘，於是大悲心與公平正義在宇光仙人心中交戰，真不知道是該醫還是不該醫？

第四十四回
印心授記十一人，七大軍師七方案
普度眾生苦差事，一代神醫降世間

二〇一二年六月十日星期日，天界團隊在人間開始為眾生印心授記，第一批為十一人印心授記，此印記為天界最高統帥地藏王菩薩贈送的禮物，天界之靈必定終生護衛，縱然被印心授記之人在解脫之路上退卻、冷淡，天界之靈亦終生護衛，設法讓此人登上天界之舟，人可能因為時空環境的變遷而改變，但天界是誠信的，是永不改變的。

印心授記當天清晨宜蘭外海發生六點五級強震，下午印心授記結束之後，立即又發生地震，此乃天界擂起戰鼓，戰鼓之聲震動大地，向魔界以及世人宣示，天界團隊的實力足以震動大地，亦宣示天界兩千年解脫福音團隊開始普渡蒼生。天使長加百列於印心授記前一週，將訊息傳給天界團隊，七大軍師預測天界團隊將遭破壞，實體建築物之建築將延誤。為了不耽誤普度眾生的進度，七大軍師將傳揚天界解脫福音的平台，由實體建築物轉進「網路世界」。

為因應變局，天界的行動方案也立即變更為「第三行動方案」，目前天界共預備七套行動方案，只要局勢有變化，立即變更行動方案，天界有把握突破魔界的封鎖及破壞。擔任天界大使是份苦差事，天界大使真心傳揚解脫福音，卻得忍受世人的拒絕、輕蔑、破壞，還要承受魔界的攻擊，因此許多修行高人寧願隱居不理世事，不願意接下天界大使的棒子。可是，沒人願意接棒，如何還原終極解脫真理呢？故歷史上還是有許多修行高人，願意忍辱負重，勇猛的站在最前線，降生人間承擔天界大使這份苦差事。

爾後印心授記之方式，將不分時間地點，只要民眾願意接受兩千年版終極解脫福音，天界團隊當場為之印心授記，經過授記之民眾，將如同黑暗中之明星放光，引導身邊的親友一同追求終極解脫。天界雖然已將行動計畫變更為第三方案，但未來仍將建築實體靈修中心，靈修中心的建築物將被一百二十萬個超能力達百分百的最高級天使以超大型球狀團團圍繞，由於每位天使超能力均達百分百，故鐳光強度均是最高等級，天界將以最強大、最燦爛的生命之光吸引民眾前來，凡進入靈修中心之民眾，均得到生命之光的滋潤，心裡及生活上的重擔均會減輕甚至消除，同時在強烈的生命之光的照耀之下，也容易開悟。

由於兩千年版的終極解脫福音係從天而降，並非基於某人心願的實現，故靈修中心的建築以及未來之營運，絕不主動進行募款，亦不傳達捐款可得功德之慫恿，所需款項天界會尋覓「有心人」自願捐助，一切都在自願的基礎上進行。每個人都有無所不能的鐳光球，若能妥善運用鐳光球的超能力，必能成全自己所有的心願，不必依賴捐款來實現心願，花錢可以增加福報，但是絕對不可能因此達成解脫。

天界靈修中心是一個釋放生命之光、釋放愛、釋放終極解脫真理的中心，「給予」就是靈修中心的特色，靈修中心不會對天下蒼生索求什麼，靈修中心對蒼生的唯一期待是：

「請接受終極解脫福音，並請著手實修。」靈修中心絕不虛耗民眾的時間、金錢、勞力。

天界有一處社區名曰「香華」，香華社區所有房舍均為古樸之木造房屋，每棟房屋均富特色，佔地面積極廣，所有房屋選用之木料均為上好材質，比台灣檜木品質高無數倍，又能散發悅人之清香，聞之令人心曠神怡，百憂俱泯。該社區群仙雲集，來往頻繁，與人間祥和之社區無異。

香華社區有一仙人精通醫術，該仙人名曰「宇光」，宇光仙人於人間數次輪迴皆為名震江湖之名醫，亦曾多世被歷代皇帝召入皇宮擔任大內御醫，醫術已達登峰造極，幾乎沒有疾病無法治癒。忽有一日於醫治某病患的重大病症之時，竟然有冤親債主於病患身上發出聲音，請大御醫切莫干預冤親債主與病患之間過去世的恩怨情仇。

冤親債主除了勸請宇光仙人勿干預，甚至詳細說明該病患如何傷害冤親債主，還說明此病症經地府判官核發「索討令」。宇光仙人聞後極為震驚，方明白因果之不可思議，原來許多重大疾病係因果業障所致。

自從可以聽到冤親債主的聲音，宇光仙人陷入兩難，眼見病患之痛苦，大悲心起，自己有能力醫治，更願意醫治；可是聽了冤親債主的訴苦，亦明白該病患過去世之荒唐兇殘。於是大悲心與公平正義在宇光仙人心中交戰，真不知道是該醫還是不該醫？後來宇光仙人決定尊重因果，忍痛不醫治那些陷於重大病苦之民眾。

宇光仙人決定尊重因果，拒絕醫治某些病患，引起許多民眾的指責，皇親國戚的病情對宇光仙人更是為難，醫不好可能被殺頭，只好逆著因果法則，不理會冤親債主的訴苦，強制進行醫療，因此宇光仙人自知干預許多因果，破壞宇宙的公平正義，將來對自己的人生將有極惡劣之影響，因此不免憂心。

後來宇光仙人託病引退，棄醫修道，決定追求跳脫因果糾葛不清的輪迴苦海，經過十餘世的修為，宇光仙人大徹大悟達到終極解脫。以宿世因緣故，地藏王菩薩邀請宇光仙人參加兩千年天界團隊，宇光仙人欣然同意，目前亦已降生人間。

地球上有許多難醫的疾病，宇光仙人降生之後，以其高明的醫術，必能紓解眾生諸多病苦，加上宇光仙人有十多世的修行功底、禪定功深、又已大徹大悟，故宇光仙人亦為兩千年天界團隊之強棒。

讀者 Q&A

Q：修行三元合一是不是一定要經過印心授記的程序呢？

A：未必要印心授記，印心授記是地藏王菩薩贈送眾生的禮物，有助於眾生在實修的過程更加得心應手。只要眾生認真實修三元合一，縱然未接受印心授記，亦能對人生有顯著的改善。（詳見本文第四十六篇）

第四十五回
親密良朋助普度，無邊雲海藏龍王
天靈河畔委重任，網路平台功效佳

筆者之修行歷程，第一時期由耶穌基督教導，第二時期則由地藏王菩薩教導，雖然尚有諸佛、眾仙的護念加持，可是在筆者心中，耶穌基督和地藏王菩薩是最重要的兩位師父，也是最親密的兩位朋友，未來於普度眾生的工作上，還需要這兩位親密好友鼎力相助。耶穌曾贈與筆者一位貼身守護的最高級靈，名為「無極神龍」，無極神龍係天界最古老之萬龍之王，萬龍之王有一伴侶，名為「太虛神凰」，太虛神凰為萬凰之后，亦為超能力百分之百的最高級靈。無極神龍隨時在筆者身邊，太虛神凰則常處於天界「天靈河」遠方上空的「無邊雲海」之內。

天靈河為天界最古老的河流之一，河寬一望無際，筆者在天界即曾居住於天靈河畔，天靈河之水清澈見底，能量絕高，方圓萬里即可感受天靈河水之能量，其能量給人極為清甜的感受，亦有深遠雋永之清香，一切生靈只要接近天靈河萬里遠之地，便可洗盡塵勞，思維解脫第一義諦，即至天靈河畔，更易大徹大悟，證得終極解脫。

天靈河中有諸多生物遊戲其間，均能自在變化，或於水中，或離水飛翔於空中，或為魚、或為蝦、或為飛鳥、或為蝴蝶、或為童子、或為少女、或為天使、或為老仙，天靈河中一切生物均如是自在變化，一切生物均極為親密。無極神龍與太虛神凰之居處無邊雲海，位於天靈河西北方數千里遠之地，偶而無極神龍與太虛神凰會從其居處雙飛至天靈河上空遊戲，無極神龍與太虛神凰身形超巨大，比兩棟一〇一大樓巨大多了，毛羽鱗爪均至為俊美，龍吟凰鳴之聲悠長深遠又震動大地，通體金光普照，周身鐳光盾閃閃發光，隨其飛舞捲起萬里雲煙，雄壯之威勢足稱霸王。

無極神龍與太虛神凰雙飛來臨之時，筆者總覺得很頭疼，因為他們倆實在太巨大了，又不肯變身縮小，他們倆用那超巨大的身形圍繞筆者身邊玩耍，幾乎就要撞倒筆者，更時常頑皮的作勢要衝撞筆者，著實令筆者頭疼不已。天靈河內所有生物看見他們倆雙飛而來，總是立即清場，紛紛消失。

某日地藏王菩薩及耶穌至天靈河登門拜訪筆者，邀請筆者參與天界團隊，筆者一再推辭，自認能力不足，但實在禁不住兩人之遊說，而勉強答應扛下此任務。筆者不便再推辭的原因有二，其一，欽佩地藏王菩薩之大願「地獄不空誓不成佛，眾生度盡方證菩提」，其二，欽佩耶穌為了傳揚解脫福音被釘十字架殉道而死。但，地球是魔界的勢力範圍，地球眾生非常難度化，故與地藏王菩薩及耶穌談妥兩點：第一，將來地藏王菩薩及耶穌必須全力協助，萬萬不可稍微鬆懈，恐怕稍一不慎，天界團隊便被魔界吞噬。第二，地球眾生非常難度化，萬一任務失敗，請勿見怪，並速將筆者收回天界。

這兩點要求，地藏王菩薩及耶穌皆欣然接受。地藏王菩薩還贈送其權杖給筆者，此權杖代表天界最高統帥地藏王菩薩的權柄。耶穌則把天靈河附近無邊雲海那頭頑皮的無極神龍收裝於珊瑚紅的玉錦盒內，贈送給天道百世，有此無極神龍護身，當可保平安，無極神龍一呼喚，太虛神凰也會立即現身投入戰局，有無極神龍、太虛神凰兩位超能力百分百的萬古神王護身，足以保護筆者的安全。

雖然當初在天靈河畔，大家談好任務萬一失敗亦勿見怪，但大家總是希望任務要成功，誰也不願兵敗回天界，那實在無顏見天界父老。天界七大軍師已將天界解脫福音傳揚的平台轉進至網路世界，網路世界是便宜又傳遞迅速的媒介，只要網路運用能力好，就能發揮很好的普度眾生效果，而天界團隊的成員，除了心地清純、悟性極高，又有很強的網路應用能力，深信在天界軍團的強力護佑之下，天界團隊會有很好的表現。

讀者Q&A

Q：地藏王菩薩和耶穌基督是否會參與兩千年的解脫總決戰呢？

A：一定會參加。地藏王菩薩之精神乃是「我不入地獄，誰入地獄」，耶穌的精神乃是「願意上十字架為眾生而死」，兩位都是捨己成人的典範，只要有眾生的地方，就有他們的身影，萬古以來他們參與無數普渡大戰，如今天界團隊正在地球展開普渡，任務既艱困又繁重，他們兩位不可能袖手，必然親自參與。

第四十六回
印心授記各要項，磁波幻境亂解脫
筆者對話聖彼得，眾生業重真難度

近日筆者接獲許多讀者來電或留言，提問關於「印心授記」之事，故於此再詳加敘述：

第一、印心授記之對象：必須能接受本文第四十三篇兩千年版終極解脫福音，至於是否開始實際修行，則非重點，只要能接受，即可為之印心授記。

第二、印心授記之方式：必須現場當面印心授記，無法以視訊或虛空中印心授記。

第三、印心授記要花多少時間：五分鐘以內。

第四、印心授記的位置：天界大使以右手按在民眾頭頂四個點與及眉心一個點。

第五、印心授記的費用：免費。

第六、印心授記後的義務：印心授記是地藏王菩薩贈送的禮物，既然是禮物，自然毋須負擔任何義務。只希望民眾印心授記之後能實修兩千年版終極解脫福音，更期待民眾除了自己實修，又能推廣給親友。

第七、印心授記後的感覺：印心授記之後，天界高級靈會終生守護在身邊，但高級靈的目標是要幫助世人解脫，因此民眾若沒有實修解脫福音，將不容易感受到天界之靈的存在。反之，若願意實修，將會很清楚的感受到天界之靈的高能量。

第八、印心授記是否必要：只要依照兩千年版終極解脫福音的「三元合一」修行即可，不一定要印心授記，印心授記只是增加修行者追求解脫的力道。

魔界茲擾民眾無法開悟的方法很多，三巨頭之一「冥獅尊王」的秘密武器之一即是「冥海流星震波」，此震波將鑽入民眾的心靈，使民眾產生幻境。此幻境有五：一、修行偏誤而不自知。二、對人事物產生誤判。三、看見魔所化身之佛菩薩。四、五欲執著更為熾熱。五、意志消沉沮喪。除了產生前述五種心靈幻境，身體也會莫名不舒服，幻境加上身體不舒服只要持續一個月，該民眾可能就迷失解脫定位了，而且拖延愈久，迷失愈深，這樣的人就很難度了。

關於度人的困難，筆者曾與聖彼得對話，聖彼得提供不少寶貴經驗。耶穌釘十字架歸天之後，聖彼得取代耶穌的位置領導天界團隊（十二使徒），當時聖彼得必須面對民眾的「軟弱、不信、退步、誤解」，其餘使徒也因為耶穌的死，而陷入驚恐，深怕又被獨裁政權追殺，故多位使徒決定「辭職不幹」，十二使徒幾乎瓦解。聖彼得也陷入驚恐，但他確信耶穌所傳的解脫福音是正確的，也知道自己身為十二使徒之首，責任非常重大，故聖彼得痛下決心：「只有殉道的使徒，沒有投降的使徒」，他在驚恐及艱困的局勢中，鼓勵十二使徒，承擔那份幾乎不可能達成的任務，最後終於將公元元年版的解脫福音廣傳。後來十二使徒只有「約翰」終老，其餘皆殉道，十二使徒用鮮血鋪成了解脫的大道，他們為眾生犧牲的情操，著實令人欽佩。

地球是一個生老病死苦的地方，也是一個天災人禍密集的地方，說起來地球真是一個「鬼地方」，眾生不在天上享安息，卻跑到地球這個鬼地方居住，承受各種麻煩及痛苦，何故地球眾生會淪落於此，說穿了，地球眾生都是「業障」纏身，都有很多壞毛病，以是之故，才得承受如是麻煩及痛苦。正因為眾生壞毛病很多，所以非常難度，天界團隊全體成員應有心理準備，方不至灰心喪志。我們度人也講究效率，如果眾生「不知懺悔、不想開悟、不願禱告、懶得念佛」，那忠告他們幾次即可，無須浪費太多時間在他們身上，我們要把力量優先用於有心得度之人。

讀者 Q&A

Q：請問作者，是否有建議我們一天實修多久三元合一的時間呢？

A：建議讀者們每日至少實修「20分鐘」的三元合一，若能認真實修持續3個月，必然在身心靈上有明顯的改善，也能深刻體驗佛性的無極神力。若時間允許，可再增加靈修時間，一分耕耘一分收穫，投入愈多、成效必然愈大。

神仙俠侶幸福國度

煮茶談心、皎潔月色，

明空、梅花神仙俠侶的幸福國度。

第四十七回
與讀者對話案例，解脫者的婚姻觀
明月小築逐流螢，神仙俠侶下凡來

若干讀者反應，蒼天白雲系列文章是沒有根據的小說，不足以作為修行參考。讀者用什麼心態看待蒼天白雲系列，筆者皆不以為意，若讀者願意相信並著手實修，讀者必得解脫，絕對不會失望。信仰必須由相信開始，在相信中逐漸進步，漸漸地內心會有非常不同的覺受，這種覺受讓我們看透生命的真相，也讓我們產生無比的智慧及喜悅，還會擁有跨越困境的神奇力量，這種進步是清清楚楚的，是一種無法被推翻的實證體驗。

如果民眾不相信，就永遠沒有機會實證三元合一的神奇力量，讀者要求筆者先拿出證據才願意相信，但靈界之人事物，很難用三度空間的方式舉證。縱然去拜訪台灣最大的宗教團體「慈濟功德會」的證嚴上人，上人也不可能召喚一尊佛現身給大家看。就算前往羅馬天主教廷拜見教宗，教宗也不可能當場把天國顯給大家看。這都是民眾的胡思亂想，這個時代想要見神蹟，就先得把自己心清淨下來，如果心十分清淨，靜坐或夢中自能夠接收到天界訊號，屆時自然知道筆者文章所描述之內容都是真實的。

還有一種民眾，就是先入為主、吹毛求疵。某民眾經友人介紹來見筆者，該民眾提到他姐姐時常夢見往生的父親帶著狗來看他姐姐，他問筆者這是怎麼回事？筆者一看，發現他父親被某廟宇道士收留，該道士於廟後方建一法壇收留許多亡靈，亡靈居住於法壇內感覺如同居住於靈界社區，亡靈幫道士辦事，讓廟宇興旺起來，亡靈則享用信徒供養至該廟的祭品、冥紙等物。筆者回答該讀者曰：「你父親狀況還不錯，目前是停留在靈界某個社區，這個社區為某廟宇所有。」該讀者聽後答曰：「他姐姐確實經常到某廟上香，並與該廟的道士熟識，但他姐姐經常被鬼壓床，睡眠品質不佳。」

筆者又曰：「你父親長期待在廟宇那邊不好，應該去輪迴，或去靈界該去的地方。」因此，筆者幫該讀者父親亡靈禱告，請求地藏王菩薩引導亡靈去該去的地方。這原本是一場美好的對話，也有很好的結果，但該讀者回家之後，四處向人宣傳，認為筆者說話前後矛盾，認為筆者先說：「你父親狀況還不錯」，後來筆者又說：「你父親長期待在廟宇那邊不好」，一下子說不錯，一下子又說不好，由此證明筆者矛盾、是個騙子，於是跟介紹人表示，無法接受解脫福音。

實際上，該民眾前來寒舍，筆者一見到他，即知他只是給介紹人一個面子，內心並無實修的計畫，該民眾與筆者見面之後，心想已給介紹人一個面子，加上該民眾的女友也強烈反對解脫福音，因此那民眾找理由推辭實修。民眾是否願意接受某種信仰，是個人自由，但推辭的方式很多，不宜採用損害別人公信力的方式來掩飾自己不願意實修的真相。

與那民眾聊天時，他說生平沒有見過也沒有夢過任何神佛或天使。許多民眾喜歡扮演專家評論宗派是非，但是，他們從來沒有與神對話的經驗，就妄評宗派是非，實在不恰當。他們之所以敢妄評，乃是依據「邏輯判斷」或是依據「某宗教典籍」，他們的盲點在於：「如果他們的邏輯判斷是精確的，所依據的宗教典籍是無上真理，那他們應該能與神對話，至少能接收到天界的啟示。」可是他們什麼都收不到，他們不謙虛反省何故自己與蒼天不相應?反倒自負的亂批評，難怪沒有任何高級靈願意與他們打交道。

追求終極解脫的修行者，是否可以結婚?答案是肯定的，當然可以。祇是追求終極解脫的修行者，必須慎選結婚對象，結婚對象不可以妨礙我們追求終極解脫，如果妨礙我們追求終極解脫，那就千萬不可和這樣的人結婚。如果已經結婚了，那只好多禱告，請求地藏王菩薩讓配偶不要阻礙我們追求解脫。

因為追求解脫者的境界會愈來愈高，終究能看清楚此生是一個轉眼成空的夢幻泡影，也會看清楚此生是被前世業力牽引而來，因此自然對於世間不起愛欲執著，身在世間卻不惹塵埃，認真過日子卻不被綁住；但配偶如果無法開悟，定會逼著追求解脫者認真陪著他活在夢幻泡影中，還會搬出世間兩性關係學說逼其就範，甚至於找所謂的「高人」用靈符法術硬逼其低頭，實在令追求解脫者非常困擾。

人間的愛情實際上是蠻虛幻的，我一位小學女同學，長的圓圓胖胖，臉部肉也很多，所以被歸類為「沒人追」的那一型。直到大學二年級時，因為減肥成功，因此愈來愈美麗，許多男同學展開追求，後來我們開小學同學會時，連小學男同學也展開積極追求。說來也很諷刺，以前這些男生連講話都懶的跟她講，現在她只是減肥幾公斤，臉部肉少了一些，這樣就可以吸引萬千寵愛，試想，這種愛是真的愛嗎？萬一生產後，她又胖回來，臉部肉又多回來，那豈不是立刻陷入失寵的危機嗎？

世人都喜歡從表面看事情，才胖瘦個幾公斤，就強烈影響愛情意願，所以難以得著真愛。世人選擇戀人除了著重身材、長相之外，還非常重視社會地位、經濟條件，看見對方有錢、有地位，不去審究品德及修為，就瘋狂展開追求，最好能閃電結婚，速速綁住對方；反之，沒錢、沒地位，就刻意疏遠，最好對方別再來煩我，速速閃人就是。試問，天下有幾人能看出對方所具有的解脫者內涵？

本文之前經常提到，許多神仙好以怪異模樣於人間顯化，或瘋癲、或乞丐、或怪脾氣、或怪裝扮、或怪行為，其目的即在考驗眾生謙虛的心，亦是考驗眾生慈悲的心，亦是考驗眾生解脫的智慧。若眾生能以誠意對待那些卑微的人，必然能善待所有一切眾生，如此算是通過一次考驗，必得神仙賜福及點化，而自己的境界又進了一大步。

天界那些解脫的高級靈，可以自由決定其生活方式，包含決定要不要婚姻，天界的婚姻是極為幸福美好的，因為解脫者有完全相同的理念，有同樣高超的解脫思維，所以他們的心靈契合度是百分百，那種甜蜜是非常完美的。

天界有一處仙居名曰「明月小築」，明月小築住著一對神仙夫妻，夫名曰「明空」，妻名曰「梅花」，明月小築雖名曰小築，可是面積廣大遼闊，至少方圓數萬里。明月小築歷史悠久，起源於萬古之前，許多高級靈居住於明月小築，明月小築某處是明空與梅花的居處，那處一切景物都是明空與梅花兩夫妻共同創造的。他們在天空中創造了一輪明月，而且那輪明月非常大，比地球上看到的月亮大多了，他們還創造了許多星星，而這些星星的光也比地球上空星星的光強多了，因為梅花喜歡永夜的浪漫，所以明月小築，幾千年來都是美麗浪漫的夜景，月亮、星光的強弱可以隨明空、梅花兩夫妻意念而變化，只要把月光轉強烈，夜景可以隨時變成白晝。

為了裝飾這美麗的夜景，他們還創造了許多螢火蟲，這些螢火蟲與地球的大不相同，這些螢火蟲大小類似精靈國的拇指小精靈，有可愛的小女孩、也有可愛的小男孩，這些螢火蟲能放各種色彩的光，光的色彩及強弱也皆隨明空、梅花兩夫妻之意念而變換。

他們還創造一片大海，在大海上又創造許多大大小小的船，大的船模仿古代皇室御用的畫舫而創作，船內以國畫、書法筆墨、各式花卉裝飾之，兩夫妻時常棲息於畫舫之內，煮茶談心，賞月賞花。明空、梅花煮茶談心之時，喜歡把氣候調整到寒雪紛飛之狀態，於寒雪紛飛之際，喝杯熱茶別有一番風味。兩夫妻又創作能鳴唱仙曲之仙禽，仙禽狀似孔雀，其鳴唱之仙曲，或空靈、或浪漫、或清新、或感傷，曲曲皆能震動心弦。

一千五百多年之前的某日，地藏王菩薩前來明月小築，邀請明空、梅花兩夫妻降世擔任天界大使，明空、梅花知道此番下凡人間降生，可能會迷失於人間，故略有遲疑，尤其夫妻恩愛情深，明月小築處處是愛的創作，既美麗又詩情畫意，既浪漫又清新，實在不願離開這處仙居，下凡到地球那個烏煙瘴氣的人間。

明空、梅花兩夫妻和地藏王菩薩聊了半晌，達成三點共識。第一，兩夫妻下凡人間度眾生，仍要結為夫妻，生死與共，患難同心，永不分離。第二，萬一迷失於人間，進入輪迴苦海，地藏王菩薩必須安排明空、梅花生生世世皆為夫妻。第三，萬一其中一人解脫，另一人迷失於輪迴苦海，解脫之那人也願意再下凡人間結為夫妻，誓將對方度回天界。

達成三點共識之後，明空、梅花方接受下凡人間擔任天界大使。時值中國南北朝時期，戰火連天、社會動盪不安。明空降生於某王世家，貴為王子，明空自幼悟性即高超，長的既英俊又秀氣，氣質出眾，飄然有仙氣。梅花則降世於某商賈之家，為千金小姐，梅花自幼即好研習道家書籍，生就沉魚落雁之姿，靈秀之氣逼人，頗似仙女下凡人間。

明空約十八歲左右拜當時名聞天下的道長—「陸修靜」為師，陸修靜為道家絕頂修行高手，已證達終極解脫，並證得三通：「通真」、「通玄」、「通神」，陸修靜反對宗教門戶之見，認為人人均可證得三通，證得三通係眾生的本性，不是宗教問題。

梅花之父親亦拜陸修靜為師，乃父為極用心之修道人，故梅花從乃父及乃父所藏道書學習不少道法。由於梅花生就沉魚落雁之姿，靈秀之氣逼人，故登門提親之人絡繹不絕。然，梅花皆看不上，乃父也認為找不到一位公子足以和愛女梅花匹配，故梅花之婚事一直懸而未決。

某日，梅花父親於師父陸修靜門下見到明空，一見便極為欣賞，乃父認為明空氣質出眾，悟性超群，足以和愛女梅花匹配，於是邀請明空前來家中茶敘，茶敘之間，乃父特別喚梅花出來相見。當明空與梅花相見的那刻，雙方靈台乍開，數算不清、無法解讀的深刻印象如百花齊放，開滿心田。還有令人無法抑制的雋永愛意如泉湧出，這只是今生的初相見，何故有如此激動的感受呢？這個問題雙方均無法理解，梅花不自覺的激動落淚，明空則雙眼深深凝視著梅花，明空是個男子漢，雖然亦深覺感動，但男子漢不輕易落淚，可他暗下決心，此生非梅花不娶。

讀者 Q&A

Q：文中所提的「人人均可證得三通」，請問要如何才能證得呢？

A：三通乃眾生與生俱來、本性中的無極神力，眾生開悟之後，無極神力隨之啟動，如果能妥善地運用、管理這份力量，持之以恆的修煉，並且往昔業障皆去化之後，必能證得三通。

第四十八回
名師出馬點明空，儀和公主誤姻緣
楓林夜雨度三秋，梅花潛心悟三通

明空與梅花才初相見，明空便下定決心非梅花不娶。明空居於王室，王室近親家族非常龐大，適婚的表妹、堂妹、遠房親戚姑娘隨意數算也有幾十位，其中不乏美艷動人又兼具涵養者，明空之父王、母后在眾女子中相中王室家族一位公主名曰「儀和」。

儀和公主天生麗質、溫柔婉約，又飽讀詩書，因此頗有智慧及威儀，實為難得一見的佳麗。王室中許多王子愛戀欣賞儀和公主，甚至王公大臣也想為其愛子高攀這門親事，但因父王、母后已決定擇日明空與儀和成婚，故其他王子皆不敢有所行動，王公大臣也只能作罷。明空在未見到梅花之前，對於父王、母后的安排亦欣然接受，畢竟儀和公主相貌、人品、學問均無可挑剔，故明空亦深愛儀和公主。

可是命運卻如此走法，就在明空與儀和公主相愛情深之際遇見了梅花，而梅花竟然能夠如此強烈的震動明空心弦，無法理解的熟悉感和極深的愛意佔據了明空整顆心，再也放不下梅花，無比強大的力量牽引著明空決定：「非梅花不娶」。明空與梅花才初相見，雙方還陌生，明空對梅花的愛就遙遙勝過對儀和公主的愛，這是怎麼回事？明空想不通？明空自責怎會如此見異思遷，修行的定功到哪去了？對父王、母后怎麼交代？對深愛的儀和公主又該如何交代？但要明空捨棄對梅花的愛，卻萬難辦到。

明空和梅花的激動表現，都看在梅花父親眼裡，乃父非常開心，因為這麼多年來，梅花從來看不上任何一位上門提親的公子，可如今愛女梅花已深深的愛上明空，而明空亦是乃父極為欣賞的乘龍快婿，故乃父決心辦成這門親事。茶敘過後，明空與梅花互道珍重再見，雙方心中均已決定互許終生，只是嘴上沒說出口，乃父送明空回師父陸修靜道觀的路上，開口提出明空與梅花這門親事。明空與乃父雖然年紀及輩分差一截，可是同為陸修靜門下，故皆以師兄弟相稱，自古以來同門師兄弟感情之親，有時勝過親生兄弟，故無話不聊。

此時明空將心事和盤托出，坦承已深愛梅花，非梅花不娶，可是對儀和公主該如何安排呢？如何對父王、母后交代呢？乃父聽了明空的心事，心情便沉重下來，畢竟梅花父女只是平民百姓，愛女梅花如何爭的過儀和公主，縱然梅花擊敗儀和公主，可是必然得罪王室，屆時明空未必能保住梅花，自古宮廷鬥爭十分恐怖，因此，乃父心想，這門親事還是作罷才是，以免愛女梅花未來受苦！

明空和梅花此次下凡人間擔任天界大使，任務係光大道家純正心法。萬古以來凡天界大使下凡人間廣傳解脫心法，必被魔界全力封殺打擊，魔界的目的就是要把眾生困在苦海輪迴。故明空、梅花降世之後，魔界智囊團就已鎖定，全力阻擋明空、梅花完成任務，明空及梅花的婚事也是魔界破壞的重點。

魔界破壞明空及梅花的婚事，目的是引動醋海生波，一旦醋海生波，必使人喪失理智，而影響大使任務之完成。自古以來因爭風吃醋導致無數的大戰，造成生靈塗炭，極具有殺傷力，例如希臘有名的「特洛伊」十年大戰，即是希臘各國一些有權勢的王室男性為了爭奪希臘第一美女「海倫」所引起的慘烈戰役，雖參戰各方美其名特洛伊大戰有其政治及經濟價值，但大家心知肚明，骨子裡就是美女爭奪戰。

明空娶梅花為妻的心堅固如山，但明空思索的是如何對儀和交代？明空左思右想，不排除兩位都娶，古代社會，百姓娶個三妻四妾都屬正常，何況明空貴為王子，同時娶儀和及梅花也是可行方案。但問題是，明空比較愛梅花，可梅花是平民百姓，而儀和貴為公主，於情於理怎好意思對儀和開口要她當偏房？而梅花為道家修士，清心高雅，理應全心疼愛梅花，怎可輕薄到要梅花當偏房呢？此時明空心亂如麻，理不出個頭緒，因此決定請示師父陸修靜。

陸修靜已證達終極解脫，又證得三通：「通真」、「通玄」、「通神」。所謂通真，即是已經找到自己完美的本性（鐳光球），還原本來面目。所謂通玄，即是明白宇宙人生一切道理，所有事情的真相均能識破。所謂通神，即是可以跟任何高級靈對話，毫無障礙。

由於陸修靜已證得三通，故陸修靜於收錄明空及梅花之父親為門生之前，即清楚知悉明空及梅花所有事跡及任務，陸修靜亦知道明空與梅花結為夫妻之心願。為防止婚姻生變數，多年前陸修靜入宮之時，即曾點化過明空，建議他：「專心修道，兒女私情暫且放下，未來必有天緣」，可明空無法克制愛情強烈的吸引力，與儀和公主已有深情，今日天緣出現，遂無法善處，實乃自找麻煩。

陸修靜仔細看儀和公主前世因果，儀和公主竟然是明空幾千年前得道昇天之前的親兄弟，難怪明空與儀和會墜入情網，原來有這麼深厚的緣分，只是明空更愛梅花這是千真萬確。陸修靜仔細思量之後，不禁佩服魔界能夠找出這麼一個儀和公主來攪亂明空和梅花的姻緣，實際上，這也怪明空沒有通過考驗，多年前明空若能聽取陸修靜的建議，今日何須如此？

但梅花就能守住一片真情，等待天緣降臨。梅花父親為商不奸，總是公平交易，又努力向道，後蒙陸修靜收錄為弟子，故梅花深受乃父影響，亦專心向道，追求解脫。梅花成長過程中，魔界亦多次安排緣分深厚的英俊公子出現，但是梅花求道之心極為真切，不是靈性夠高能同走解脫之路者，梅花一律婉拒，故能守住這片真情，等待真命天子降臨。

明空將心事向師父請示之後，陸修靜對明空曰：「汝今生不娶梅花為妻，必將悔恨，莫忘為師之言。」至於儀和公主，陸修靜則曰：「儀和為善良人家，汝對彼有何承諾，宜善處之。」明空聞師父所言，確定自己對梅花的感受沒有錯誤，但師父卻沒有明示對儀和的處理建議，只說，宜善處之，但至少更堅定娶梅花為妻的心志。

陸修靜沒有對明空提到天界大使之事，因為明空正陷入魔界佈置的兩性關係棋局之中，未來明空如何處理，尚待觀察，而明空如何處理，攸關其悟道，倘若一直無法悟道，料難承擔起天界大使的任務，故陸修靜暫時不提此事。

梅花父親知悉明空和王室儀和公主熱戀，為保護梅花不要陷入宮廷鬥爭，故勸梅花死了這顆心。當梅花知悉明空已經心有所屬，頓覺失落，但梅花直覺命運不該如此，梅花強烈的感受到，明空和她之間必有某段深刻的往事，因此，梅花決心一探究竟。

梅花自幼即精進向道，靜坐功夫已有不錯火候，故於見到明空的當晚，便專心靜坐，進入深度冥想，想要回憶她和明空的前塵往事，一連數日深度冥想，忽然身處一艘皇室畫舫，在船上她和明空煮茶賞雪，親密的相處談心，還聽著空中演唱一曲曲的歌曲，曲曲均動人心弦。梅花出定之後，確定她和明空確實有一段深刻的往事，但由於自己功力還不夠，無法清楚洞悉一切，故請求父親帶她去見陸修靜大師。

陸修靜接見梅花時，心中暗自讚許梅花實乃人間稀有修行高手，不出幾年梅花定能恢復於明月小築時解脫者的修行功力。陸修靜認為機緣成熟，故將梅花與明空之前塵往事詳細說明，也將地藏王菩薩邀請梅花與明空擔任天界大使一事告知，就連梅花與明空相約生生世世為夫妻的願望皆詳細告知。

梅花聞後，感動的熱淚盈眶，因為梅花自幼即覺得有任務在身上，也一直守身如玉，因為她直覺在等待一個人，等待她的真命天子，原來這些感覺都是真的，不是她的幻覺。實際上，這麼多年來，梅花在道業上不斷精進，並且放棄一切公子的追求，故梅花頭上湛然放光、光華美麗之至，令陸修靜非常激賞，決心悉數傳授其所學。

可惜梅花是女子，在南北朝時代，女子繼承道統畢竟罕見，也難服眾望。原本天界的設計是，明空繼承道統，梅花全力輔弼明空，明空、梅花神仙俠侶下凡，必能維繫道門解脫心法於不墜。只是明空一念之差，沒有接受師父陸修靜之建議，反倒與儀和公主墜入情網，及至見到梅花，方知後悔，然此番局面已難收拾，兒女情長事小，儀和公主雖天生麗質、溫柔婉約，又飽讀詩書，然對解脫卻毫無興趣，而明空悟性雖高，但有儀和公主長伴左右牽制，明顯拖延了明空的開悟，萬一今生無法開悟，恐怕回不去天界明月小築。

為了協助明空開悟，並完成天界大使之任務，梅花決心跟在明空身邊，發揮輔弼作用；但陸修靜研判，事情發展到這個地步，只怕梅花至多只能當個偏房，而且儀和公主必然醋海生波，恐不會善待梅花。梅花不愧為已解脫的仙女下凡，又是忠實的愛情伴侶，縱然儀和公主為正宮，自己為偏房，亦無所謂，若儀和公主不善待自己，則自己多所隱忍即可。

明空回到王室，硬著頭皮與父王、母后、儀和三人提及想娶梅花為妻，事情果然如陸修靜所料，三人至多就是讓梅花為偏房，而儀和公主對明空的表現非常不滿，她倆恩愛情深，大婚都已安排，明空此時還看上另一個姑娘，著實讓儀和公主既失望又生氣，因此遷怒到梅花身上。過程且省略不提，明空與儀和大婚之後，不久即迎娶梅花進宮為妾，陸修靜恐梅花將來受王室欺負，故自願擔任媒人，並特別在皇上及儀和面前讚許梅花，陸修靜係名震天下的大師，深受王室敬重，有陸修靜為媒，自然讓王室對梅花增加不少好感。

梅花嫁進宮之後，父王母后將梅花安置於後宮「楓林居」，明空與梅花終於如願結為夫妻，雙方恩愛自不在話下。梅花見了儀和公主之後，方知果然名不虛傳，儀和天生麗質、溫柔婉約又飽讀詩書，實乃奇女子也，難怪明空對儀和深愛不捨。可惜的是儀和對解脫修行毫無興趣，只想一心輔佐明空爭取登基王位。

儀和見了梅花之後，簡直驚為天人，此女之美不是人間佳麗可比，梅花美麗中靈氣逼人，似乎整個人都會發光，只能以仙女下凡方可形容，難怪明空朝思暮想。但儀和畢竟未經修持，禪定功夫薄弱，離開悟甚遙遠，不知思維解脫第一義諦，故儀和不知珍惜梅花高超修為內涵，反倒醋海翻騰，決心不能讓明空太常接近梅花，否則哪日恐怕丟了正宮之位。

陸修靜於梅花進宮之前即囑咐梅花：「儀和難免醋海生波，故切勿與儀和爭寵，兒女私情淺嚐即可，於今之計以度化明空開悟為要，只要妳倆回到天界明月小築，無限時光夠你們恩愛的，且尚有天界大使任務尚待完成，切記為師之言。」

梅花謹記師父囑咐，進宮之後不敢主動找明空，於楓林居潛心修道，只盼望明空能常來看望自己，每次明空來，除了夫妻恩愛之外，梅花總提醒明空以開悟證道為先，爭取王位不必看的太重。明空當時仍不知自己與梅花明月小築之前緣，亦不知自己承擔天界大使之任務，然因明空本來即是天仙下凡，悟性高超，故對梅花所言深切認同。

聰明伶俐的儀和公主，每每察覺明空欲專心修道，便思量如何讓明空回歸「正常生活」，全力爭取王位，在儀和公主的思維中，幫助夫君出人頭地，方是為妻的道理，那梅花老慫恿明空專心修道，必斷送明空大好前程，故儀和設法少讓明空去見梅花。

儀和自認為出發點是為明空前途著想，故儀和開始封殺梅花與明空見面的機會，出手絕對不留情，佈置許多眼線監視梅花，必要時不惜下手害死梅花，儀和又和父王母后挑撥離間。此即是歷代天界大使面對的相同困境，世人總以追求眼前幸福為重，追求解脫則興趣缺缺，自己沉沒於紅塵苦海不自知，反倒認為追求解脫是不上進。

在儀和刻意阻撓之下，明空一個月難得來楓林居幾回，梅花相思之苦尚可忍受，梅花難過的是明空至今尚未開悟，無法回憶起明月小築的點滴，也無力承擔天界大使的任務，時光卻一月一月的飛逝。每當夜晚降臨，梅花便憶起明月小築永夜清宵那美好的日子，可如今經常只是梅花孤影一人，不禁淚濕衣衿。楓林居靠近山邊，霧氣較重，也容易飄雨，尤其夜晚霧氣細雨紛飛的日子，更引人相思愁緒。

梅花下定決心堅強起來，斬斷一切相思愁緒，自己務必證得終極解脫，只有自己解脫了，才有能力度回愛夫明空。梅花將恩師陸修靜傳授的道法用功修煉，由於梅花本來即是仙女下凡，故三年之後梅花在楓林居證達終極解脫，亦證得三通。

可是三年過去，此時明空更深受儀和公主影響，全力投入王位爭奪戰，悟性及向道之心均嚴重退步，今生難以承擔天界大使任務，故師父陸修靜已選定他人繼承師門。而梅花的任務係輔弼夫君明空完成任務，可如今明空已深陷紅塵，且朝廷陷入戰爭火海，明空經常出戰，手染生靈鮮血，也罕少來楓林居探望梅花。

梅花測算明空將死於戰爭，今生已不可能再度化明空，明空勢必陷於苦海輪迴，既然今生緣份已盡，此時梅花亟思歸天，或許梅花的死，尚有一絲機會扭轉明空的迷失。因此梅花決定坐化升天，梅花為見明空最後一面，託病在床，請人急報明空，明空聞梅花即將病故，連夜兼程趕來楓林居。

明空見梅花重病臥床即將病故，一時清醒過來，憶起夫妻情深，又憶及這多年來冷落梅花，不禁放聲痛哭，吩咐御醫務必救回梅花，但梅花已證達終極解脫，能夠自行封鎖命門歸天，豈是御醫可救？

梅花臨終前執明空之手交代三事：「其一，放下屠刀，專心修道。其二，梅花之靈將永伴明空左右，永不離棄。其三，誠願來世再為夫妻。」言罷梅花斷氣，明空則痛哭暈厥，一連數月痛哭，悔恨連連，下決心隱於楓林居清修悟道，不再過問世事，情願長伴愛妻梅花新墳。然因戰事告急，禁不住儀和公主多方苦勸，數月之後明空強忍悲痛上戰場，忘了愛妻梅花放下屠刀之遺言。然大限已到，正如梅花所推測，明空終究戰死於沙場。

梅花已證達終極解脫，斷氣之後本可立即歸天，但梅花原靈並未立即歸天，卻一直陪伴於明空身邊，成為明空的守護天使，直到明空戰死沙場，梅花才歸天回到明月小築。昔日雙飛下凡度眾生，今日明月小築只剩梅花一人，愛夫明空則迷失於人間，梅花將履行之前與明空之約定，再次下凡人間與明空結為夫妻，誓將明空度回天界。

讀者Q&A

Q：如何才能選到正確的伴侶呢？

A：眾生的人生幾乎都走在生死簿的安排之下，生死簿的安排乃是根據眾生累世交錯複雜的因果而成，生死簿的安排亦包含了婚姻，戀愛及結婚的對象，幾乎都是安排好的，看似可以選擇，又似自己的努力，實則幾乎都是安排的。倘若眾生有心追求解脫、脫離苦海輪迴，地府會適當變更生死簿的內容，不讓兩性問題干擾了解脫。此外，建議讀者在選擇伴侶時，要重視對方解脫生命的品質，至少要不妨礙我們追求解脫，如此較為明智。

第四十九回
捨己救人天界使，二祖慧可傳心法
業障現前是殺業，梅花痛哭救明空

萬古以來，若干解脫者因大悲心而下凡人間度眾生，卻迷失於人間，明空只是其中一個案例，但是天界不會忘記他們，天界會運用夢境、運用回憶、透過高人點化、安排理想的輪迴環境…等方式，幫助他們想起自己本來的身分，知道要回去天上的家。

明空迷失於人間之後，預備進入輪迴，此時地藏王菩薩在不違背因果法則的前提之下，為明空選擇理想的家庭、身體基因、環境、修行師父，以增加明空開悟證道、返回天界的機率。明空此次輪迴仍在中國的南北朝時期，地藏王菩薩特別挑選明空輪迴在禪宗二祖慧可大師的身邊，希望透過慧可大師的點化，能讓明空開悟。慧可大師承接達摩祖師的衣缽，但是在那個時代，中國人接受達摩祖師思想的人不多，能接受慧可大師教化的人也不多，直到三祖僧璨大師時代，達摩祖師的解脫心法才逐漸興盛開來。

達摩祖師的心法與南北朝主流佛教思想有很大出入，達摩祖師的心法強調「不立文字、見性成佛」，而當時佛教主流係重視佛學教育，佛門弟子透過有系統的經典學習而成長，達摩祖師那種不立文字的思想，讓南北朝許多重視佛學教育的佛教大師認為是空泛不著邊際的「魔所說」，達「摩」被視為達「魔」。

尤其那種「見性成佛」的見解，更令嚴謹的佛學大師難以認同，南北朝也有許多佛教大師自稱為「禪師」，但那些禪師卻不通禪法，那些禪師普遍認為，能見性成佛者，僅係極少數上上根器之人才辦得到，凡夫不可能辦得到，凡夫僅能透過有系統的經教學習，經過多生累劫才能逐漸成佛。

那些佛教大師自己沒有開悟，才無法理解達摩祖師的心法，達摩祖師的心法若真是僅適用極少數上上根器之人，那達摩祖師何必千里迢迢從印度到中國，再費盡千辛萬苦從中國最南邊的廣州一路弘法北上到黃河流域，達摩祖師非常確定，他的心法是普遍適用於每個中國人，問題不是在於眾生根器問題，問題乃是在於眾生相不相信他的教化。

基於前世之約，梅花將再次下凡度回明空，地藏王菩薩亦妥善安排梅花的家庭、身體基因、環境、修行師父。確保梅花能開悟證道，以免梅花下凡救人，人救不成便罷，自己反倒迷失於人間。但梅花係解脫者下凡，沒有必須輪迴的業力，故地藏王菩薩為梅花安排，就方便多了，不必像安排明空那樣，還得考慮明空前世業障，不可違背因果法則。

前次明空與梅花下凡度眾生，係承擔天界大使的任務，以接續陸修靜的棒子、光大道家純正解脫心法為目的。而此次梅花下凡人間，則無任務在身，乃係履行前約，由於無任務在身，魔界比較不會有計畫的攻擊，因此梅花迷失機率就降低不少。

明空前世因爭奪王位而手染生靈鮮血，後來雖自己亦戰死於沙場，但殺業仍未贖盡，此外王位爭奪戰必然講究權謀，故使用心機太甚，明空潔淨的心已被污染，殺業及心機太重，是明空今生解脫的兩大障礙。

此外，儀和公主為了成功將明空送上王位，不惜採用合婚策略拉攏王公大臣，故明空除了娶儀和公主及梅花之外，還又娶了兩位偏房。是故，梅花只是明空四位妻子中的一位，其他三位妻子都全力將明空送上王位，僅梅花一直勸導明空看淡權位、全心修道，故儀和公主視梅花為眼中釘，巴不得除掉梅花。

紅塵色慾實在須節制，儀和公主以政治目的促成的兩門親事，已經讓明空不知不覺貪戀色慾，對於明空的解脫為一大障礙，故明空輪迴為人，殺業、心機太重、色慾是明空亟須突破的三大修行關卡。

明空此番投胎於民間富商之家，家中經營五穀雜糧、鹽、糖、油等之貿易，家族幾代經營下來頗有積蓄，明空從小即可安享富貴。明空父親為商奸詐，但並無大惡，乃父認為，生意不會從天上掉下來，總是要努力去掙回來，不掙就啥都沒了，故使些手段、用些心機，打敗競爭對手，亦難以避免。

明空自幼即相貌不俗，聰明伶俐，故深得乃父寵愛，乃父將明空視為家族事業接班人，從小就教明空許多為商之道，總是免不了傳授一些耍心機、使手段的小技巧，故明空自幼心靈即受污染，斯乃因果業力之不可思議，前世王室鬥爭之心機手段，今生自動都回到明空心中，甩也甩不掉。明空的母親則不同，是一個虔誠的佛門弟子，明空的父親不許明空母親插手家族事業，這正好讓明空的母親能維持純淨的心靈修行佛法，他母親係以慧可大師為師，因此母親給明空許多解脫心法的指導。

明空母親之所以追隨慧可大師學習，係明空的伯父，亦即明空父親的哥哥所介紹。明空伯父與該縣一文士熟識，結為異姓兄弟。該文士學問淵博，在家鄉開學堂當「先生」，憑著淵博的學問，來讀書習字的子弟為數不少。先生不僅學問淵博，且品德高尚，又是虔誠的佛法修行者，在修行上追隨慧可大師學習，故亦介紹明空的伯父追隨慧可大師。

先生有一女兒，自幼靈犀、貌似仙女下凡，此女即梅花是也。先生愛極了他的寶貝女兒梅花，因為梅花不僅靈犀貌美，尚有仁慈的心，既聰明又體貼，對於達摩祖師的解脫心法，竟然入耳即能善解，令乃父極為震驚，故將梅花帶去拜見慧可大師，慧可大師見梅花後曰：「此女善根極深厚，稍加點化便可開悟。」以是之故，乃父對梅花疼愛有加、視梅花為至寶靈物。

在伯父的介紹之下，明空自幼即至先生的學堂讀書習字，先生注意到明空相貌英俊不俗，且又聰明伶俐，於諸學子中出類拔萃，尤其愛女梅花與明空自相識以來即感情甚篤，兩小無猜，如小戀人，是故先生對明空亦疼愛有加，視為己出。先生試以達摩解脫心法授之明空，想不到明空對心法亦能善解，與梅花相當，先生極為震驚，故與明空的伯父帶明空與梅花一同去拜見師父慧可大師，慧可大師見過明空後曰：「此子善根極深厚與梅花相當，然尚有考驗要過，考驗能過關今生亦能開悟。」

慧可大師係終極解脫者，自能洞悉明空與梅花前世一切因果，大師感佩明空為度眾生願意涉險而下凡紅塵，但因一念之差乃至迷失於紅塵，大師萬般不忍，決心度明空回天界，因此特別交代明空的伯父曰：「此子俱足大悲心，善能為眾生犧牲，汝宜善護念之，莫使此子入旁門，倘真心不退，必得開悟證道。」

明空的伯父謹記師父的交代，但是慧可大師於南北朝當代名聲不太好，前數段已有說明原因，故明空的父親對於慧可大師心存戒心，在明空龐大家族成員之中，多數依止該縣城某位知名的佛寺禪師，該禪師公開對群眾曰：「慧可係師承自外國人達摩，其教理空泛，失之嚴謹，實乃魔所說法，汝等慎勿近之。」

在那知名禪師的警惕之下，當地百姓確實不太敢接近慧可大師，惟恐入魔也！若非明空的媽媽及伯父支持慧可大師，明空父親萬萬不會將明空送到慧可大師處參學。但是明空家族成員總是對明空母親及伯父的修行深懷戒心，並好言相勸「宜棄外國魔教，依止正宗佛門禪師。」

往後歷史自可證實當時孤單的達摩、慧可大師的見解方為佛門正宗解脫心法，只是身處其境的幼年明空在兩派人馬的論辯之中，已產生定位上的模糊，明空不知道父親和伯父哪個說的對?但在明空心中，是能認同慧可大師的，明空能認同慧可大師，一方面是基於自己高超的悟性，最主要的是因為明空的小戀人梅花亦在慧可大師門下。

明空今生是否能開悟證道回天界?已出現許多不確定性，而這個不確定性就潛伏在自己的家族中。慧可大師決定度明空回天界，梅花亦從天界再次下凡要度回明空，慧可與梅花這股天界的解脫力量能否戰勝輪迴苦海向下沉淪的拉力，其關鍵因素端視明空自己如何抉擇。

隨著年齡漸漸長大，明空與梅花的感情愈來愈甜蜜，雖然明空父親擔心梅花係慧可門生而有些排斥，但在明空的堅持以及伯父的支持之下，明空和梅花順利結為夫妻，梅花有美若仙女之姿，又兼溫柔賢淑，嫁進明空家庭之後，亦深討明空父親喜愛，故明空父親亦不再排斥梅花，看起來一切都很順利，不出幾年明空當能徹底開悟，得返天界。

但因果業報還是上了明空家門，明空前世的殺業首先現身，明空於二十歲左右代表父親赴外地商旅，卻遇到強盜而被綁架，強盜中有好幾位即是明空前世所殺之人，明空命在旦夕，強盜開出巨額贖金，明空父親收到強盜通知後，立即籌措贖金，至於是否報官府，尚在猶豫之時，家族有人建議宜速往該縣那位知名禪師處請益，因為該禪師不僅佛學高深，亦頗有神通，故明空父親及家族若干人兼程前往拜見禪師。

梅花知悉明空被強盜綁架，痛哭失聲，因為梅花曾聽師父慧可大師說，明空一生將有殺業、心機、色慾三大關之危機，尤其殺業現身恐將致命，故梅花一直反對明空遠赴外地商旅，但明空身為長子，總不能一概不理家族事業。可如今殺業已現身，因果難擋，萬一真喪命那可如何是好？故梅花心急痛哭，找到伯父一同兼程前往拜見慧可大師尋求解救明空之策。

讀者 Q&A

Q：地球上至今仍是百家爭鳴、眾說紛紜，也有許多宗派自稱其乃正宗祖師嫡傳、亦強調見性成佛，請問我們該如何尋找到能帶給眾生解脫的修行團體呢？

A：正宗的解脫團隊必然傳揚「眾生本來成佛」的歷史真相，只要「覺察並深信」這個歷史真相，就能開悟，佛性的力量會引導我們的人生，不必研究複雜的經典。很多宗教團體非常重視經典教育，但各宗教觀點南轅北轍，彼此互不認同，我們不要逼自己去接受那些有歧見的宗教經典，愈讀只會愈糊塗，愈讀只會心胸愈狹窄，跌入門戶之見。若想讀經典，只宜讀能認同眾生本來成佛的文章，一發現文章內容牴觸本來成佛，就立即停止閱讀，否則將障礙自己的開悟。

第五十回
碌馬奔波救愛子，明空貴人是紫霞
花開花殘共三載，梅花傲冷得解脫

為了救回明空，明空父親除了付贖金給強盜，是否該報官府？怕報官府得罪強盜，強盜一怒之下殺了明空；不報官府的話，又怕強盜肆無忌憚，拿了錢照樣撕票！因此，明空父親以與及家族成員不知該如何決定，故兼程前往佛寺拜見該縣知名禪師。

該禪師果然頗有神通，以天眼通觀測後曰：「這群強盜佔山為王，為數超過萬人，堂口遍及山東、河北、河南、安徽、陝西等地，橫跨周、齊兩國，由於勢力龐大，地方衙門區區數百名捕快也莫可奈何，除非朝廷願意派大軍攻山，方可破賊窟。」

南北朝局勢動盪不安，各國政局不穩，多處有佔山為王的強盜橫行，或是聚眾滋事的綠林大幫會，朝廷自顧尚且不暇，無法有效清剿各地強盜、幫會，以致於強盜問題嚴重，老百姓於縣城之內及縣城周邊活動尚屬安全，若遠赴外地，難免經過偏遠之地，則遇險可能性大增，那些強盜又喜好勒索大戶人家，故梅花不願意明空遠赴外地商旅。

明空家族事業龐大，為了商旅貿易安全起見，明空父親與若干鏢局有長期合約，家族生意歷來均有鏢局護衛，此番明空赴外地商旅，亦有鏢師六人隨行，鏢師熟諳路線，避免走危險地面，且鏢局通常懂得孝敬重要強盜頭目、幫會首腦，故有鏢局之鏢師隨行，縱然遇到強盜，只要亮出字號，通常安全無虞。

明空父親商旅二十餘年，承鏢局保護，縱然遇險，都能順利擺平，從來沒出過大意外，怎麼這明空才商旅沒有幾趟，就出這麼大的事，著實令乃父不解。實際上，乃父無殺業在身，而明空卻有殺業繫身，故所遭遇之光景自然不同，因果業力真不可思議也。

明空家族位於齊國境內的河北，但此番遇到的強盜，其巢穴不在齊國境內，而遠在周國的陝西境內，故鏢師與這群強盜套不上交情，亮出字號也沒有用，且鏢師僅六人，雖鏢師身手均不凡，畢竟雙拳難抵四手，故無法力拼這群強盜。

禪師再以天眼觀測，又有新發現，曰：「這群強盜極為兇殘，殺人全憑感覺，只要看肉票不順眼，縱然收款照樣讓肉票一刀斃命，毫無仁義可言，故恐怕明空此劫難逃，於今之計，宜速報官府，請朝廷出兵圍剿，再請鏢局商請幾位強盜頭目、幫會首腦出面斡旋，如此一方面有朝廷兵力圍剿之壓力，再看幫會首腦交情份上，方不致於妄殺明空。」

明空父親依照禪師的指示，火速前往官府報官，並出重金拜託官府派兵圍剿強盜，同時出重金拜託鏢局出面央求若干知名強盜頭目、幫會首腦出面搶救明空。但官府說，綁架明空的那些強盜巢穴在周國境內，不在齊國境內，故無法派兵，且周齊兩國邦誼不佳，朝廷不可能為了救一個百姓，拉下臉來求周國派兵圍剿強盜，最後官府告知明空父親：「官府無能為力」。此即南北朝動盪不安時代人民之無奈及悲苦也！

焦急的明空父親將希望寄託於鏢局拜託的幾位強盜頭目及幫會首腦，希望這些頭目能救回愛子明空。這幾個頭目錢也收了，也願意給鏢局面子出來斡旋，可是遲遲沒消息回報，真是急煞明空一家人，明空父親難過的老淚縱橫，愛子心切，真是天下父母心。

於此同時，梅花與明空伯父亦兼程前往請示慧可大師，因之前慧可大師曾提示過梅花，明空有殺業纏身，一旦殺業現形恐性命難保，故梅花此時已焦急的痛哭失聲。慧可大師為終極解脫者，故不僅有那禪師的天眼通、天耳通，早已證得「法眼」，故能洞悉一切事情的真相，不受時空環境的限制。

話說該縣那位知名禪師，之所以能獲得群眾的信賴，並且名聞於天下，乃因該禪師已靠禪定之力證得天眼通及天耳通，三度空間所發生的事情，包含地球及外星球，那禪師都能瞧見亦能聽見，故能協助民眾解決不少問題，因此受到民眾愛戴。

說起來，那禪師佛學淵博，又證得天眼通、天耳通，算是佛門中極為優秀的修行高手，可是禪師的神通怎麼就看不出來慧可大師乃開悟證道的終極解脫者呢？看不出來便罷，還公開指責慧可大師的見解是「魔所說」，堂堂一位佛門知名禪師，竟成了障礙眾生得以解脫的最大絆腳石，真是罪過罪過，最糟糕的是，那禪師不知道自己即是眾生得以解脫的絆腳石！

尚未解脫之人所能看到的世界，都是輪迴中的世界，縱然修煉到有天眼通、天耳通，所看見的靈界，也只是低層次的靈界，高層次的靈界就看不到，高層次的靈界一定要有法眼才能看見。因此，那禪師因為尚未證達解脫，以天眼通是看不透慧可大師解脫者的高超境界，故只能以當時盛行的佛學理論來評論慧可大師，故失之偏差也。

慧可大師以法眼觀看明空處境後曰：「此乃前世殺業上身，強盜之若干人正是明空前世宮廷鬥爭時所殺害之政敵，該若干人均持有地府核發之索命狀，若彼等立意要殺明空，則萬難救之。」慧可大師言畢看著雙眼哭的紅腫的梅花，對梅花曰：「明空九死一生，唯一生路卻要梅花有所犧牲方可救之。」梅花聞大師所言，表示願作犧牲，請大師明示。慧可大師復曰：「此山強盜頭目有一女兒，與明空宿緣極深，若明空與該女子成親，方有機會免此殺業，然明空與該女成親後，喪命之機會仍高，若能熬過七載，自可贖此殺業，彼時明空方有機會回家。故梅花必須犧牲接受明空納妾，同時苦守寒窯七載。」

梅花聞大師所言，不免失落，夫妻恩愛情深，可如今卻要分別七年，而七年後尚不知明空是否能安全回來？至於納妾一事，梅花則不以為意，只要該女子能保住明空性命即可。慧可大師深知梅花係解脫者下凡人間度明空，乃上上根器之人，不出三年必可開悟證道，大師遂將梅花與明空之宿世因緣，以及在天界明月小築恩愛情深等一切往事均詳細告知。

梅花明白一切前因後果之後，便下定決心務必於明空回家之前開悟證道，如此方有能力度化明空回天界。慧可大師於度化梅花之前數載，已將達摩祖師之衣缽傳給三祖僧璨大師，自己則隱於齊國之河北度化眾生，梅花即是大師隱於河北度化眾生時期所收之高徒，大師當時頗清寒，因為諸佛寺將大師視為魔教，故無佛寺願意收容，慧可大師只能棲止於陋室。

梅花於明空失蹤的那幾年，時常前往探視大師，接受大師的點化，並於物資上對大師多所接濟，但大師對於眾弟子的接濟多半推辭，只願收下足堪養生之物資，真乃禪宗大師「身貧道不貧」之風範也。

地藏王菩薩於安排明空輪迴環境時即已知悉明空殺業難逃，但地藏王菩薩為明空的殺業做了巧妙之佈局，期能盡力保全明空性命，使他有開悟證道的機會。地藏王菩薩的佈局是安排強盜首領的女兒出面搭救明空，強盜首領的女兒即是儀和公主轉世，儀和公主轉世後的名字為「紫霞」，因為紫霞是首領的女兒，足以鎮壓其他強盜欲殺明空之機會，然而明空為了避免這群強盜之追殺，勢必娶紫霞為妻。

明空之殺業因紫霞前世慫恿明空爭奪王位而起，禍首實乃紫霞，故紫霞必須出面承擔及擺平一切仇家的追殺，必要時紫霞必須犧牲生命捍衛明空的安全，如此方可彌補紫霞前世障礙明空修行解脫之業障，真乃「萬般帶不走，唯有業隨身。」

明空與紫霞對於所有前塵往事均不復記憶，但前世患難夫妻之恩愛感覺猶在，當紫霞偶然於強盜巢穴大廳邂逅明空之時，個性堅毅的紫霞，竟然不自覺的留下眼淚，身為強盜頭目的女兒，紫霞已多年未曾流過一滴淚，紫霞心想：這男子究竟具有什麼神力，竟然能深深震動我心？無法理解的深情滿滿的佔據紫霞整顆心，紫霞當下決定：我要嫁給他。

此時明空被強盜押至巢穴大廳寫家書給父親，所有家書內容均照著強盜軍師口述而寫，明空一點表達自己意見的機會都沒有，明空已如驚弓之鳥，雖然瞥見紫霞深情的凝視著自己，也對紫霞姣好的相貌印象不錯，可是此時明空無暇多想，只求菩薩能順利讓他脫身，故當時沒有感受到與紫霞前世之恩愛情深。

紫霞向父親提出想與明空結為夫妻，乃父視愛女為寶貝，自然一口答應，且明空儀表非凡，氣度萬千，看來絕非池中之物，故強盜首領亦頗惜才，首領心想：若得此人為婿，一來愛女有個好歸宿，二來將來也有個理想的接班人，故十分贊成這樁親事。

遂宣佈擇日愛女紫霞與明空大婚，明空現為階下囚，命若懸絲，豈敢說個不字，所幸明空對紫霞有說不出的好感，故這門親事不構成明空的壓力。只是明空朝思暮想青梅竹馬愛妻梅花，還有疼愛他的雙親及伯父，還有他敬仰的師父慧可大師，如今身陷賊窟、身不由己，不知何日才能再相見，想來心中無限悲悽。以宿緣故，紫霞愛極了明空，看出明空思鄉之苦，遂軟言安慰，柔情蜜意著實讓明空寬心不少。

那群強盜均是烏合之眾，有德、有才之人寥寥無幾，不是殘忍嗜殺之徒，要不就是玩心機爭大位的小人，和這些強盜相處，必須處處用心機，稍一不慎便可能被欺凌構陷。紫霞之父親雖然為頭目，可是大家都是過著刀口舔血的日子，誰的功勞較大，誰冒的危險較多，自然便想爭奪首領之位，故紫霞父親必須時常親自上第一線打劫才能服眾，可不似皇帝坐在龍椅上耍嘴皮子這麼簡單，只要首領付出不夠多，其他綠林豪傑便心生不服，想取代紫霞父親首領之位。

明空與紫霞成親之後，雖然暫時免了殺身之禍，可是明空若想要接續首領之位，則萬難服眾，除非明空親自上第一線打家劫舍，立下首功，方能服眾，若無天大的功勞卻妄想接班，則必被其他強盜殺死。但明空極為厭惡這些強盜，這些強盜姦淫擄掠、殺人放火無惡不作，明空豈肯幹那些荒唐壞事。這群強盜除了姦淫擄掠、殺人放火，還強擄美麗姑娘關在山上長期為妓，供這群強盜逞其獸慾，玩弄膩了則將姑娘轉賣至各地，再抓新的美麗姑娘上山「補貨」，這些姑娘稍有不從便是毒打甚至被殺害，明空見這群姑娘之痛苦，大悲心起，決心要救這群姑娘。

明空前世被色慾所迷，今生看見大批美麗姑娘關在山上為妓，本可輕易玩弄，可這明空不但不動色慾，反而大悲心起，亟思解救之策，故「色慾這關的考驗算是通過了」。只是明空苦無對策，故與妻子紫霞提及此事，紫霞是明理之人，也深惡這群強盜之作為，可是將眾姑娘放走一事，必惹殺身之禍，輕易不可為之，須從長計議。

紫霞自幼家庭即十分貧寒，紫霞父親一身高超武藝，在地方上教授些拳腳功夫勉強維持家計，紫霞也跟著學了不少功夫，拳腳刀劍工夫不俗。無奈南北朝局勢不穩，民不聊生。為了維持生計，紫霞父親遂應叛軍之召而從軍，乃父因武藝高超，多次戰場出入均能倖免戰死，後來官拜將軍，於戰場上久戰之後，殺人已是司空見慣，故培養出嗜殺的劣根性。

後來叛軍被朝廷擊潰，乃父與一干敗兵退至某山佔地為王，從此就當起了強盜，紫霞父親原本即是將軍，故順理成章當了頭目，之後乃父將紫霞母女接上山，故紫霞從此住於山中。乃父這個強盜集團經營的不錯，除了大本山有上萬強盜駐防，在好幾個縣皆有堂口，勢力遍及周、齊兩國，且紫霞父親又懂得孝敬周、齊兩國朝廷要員，故這個強盜集團的作為，雖周、齊兩國朝廷均知悉，卻都視若無睹。

在紫霞心中，一點也不認同父親及那群強盜的作為，早就想離山，尤其嫁給明空之後，生命中有這麼一個好男人為依靠，離山之心就愈發真切。至於玩弄權謀搶頭目的名利鬥爭，明空及紫霞倆夫妻都毫無興趣，因此明空無形中「通過了心機太重」的考驗，明空的心始終維持清心無染。就連紫霞也進了一大步，戰勝了她前世那種愛慕權位的劣根性。

可是離山這件事，紫霞父親萬難同意，因此明空與紫霞只好繼續住在山上。轉眼之間，明空在山上已過了三年，三年之間絕不參與任何強盜行動，此舉紫霞父親尚能釋懷，可是山上的軍師及其他小頭目對明空的行為極不滿，軍師及其他小頭目已經看出來明空厭惡他們，本來這些強盜即是凶殘無比，再加上前世明空還欠他們幾個人殺業，對明空極高的恨意驅使軍師及那群強盜決心暗中殺掉明空，明空命已在旦夕。

梅花剛剛失去明空的時候，思念之情甚切，以致夜夜流淚，想起青梅竹馬、夫妻恩愛情深，可如今愛夫突然音訊全無，是生是死殊難預料，梅花深知明空殺業纏身，今生夫妻是否還有再相會之日，只能祈求於蒼天了。經過慧可大師的點化，梅花已知今生之目的係度化明空回天界，故梅花強忍傷痛，依照慧可大師的指點，專心參悟佛法，三年一晃即過去，梅花潛心參悟之下，終於明心見性、開悟證道。

梅花開悟證道之後，深知紅塵如一夢，一切世緣皆是鏡花水月，亦如海市蜃樓，何勞捕捉？此時梅花也證得「法眼」，梅花以法眼觀看前塵往事，一切均歷歷在目，梅花復以法眼觀看明空，發現明空這三年在強盜窩之中，竟然能出淤泥而不染，維持一顆純淨赤子之心，殊為難得，故梅花為明空的堅毅修持感動落淚，然梅花已察覺，強盜窩的軍師正策劃背著頭目暗中殺掉明空，因此梅花決定採取積極行動，務必拯救明空。

讀者Q&A

Q：請問要如何才能證得法眼呢？

A：修行者必須證達解脫，亦即超能力恢復九成以上，方能證得法眼，如果未達解脫，頂多修到天眼通，天眼通通常僅能看見三度空間所發生的事情，很難看穿時空圍牆，不能洞悉遙遠過去或未來的事件。法眼不僅能洞悉目前事物，亦能看穿越時空圍牆，對於各宗派的真偽、魔界的計畫等等，法眼均能洞悉。

第五十一回
大地眾神救明空，生死簿下無倖免
紫霞捨身贖前業，北國飛雪證解脫

梅花開悟證道之後，以法眼觀看明空，發現明空在強盜窩住了三年，還能維持清淨無染之心，不禁為明空高興的感動落淚。且儀和公主轉世為紫霞之後，亦與前世之作為有異，不再追逐名利，這三年來夫妻倆不參與強盜集團任何行動，故能維持心性於純淨。

紫霞前世慫恿明空爭奪王位，後因明空戰死於沙場而告失敗，紫霞鬥爭失敗之後如喪家之犬，後來改名換姓隱居求生，並拜至陸修靜大師門下請求護佑，同時修悟道家解脫心法，在陸修靜大師的指導之下，紫霞晚年心性改變不少，深深悔恨為了爭奪王位，造了不少殺業，且不斷玩弄權謀心機，亦玷污了自己純淨的心，反省起來，深知昨非而今是。

眾生多半「不見棺材不流淚」，等到一切成空，大命不保之時，才驚覺自己浪費了一生在追逐轉眼成空的人間事。好在紫霞晚年還有修道的機會，可是許多人在死前迴光返照的那一刻才覺悟，但為時已晚，連修道的機會都沒有便慨然辭世，死後斷難歸天，只能於大地流浪等候苦海輪迴。

人生如黃粱一夢，任你成就如何顯赫，遲早都得進墳場，萬般帶不走，唯有業隨身。故人生應以追求解脫為目標，務求脫離苦海輪迴，一定要回到天界。職場之工作以賺取穩定、能養生之收入即可，宜安分守己工作，切莫捲入名利權位之爭，害人之事萬勿為之，以免結下惡業障。至於某些工作勢難避免鬥爭，則宜避免入那行，待久了，心靈必被玷污，不知不覺中變得現實又無情，為自己種下麻煩的業障。

明空、紫霞前世於宮廷中爭奪王位，多人成為其權力鬥爭迫害對象，甚至被殺害，今生這些仇家，都在強盜窩，若不是這倆夫妻是首領的女兒、女婿，早就被這些仇家一刀斃命。然而，業力終究有降臨的一天，強盜窩的軍師及幾位小頭目強忍了三年多之後，終於按捺不住對明空及紫霞的厭惡，決心暗中幹掉他們。此時梅花以法眼觀看，知悉強盜軍師及其中兩位小頭目有地府核發之索命狀，因此，如果軍師他們定意要殺明空及紫霞，則滿天神佛也萬難救之。

然就因果推論，前世宮廷鬥爭，皆係紫霞慫恿策劃，故紫霞實乃禍首，故若紫霞願意捨身救護明空，明空就有生機。在梅花眼中，明空喪命事小，尚未開悟證道才是大事，孔子曰：「朝聞道，夕死可也。」即是梅花之心聲，若明空已開悟證道，則贖此殺業後歸回天界，亦為美事。

梅花向地府借閱明空及紫霞生死簿，閱後大驚，原來明空或紫霞其中一人將於三日後死於仇殺。明空之生死簿記載：「明空於某年某月某日死於仇殺，若蒙紫霞捨命相救則能倖免。」紫霞的生死簿記載：「紫霞於某年某月某日為救明空而被仇殺，若紫霞捨明空不救則能倖免。」兩本生死簿紀錄之日期一致，由於時間極為緊迫，故梅花希望明空連夜逃出強盜窩，若順利逃亡且紫霞願意捨身相救，則明空尚有一線生機。

梅花再以法眼觀看，此山強盜勢力甚大，除了大本山位於周國陝西境內，於周、齊兩國尚有許多堂口，且周、齊兩國若干朝廷要員多有收受此山強盜賄款，朝廷難免包庇此山強盜，故於今之計，明空夫婦只有往北方逃至突厥國內，方有活命機會。因此，梅花立即靈魂出竅，自河北直達陝西強盜大本山，守護在明空身邊，然明空尚未開悟證道，禪定功夫也還不夠，故不知道愛妻梅花的原靈已在自己身邊。

梅花只好選擇以託夢之法警示明空。明空晚上入睡之後，梅花即入明空夢中，明空一見到梅花，便緊緊抱著梅花淚流不已，此時已分不清，這眼淚是歡喜、還是悲傷、還是委屈？明空與梅花自幼即青梅竹馬，恩愛之情難捨難分，可命運卻讓他們分隔兩地，相思之情何其辛苦、何其心酸。

雖在夢中團聚，可是卻是如此的真切、如此幸福，明空於夢中向梅花訴盡這些年來的委屈以及深深的思念；梅花於夢中要明空立刻與紫霞連夜逃離此山，下山之後一路火速往北邊走，唯有隱居於突厥國境內方有活命機會，明空還有話要說，但梅花催促明空立即下山、遲則無命，一切話日後再談。

梅花言罷，明空豁然醒來，只見四周一片黑暗寂寥，原來那只是午夜一場清夢，可是尚清楚的感受到梅花同在的體溫及濃情蜜意，梅花的話也還清楚的在耳邊，只是梅花已不知去向，因此明空思念梅花之情一時崩潰，不禁深夜痛哭失聲。

明空的痛哭聲驚醒了紫霞，紫霞明白明空痛哭之原因是夢見青梅竹馬愛妻梅花，紫霞不免醋意發作心生不悅，可這紫霞旋即收斂不悅，想這明空原是被擄上山，從此與家族音訊全斷，生離死別之情，豈能一筆勾銷？紫霞又復軟言安慰明空，過了半晌明空方能收斂悲傷思念之情。

梅花的原靈一直在明空身邊守護著明空，只是明空無法察覺，梅花見明空悲切痛苦，梅花亦以念力安慰明空，梅花告訴明空：「你別難過，我就在身邊陪著你，我會一直守護著你，一定要將你度回天界明月小築。」可這些話明空都聽不見，明空只是一味在那悲切痛哭，梅花雖已開悟證道，可是人非草木，孰能無情？因此梅花亦悲傷哭泣，開悟證道的高級靈很容易影響大氣磁場，梅花的悲傷哭泣引起氣候突變，突然下起雨來，真是蒼天有情，天地同悲。

生離死別實乃人間至痛，許多亡靈圍繞在所思念的人身邊，久久不願離去，勢必牽引生者對死者的思念，亡靈與生者互相思念，可是彼此卻無法溝通，實乃人間一大折磨也，故我們除了安慰生者，勢必要超度亡靈，勸亡靈離開，去該去之處。

梅花這樣的高級靈守護在身邊，會很有分寸，不會無端勾起明空的思念，故與亡靈纏身狀況殊異。梅花此次託夢全係基於保全明空性命，不得已必須如此做，但明空是否能清楚記得夢中梅花交代之事，則端視明空心靈清淨之程度，若心不清淨，則未必能記得梅花的交代。但梅花為防止明空不記得，特別以很強的能量來託夢，故亦激起明空極大思念之痛；通常天界給人啟示時亦同，重大或緊急事項才會用很強能量來託夢，以提高當事人記得的機率。

明空將夢中梅花交代連夜下山往北邊走，唯有隱居於突厥國境內方有活命機會，均如實告訴紫霞。雖只是深夜一場清夢，可明空及紫霞早已感受到軍師和幾個頭目對自己非常不滿；而且梅花追隨慧可大師參悟佛法，也許梅花已開悟證道，特別前來託夢示警。故明空及紫霞認為不可忽視此夢，決心照夢中梅花指示，立即起床收拾細軟、連夜下山。

明空及紫霞連夜下山之際，梅花緊緊跟在明空身邊守護，由於強盜大本山各道路守兵甚多，要下山誠非易事，只能走林間小路設法躲過守兵，梅花為保護明空安全，特向黃河之河神借雨，河神見梅花係開悟證道之高級靈，遂慷慨協助，適時於大本山周邊降下豪雨，豪雨混淆守兵視線，以利明空及紫霞逃離。

及至清晨，強盜首領發現女兒及女婿失蹤，遂召集軍師等人問明情況，軍師等回覆，因昨夜豪雨，山區視線不佳，泥土地上處處泥淖，無法判斷明空夫婦離開之路線，亦無法知悉明空夫婦離開後之目的地。

首領愛女心切，深恐離山遇到仇家豈不糟糕！故下令軍師調集一千人馬，兵分四路兼程找回愛女紫霞。無知的強盜首領，不知軍師等人密謀殺害紫霞夫婦，還將此重任委之軍師，實乃向鬼拿藥方，將自己女兒送上鬼門關。

明空依照夢中梅花指示，與紫霞快馬往北前進，但隨後有軍師追兵二百五十人火速追趕，萬一給軍師追兵拿住，明空夫婦必死無疑。梅花急切之下，拜託附近山神、樹神、河神、土地神、城隍神等神祇，以神力拖延軍師追兵速度，讓他們無法拿住明空夫婦。

然這些神祇亦察覺軍師之追兵身懷地府索命狀，三天之後明空死期即到，故該等神祇表示，只能暫時幫忙，三天後還是必須讓軍師追上明空夫婦。梅花自然尊重索命狀，只希望拖延軍師追兵前進速度，不要讓明空夫婦提早就被軍師他們拿住，三天之內明空應可抵達突厥國，這群強盜於突厥國氣焰及實力均遠低於在周、齊兩國境內，明空方有一線活命生機。

眾神祇受到梅花之委託，以神力掀起狂風暴雨，讓軍師之追兵不得不停止前進，成功的拖延了軍師前進速度。此時，地府之鬼使神差亦現身人間執行任務，鬼使神差引導軍師研判明空夫婦必往北逃至突厥國，因為突厥國內該山強盜影響力極微，是躲藏的最好去處，故軍師受到鬼使神差之暗示，除了親自帶兵往北急追，同時以飛鴿傳書，諭知北邊鄰近突厥國堂口之弟兄劫住明空夫婦。

依據梅花的研判，追兵在鬼使神差的安排之下，三天內必會追上明空及紫霞，但紫霞功夫不俗，不可能束手被擒，也不可能恃其高強功夫自行開溜，必會留下全力保護明空，因此紫霞必和軍師追兵有激烈打鬥，但紫霞畢竟只一人，遲早會敗陣而亡。梅花亦研判，紫霞為救明空而亡，符合明空生死簿之記載，故明空有活下去的機會。

梅花研判之後，便以原靈之本尊全天守護明空，梅花在河北家中之肉身內係梅花原靈之分身，此外梅花復以其他分身前往突厥國安排明空逃亡路線及隱居處所。梅花又拜託突厥國當地各神祇，於紫霞被追兵圍困時，立即安排官府出面干預，讓明空順利脫逃。

明空夫婦將離開國境進入突厥國時，遭遇堂口弟兄攔截，故紫霞與堂口弟兄發生第一波衝突，幸賴紫霞功夫高強，又是首領之女，故堂口弟兄無法拿住紫霞，也不敢全力廝殺，惟恐傷及紫霞，只想拖延時間，待軍師追兵趕到，再請軍師作主方是道理，因軍師為此山強盜首領以降的第二把交椅，有軍師作主，堂口兄弟自不會開罪於首領。

經過這麼一拖延，明空、紫霞才脫身進入突厥國邊境小鎮時，軍師追兵也同時到達，雙方冤家路窄，就在小鎮上碰面，紫霞見對方人多勢眾，自己久戰必敗，因此立即帶著明空設法強力突圍繼續向北而去。

所謂仇人見面分外眼紅，身懷索命狀的軍師，見面之後出手毫不留情，軍師下令捉拿明空夫婦，若有不從、格殺勿論。紫霞本想以高強武藝向北突圍而去，無奈明空不諳武功，故紫霞為保護明空已非常吃力，實在無力突圍，經過幾番打鬥之後，紫霞已負傷，但為保護愛夫明空，紫霞決定戰至最後一刻。

此時梅花所拜託之各路神祇見紫霞被圍困，隻身力敵群賊，料是必死無疑，已符合生死簿之記載，故各路神祇火速以神力驅使百姓報官府處裡，復以神力驅使官府派兵快馬加鞭前來救人，故紫霞於重傷垂危之際，突厥官府救兵已到，軍師見紫霞必死無疑，心頭十分快活，軍師心想本山強盜與突厥國朝廷素無交情，不宜與彼等衝突，遂率眾速離現場。

紫霞見救兵前來，始重傷不支倒地，明空見紫霞為保護自己而身受重傷垂危，原本即是夫妻恩愛，如今更深受紫霞為己殉難之深情所感動，故痛哭急切請求突厥官兵務必救紫霞一命。官兵速將紫霞送至該鎮大夫處治療，無奈紫霞傷勢太重，大夫無力回天，紫霞於命終前，以微弱之聲音交待明空：「切莫回周國，好好在此活下去，願菩薩保佑你，來世願再結連理。」明空對紫霞說，一切依妳，誠願來世再結連理，言罷紫霞辭世，明空傷心至極，崩潰痛哭。

明空、紫霞雙飛赴突厥國，本想隱居避難，度此殘生，想不到與愛妻紫霞才到突厥邊境小鎮，紫霞便撒手而去。明空回想前塵往事，三年多前，若不是紫霞相救，早已成了刀下亡魂，而如今紫霞為了保護自己，苦戰重傷而死，且就在明空眼前，親眼看見一刀一劍的砍在紫霞身上，明空怎樣也無法忘懷紫霞痛苦力戰的那個畫面，怎樣也無法忘懷紫霞對自己犧牲生命的至愛。明空擇地而葬愛妻紫霞，立誓守墓三年、寸步不離，以報紫霞捨命之愛。

談因論果，這紫霞前世晚年隨陸修靜修道，痛改前非，今生又為救護明空，被群賊亂刀砍死，可以說還了許多因果債；但障礙明空開悟證道的前業尚未清償，破壞明空前世天界大使任務之前債亦未清償，且紫霞亦未開悟證道，因此勢必苦海輪迴。

梅花原靈一直守護在明空身邊，除了以超能力、高能量安慰明空，尚不斷提醒明空冷靜下來，依照慧可大師指點的頓悟心法潛心參悟，故明空於紫霞辭世後數月即從極度悲慟中走出來，靜下來參悟心法。

梅花復以法眼測知，強盜軍師將紫霞之死推給明空，說是明空為逃離大本山而害死紫霞，強盜首領信以為真，下令各堂口捉拿明空。故梅花復託夢給明空，三年之後天下大勢將變，周、齊兩國必亡，該山強盜亦被新政權所破，屆時明空才安全無虞，可回河北老家團圓，於今之計，只宜隱居於突厥國，萬勿踏入周、齊兩國，否則性命不保。

明空隻身在突厥北國，愛妻紫霞陣亡，愛妻梅花及雙親、恩師皆遠在河北，想來是何等的零丁，尤其寒冬北國飄雪的日子，那是何等的冷清。

命運已走到這個地步，何須埋怨頹廢？於是明空痛下決心，放下一切塵緣愁思，潛心修悟心法，明空終於在第三年飄雪的日子開悟證道，看破這世界僅是一場清夢，夢中盡是顛倒執著，不禁大笑，笑天下可笑之事，笑天下可笑之人。

明空頓時法眼全開，入眼的第一景即是愛妻梅花含笑立於前，霎時間一切前塵往事完全憶起，原來梅花從前世到今生一直守護著自己，又想起前世自己將梅花冷落於楓林居的點點滴滴，實在慚愧不已，於是起座，拉著梅花的手往穹蒼的高處飛去，雙飛回天界明月小築，明空急著和梅花回明月小築，要在他們所愛的畫舫煮茶賞月。

讀者Q&A

Q：請問該如何超度往生的親友？

A：建議民眾可以為已逝親友進行以下的禱告：「懇求地藏王菩薩接引、勸化及護送亡靈○○○前往陰間安息，使其免於在大地流浪、免於被靈界惡勢力欺壓或拘留。懇求地藏王菩薩勸化亡靈○○○早日接受解脫心法、教化○○○能真修實煉，早日開悟、早日脫離輪迴苦海。」多數亡靈死後依然十分眷戀地球上的生活，徘徊在原處不肯離去，活著的親友可透過殷切的禱告，請地藏王菩薩勸化已故親友至陰間安息，並引導他們開悟，如此方能對亡靈在解脫路上產生正面幫助。

第五十二回
應度亡靈赴陰間，有眼不識解脫者
慧可入獄晚景涼，道家大師蘇玄朗

明空開悟證道法眼一開，便見梅花含笑立於前，一切前塵往事了然於心，遂拉起梅花的手，一同往穹蒼的高處飛去，霎時間飛回天界明月小築，回到他倆最愛的畫舫煮茶、賞月、賞雪。明空於突厥國隱遁三年，突厥國氣候寒冷，及至冬季更是大雪紛飛，飛雪更添寒意，加上思鄉思親之情，那可真不好受，常令明空淚濕衣襟；可這明月小築的飄雪，只是透著一股清涼，並不覺得嚴寒，且飄雪具有極高能量，能使人精神爽朗。

明空與梅花煮茶賞雪之際，道出其下凡人間至今遺憾之事有三，其一，未能完成承接陸修靜大師道家解脫心法之任務。其二，下凡人間本為度眾生，可卻殺害眾生，雖不是親手所殺，但皆由自己下令所殺，談因論果豈可置身事外。其三，紫霞為救自己，承受刀劍砍在身上的巨大痛苦，至死力戰不退，此捨己相救之至愛令明空難忘。

故明空決定再下凡人間，一則發揚光大道家解脫心法，再則履行紫霞於辭世時雙方約定來世再為夫妻之約，三則希望能將紫霞度回天界。對於明空的決定，梅花亦深表認同，然此世之生命尚未走到終點，梅花認為今生應協助師父慧可大師光大達摩祖師心法，因為梅花及明空以自己開悟證道之實證經驗，確知達摩祖師「不立文字、頓悟成佛」之心法，真能幫助眾生解脫，故如此美好之心法，實應光大之。

彼時周、齊兩國將被隋朝滅亡，分裂的中國將統一，那群勢力強大的強盜集團頓失周、齊兩國朝廷貪官污吏之靠山，必被隋朝新政權掃蕩剷除，只要明空殺身之禍一除，將離開突厥國回河北老家團員。明空與梅花於明月小築相聚之後，原靈均回到肉身，明空開始收拾細軟，時機一到便啟程回河北老家。

明空開悟證道之後，復以法眼觀看紫霞亡靈現在何處？明空發現紫霞亡靈仍在突厥國自己身旁及墳頭圍繞不去，時而回強盜大本山探望父母家人，時而和若干性向相近之亡靈結伴出遊。

明空亦發現，梅花為安頓紫霞之亡靈不至於在人間流浪，特於自己居所旁之靈界，以神力為紫霞築一小庵，讓紫霞可以安居。紫霞係死於重傷，雖已無肉體，但紫霞亡靈仍深感痛苦不安，故梅花不斷安慰紫霞，以定紫霞之神識，並授以解脫心法，讓紫霞得以修悟解脫。當紫霞發現明空已經可以看見自己，心中甚覺歡喜，終於可以和明空訴說心事，明空除了表示對紫霞的思念，亦感激紫霞捨命相救之愛，還鼓勵紫霞用心修悟解脫心法。明空屈指算出紫霞下次輪迴時間，適逢師父慧可大師圓寂之後，故明空決定於師父圓寂之後即坐化，陪紫霞共赴輪迴之路，有明空一路相伴，紫霞自然非常欣喜。

解脫之道並非有肉體的活人才能修行，亡靈亦可修行，只是亡靈的習氣與活著的時候相同，活著的時候剛強難化，死後依然剛強難化；活著的時候執著錯誤的修行方式，不能接受解脫心法，死後依然頑固其錯誤修行方式，還是無法接受解脫心法。故度化亡靈與度活人一樣必須運用諸善巧方便，還要講究機緣，並非每個亡靈皆能順利度化。

民間流行以誦經法會超度亡靈，甚至說可以超度到極樂世界去，此乃浪費金錢虛妄之方法也，法會頂多給生者心理上的安慰，以為已經為亡靈辦了不少事情，實際上不可能把亡靈超度到極樂世界去，甚至那些法會對亡靈之助益極低，亡靈之去處，完全取決於自己修行之功力及一生之業力。

如果亡靈生前就不信經教，則那些誦經法會對亡靈而言，只是製造一大堆噪音，不但無益，對亡靈還是一種騷擾。如果亡靈生前雖信經教，但對修行冷淡無趣，則幾場誦經法會不可能使亡靈突然轉冷淡為積極，亦不可能幾場法會就將亡靈一生業障勾銷。

亡靈的修行開悟證道過程，與活人的修行開悟證道過程完全相同，一點捷徑也沒有，必須真修實煉，故生者不必浪費金錢請誦經團，亦不必浪費金錢辦法會。不如自己長年累月為亡靈付出禱告，禱告請菩薩勸亡靈接受解脫心法，禱告請菩薩提醒亡靈真修實煉，如此方是度亡靈之正路，便宜行事必是錯路。

亡靈離開肉體之後，除了解脫者可以回到天界，其餘都還在苦海輪迴，依其修行功力以及一生業力決定去處。大多數亡靈都屬於沒有大惡，但修行功夫淺薄，又對紅塵非常眷戀，如是亡靈不會掉入地獄，也不會升天，而是在地球上流浪等候輪迴，他們會在生前眷戀的幾個地方徘徊，並積極找活人的肉體附身，附身成功即可享受肉體的生活，與活著的時候無異。

還有為數可觀的亡靈群聚於各宗教機構，因為這些亡靈生前虔誠敬拜佛菩薩或上帝，一心等候佛菩薩或上帝接引自己回天，無奈死後卻苦等不到接引，此時亡靈往往以為自己生前對佛菩薩、對上帝不夠認真付出，因此就群聚於生前所熱衷的宗教機構，繼續生前的宗教行為，對佛菩薩、對上帝更加虔誠付出，期待蒙垂憐，總有一日被接引回天。

實際上，靠求神拜佛，無論怎麼虔誠，無論怎麼乖順，無論捐多少錢，無論付出多少服務，都不可能解脫。欲證解脫，必須不受紅塵羈絆，且生前就開悟證道。開悟證道，包含開悟＋證道，是兩個程序，所謂開悟，是確信自己有圓滿的自性，確信自己即是佛，確信自己即是上帝，亦即找到自己圓滿的鐳光球。所謂證道，係經過四大關的考驗，仍不被紅塵羈絆，亦不被任何宗教邪說誘惑，毫不動搖自己已經成佛、已經是上帝的確信，如此即是證道。

雖然沒有開悟證道，也還執迷於紅塵，可是有虔誠的宗教行為，也有許多慈愛的付出，這樣的人於輪迴時，得投生好家庭，一生順利，但由於心性仍在迷失狀態，難免造作業障，下次輪迴，未必仍會有好去處，故輪迴中人始終處於高風險之不確定狀態。

新興的隋政權，順利統一中國，那群勢力遍及周、齊兩國的強盜集團，果然被隋朝大軍清剿。因此明空啟程回河北老家，由於紫霞輪迴時間尚未到，故明空讓紫霞一路跟著自己回老家。若非梅花及明空都是開悟證道的高級靈，有足夠能力開導及安頓亡靈，一般民眾沒有能力開導及安頓亡靈，萬萬不宜將亡靈帶在身邊，否則只會徒增生者與死者愛戀思慕之痛苦，對雙方都無益處，宜禱告請地藏王菩薩將亡靈引度到「陰間」等候輪迴。

陰間是地藏王菩薩於靈界特設的一個區域，讓那些不必下地獄，又回不去天界的亡靈，能夠有一個安全的活動區域，該區域如同人間的社區，生活方式也與人間相似。地藏王菩薩派遣天界之靈前往陰間保護亡靈，並指導亡靈追求解脫，只是那些輪迴中的亡靈都有其執著的劣根性，未必聽從開導，甚至未必願意到陰間居住，故還是有很多亡靈在人間流浪。家屬超度亡靈的最佳方式就是向地藏王菩薩禱告，請地藏王菩薩引度亡靈去陰間等候輪迴。

明空從出外商旅至今已超過七年，如今終於歷劫歸來，明空父母多年來思兒心切，今日終於能再見到明空，一時相擁而泣，明空看見青梅竹馬愛妻梅花，亦相擁而泣。雖然明空開悟證道後，已能萬里視物，早已遙視家人多次，更能原靈出竅，瞬間即可到家，可那都是原靈之活動，明空肉身七年多來首次見到家人，亦是七年多來首次見到梅花，腦細胞中的愁思一時得到慰藉，故亦激動落淚。

新朝代建立之後，佛教倍受重視，此乃因為隋朝開國皇帝「楊堅」自幼即受到尼姑撫養，稱帝之後規定「佛先道後」。可佛教倍受重視，對於慧可大師而言反倒不是什麼好消息，本文前數篇即說明，南北朝佛教界認為達摩及慧可師徒為魔教，故佛教愈強，對慧可大師愈不利。尤其縣城那位大名鼎鼎的禪師，本來對慧可大師即百般為難，如今該禪師更受到朝廷的禮遇，故愈發排斥慧可大師，慧可大師處境很艱辛。

明空及梅花開悟證道之後，確信慧可大師「不立文字、頓悟成佛」乃正宗的解脫心法，故明空及梅花全力光大慧可大師解脫心法，在明空及梅花的努力之下，追隨慧可大師的門生愈來愈多，門庭逐漸廣大，但門庭廣大卻令那縣城禪師十分不悅，禪師決心出面「捍衛正宗佛法、打擊魔教邪說」，因此向朝廷構陷慧可大師，以禪師之聲望，朝廷自然深信不疑，慧可大師最終被害死於獄中。

慧可大師為開悟證道之解脫者，何故晚景如此淒涼？談因論果，慧可大師武功造詣高強，出家之前曾擔任朝廷大將，於戰場上所造殺業著實不少，故晚年才有此一劫。雖慧可大師係因殺業而亡，然亦可看出當時佛教界已嚴重偏差，竟認不出開悟證道的大師，足見當時佛門無力引導眾生得解脫，幸好慧可大師於圓寂若干年前已將衣缽傳給三祖僧璨大師，正宗佛門解脫心法後繼有人。

慧可大師圓寂之後，紫霞輪迴時間也將到，故明空將隨紫霞輪迴而去，梅花則選擇坐化歸天。明空前世未能接續陸修靜大師光大道家解脫心法，實乃明空之一大遺憾，故此次下凡人間，除與紫霞再結連理之外，想為道家解脫心法盡些力，以補前愆。明空遂以法眼搜尋中國境內道家修行高手，發現道家「蘇玄朗」大師頂門放大光直衝九霄，其修為功力不在僧璨大師之下，故明空甚覺歡喜，決心下凡人間之後，要投入蘇玄朗大師門下。

明空立即以千里傳音與蘇玄朗大師對話，表明將下凡人間追隨大師修悟道家解脫心法。蘇玄朗大師以其「內丹玄功」觀照明空前世因果，一切均了然於心，非常欽佩明空下凡度眾生之大悲心，故蘇玄朗大師回應甚表歡迎，並表示明空及紫霞出生之後將親自以道力護衛，並安排接引明空及紫霞至其門下修悟。

欲得追隨解脫大師修悟，必須善根因緣俱足方有此機遇，一般人未必有機會值遇解脫大師，若因緣不俱足，縱然勉強為之安排，相遇之後亦不能信受教導。明空為解脫者，自然俱足善根因緣得追隨蘇玄朗大師修悟，而紫霞連續兩世修悟陸修靜及慧可兩位大師的解脫心法，故紫霞亦有相當善根因緣得親近蘇玄朗大師。明空及紫霞的下一世將以蘇玄朗大師為中心，展開其新的人生。

讀者Q&A

Q：如何判斷自己修煉的方法能夠於死後回到天界？

A：只要維持精準的開悟，並透過持續的禱告及念佛運用超能力，就能逐漸把生活的不確定降低，幾年之後，達到幾乎能掌控人生所有事務，生活既安穩又幸福，重病也逐漸痊癒，而且隨著修為及超能力之提升，心中愈來愈篤定，此時對於身後能否解脫，心中已有肯定的答案。

第五十三回
羅浮山中藏真人，夜梟色魔戰績佳
夢境啟示一平台，嶺南天緣在春季

蘇玄朗大師隱於羅浮山青霞谷，羅浮山係道家十大名山之一，佔地極廣達數百里，數百里範圍內盡是飛瀑流泉、仙洞奇景，由於山明水秀、靈氣逼人，故隱居於此修道之人很多，其中不乏能人高手，故明空於距此數千里之河北以法眼觀看，即見此山處處是祥光，更有大光直衝九霄，此大光即蘇玄朗是也。

道家從祖師爺老子以降幾經興衰，道家之興衰與人才極有關係，若後繼有人，則道家純正解脫思想得以延續，反之若後繼無人，解脫思想則易走樣。老子之解脫思想為「虛心實腹，不與人爭」，簡簡單單的八個字，很明顯的是一個向內心追求的「心法」。可是一旦人才凋零，則心法變成了向外追求的「相法」，道家的相法諸如：符咒、法術、風水、地理、煉仙丹、鬼神崇拜等等，此皆為道家末流，無法使人解脫。

陸修靜大師辭世之後，因明空未能承接陸修靜的衣缽，致使陸修靜選擇以次等人才接棒，故陸修靜一脈解脫心法未能源遠流長，不到百年的時間就日趨凋零，南北朝末年道家之主流已不是心法，而是符咒法術、提煉仙丹以及鬼神崇拜的相法，許多修道人投入提煉仙丹之研究，妄想可以煉出仙丹，一經口服即可成仙，道家發展已經嚴重偏差；及至隋朝開國皇帝楊堅時期，又規定「佛先而道後」，故受到國家政策之影響，道家之發展益形遲緩。

幸好此時道家出現了一位悟性高超的蘇玄朗，蘇玄朗早年修煉道法之時，即認為符咒法術及煉製仙丹均非解脫之道，尤其口服仙丹即可成仙之說，蘇玄朗認為是無稽之談，故他專一往心法方向去修悟，由於蘇玄朗定位準確，後來得遇老子親自顯化指導，老子點化蘇玄朗曰：「人人心內已有仙丹，何勞仰賴丹爐煉仙丹？」經老子點化之後，蘇玄朗大徹大悟，蘇玄朗將老子之點化以「內丹」簡稱之，並以之作為指導門生之法門，成為道家首位將老子「內丹」之說落實於世之鼻祖，對道家解脫心法有重大貢獻。

紫霞今生輪迴於嶺南（廣東）一戶鐵店人家，紫霞父親擅長於鑄造刀、劍及各式鐵器，父親手藝不錯、廣受好評，在嶺南地方頗具聲望。紫霞父親為擴大事業版圖，與許多綠林幫派通商，為綠林幫派鑄造不少武器，故紫霞父親與許多綠林幫派首領熟識。

隋朝新政權為統一中國，強化朝廷統治力，強力肅清各山強盜、各大幫派，後來朝廷得知紫霞父親長期提供武器給綠林幫派，故將乃父列入黑名單，要嶺南地方官府嚴予監控，只要稍有風吹草動，乃父隨時會被官府緝拿，此罪可大可小，若朝廷認為乃父只是正常經營打鐵生意，沒有勾連綠林殺人越貨之罪，則一切均安；但萬一朝廷往大處辦，家人必將陷於絕境，甚至滿門斬首，故乃父為此煩惱不已，尤其寶貝女兒紫霞才幾歲大，萬一出事那如何是好？

業力之牽扯著實麻煩難纏，通常不可能輪迴一次即完全消化完畢，紫霞之前前世為儀和公主時期所主導的宮廷鬥爭仇家太多，雖前世紫霞被刀劍所殺，但殺業仍未全了，且鬥爭而使別人陷入絕境之業亦未了，故紫霞今生有「陷入絕境之業及殺業」兩個業力威脅。鐵店家庭正好亦受此二業纏身，此乃紫霞投生於這個打鐵家庭之原因。

然紫霞有修行陸修靜、慧可兩位大師解脫心法之善根因緣，故明空將紫霞安排於蘇玄朗大師身旁，寄望今生紫霞能開悟證道。明空已證達解脫，故有能力前往地府參與紫霞輪迴之安排，地府也樂意讓解脫者參與輪迴之安排，除此之外，地府主管之生死簿亦樂意讓解脫者借閱，故解脫者可以自由進出地府。

紫霞的家離羅浮山很近，蘇玄朗又是嶺南最有知名度的大師，幾乎成為家喻戶曉的人物，故紫霞要找到蘇玄朗並不困難。尤其蘇玄朗答應過明空，明空與紫霞一出生，將親自以道力護衛明空及紫霞，也會接引明空及紫霞投入自己門下修悟。有蘇玄朗這樣的解脫大師護衛及接引，何愁入不了大師門庭？

解脫者超能力均達九成以上，除了不能操控眾生自由意願、不能違背因果法則，解脫者沒有什麼辦不到的事。若要與魔界打仗，解脫者必然能立於不敗之地，縱然與撒旦單挑，也保證不敗，但解脫者雖不會敗但有可能受傷，若受傷則瞬間退出戰局即可。

蘇玄朗除了於隋朝護衛紫霞及明空，目前亦參加兩千年天界大使團隊的護衛工作，蘇玄朗道法高深，超能力與魔界三巨頭相當。地藏王菩薩除了擬定兩千年天界大使名單，亦擬定兩千年天界大使守護靈名單，每位守護靈均是已解脫的高級靈，每位天界團隊成員都有一位專屬高級靈保護。

蘇玄朗即是守護靈名單人員之一，其餘守護靈亦是如蘇玄朗一樣的大師級人物，有如此強大的守護靈貼身護衛，天界團隊成員何須擔憂魔界之侵犯，應該擔心的是自己的缺點導致漏洞，給魔界之靈有機會鑽入自己體內，最後其實是自己打垮自己。

魔界為了阻止天界團隊成員開悟證道，特派遣「夜梟色魔」軍團參戰，夜梟色魔之專長為安排「孽緣」之男女關係，以此孽緣騷擾眾生，一旦被夜梟色魔纏身，必然魂縈夢牽於兩性之樂，為滿足兩性之樂，常有荒腔走板之言行，所謂荒腔走板包含嫉妒、爭奪、冷酷、婚外情、性犯罪。被夜梟色魔纏身，將侵蝕修行功底，此時修行定位很容易產生偏差而不自知，而且既是孽緣，對自己終究無益，難成佳偶。夜梟色魔的真身是漆黑色，喜歡以狐狸、野貓、貓頭鷹之造型顯化，或搖身一變成為月下老人，可夜梟色魔所化之月下老人可不是牽起良好姻緣，而是製造孽緣，滿足肉體情慾，故此種月老可稱之為「假月老」。

天界團隊成員身邊都有高級靈守護，故一旦夜梟色魔靠近，守護靈必然透過各種方式啟示當事人，啟示的方法有很多，其一是透過夢境。地藏經記載，遙遠劫之前地藏王菩薩尚未開悟證道，當時地藏王菩薩為「光目女」，為了知道母親亡靈之去處而持念「清淨蓮花目如來」之聖號，清淨蓮花目如來即在「夢中」啟示光目女母親亡靈之去處。

地藏經還記載，釋迦牟尼佛云，若欲知悉家屬過世後亡靈去處，可念地藏王菩薩聖號滿萬遍，菩薩將於「夢中」現無邊身，告知亡靈之去向。釋迦牟尼佛復云，若能虔誠皈依地藏王菩薩，菩薩將於「夢中」為彼等「摩頂授記」。因此夢境不但是天界啟示的平台，夢境亦是地藏王菩薩為眾生授記之平台。此處提到的摩頂授記，即是兩千年天界團隊採用之方法，若修行者虔誠皈依地藏王菩薩，必能於夢中得地藏王菩薩親自授記，就無須找天界團隊印心授記。但若信仰地藏王菩薩很多年，就是等不到菩薩來夢中授記，此即表示自己的修行出了問題，此時建議找天界團隊研究一下，自己修行的問題出在哪裡？

雖然地藏經多處記載夢境是天界啟示之平台，但夢境並非完全可靠，我們務必審慎檢擇夢境，首先要過濾掉不可採信的「幻夢」，幻夢有幾個特質：

一、夢境中劇情可以隨自己意念而轉，若出現此情形，則此夢是自己意念的造夢。

二、夢境很明顯是醒著時候所經歷之情境，則此夢是潛意識的留影。

三、夢境雜亂模糊，此夢亦為潛意識之留影。

四、夢境帶來負面情緒，例如：憤怒、恐懼或煩惱，或醒來覺得很疲倦，則此夢屬於生活中不如意心結的投射。

五、夢境赤裸裸的挑撥我們和親友的關係，此夢勿妄加相信，八成是惡靈的傑作。天界總是希望世人互信互愛，進行挑撥離間的絕非天界之行為，只有出現重大威脅，天界才會示警，縱然提出示警，天界於夢中亦是含蓄的點到為止，不會赤裸裸挑撥批判。

六、夢境違背因果法則、違背本性圓滿俱足、違背眾生平等，則亦不可信。例如，夢見菩薩現身指示修行方式，但此修行方式之內涵為「符咒法術、風水地理、鬼神崇拜、提煉仙丹、出錢出力、追求功德」，盡是一些相法修行，都不是「直指人心、見性成佛」的正確解脫修行，故此夢中顯化之菩薩有可能是魔界之靈冒充，故萬不可信之。

過濾掉六種幻夢之後，尚須注意天界啟示的夢有幾個特質：

一、自己從未想過的事情。

二、夢境清晰、光亮。

三、夢境醒來時身體舒適，感覺疲勞有消除。

四、縱然啟示之事屬於壞消息，夢醒之時難免傷心，但總能以理性面對壞消息，因為天界啟示時，都是採用高能量頻道傳輸，故能於啟示時同時補充高能量，能量飽足之下必能提高自己面對壞消息的能耐，故能展現出理性的態度。

五、天界啟示通常是偶然為之，不太可能很頻繁，亦即不太可能天天啟示，甚至不太可能兩三天就一個啟示，夜間夢多者，多半是自己潛意識的造夢，未必是天界啟示。

前幾段總共提出十一個指標過濾夢境，經過細心過濾之後，即可篩選出具有啟示價值的夢境，一旦夢境的篩選技術純熟之後，就可以運用夢境啟示平台，此時等於為自己增加一個極為優秀的超能力工具。

夢境啟示的最關鍵因素乃在於「天界是否願意給啟示？」如果天界不願意給啟示，則學會純熟運用過濾夢境的十一個指標亦無意義。而天界是否願意給予啟示，與我們的修行定位息息相關，如果我們修行定位錯誤，天界會對我們關閉啟示頻道，此時不可能接收到天界啟示。本文第四十三篇的三元合一即是準確的修行定位，若能持守不變，天界將為我們打開啟示的頻道，天界訊息將源源不絕傳輸給我們。

話題再回到隋朝。紫霞輪迴於鐵店人家，明空則選擇降生於蘇玄朗大師傑出弟子的家庭，明空此生的父親經營客棧業，是一個嶺南大家族，家庭經濟頗佳，一生無須為生活勞碌奔波，且乃父追隨蘇玄朗修悟多年已頗有成績，故明空為自己挑選一個最好的環境，提高自己開悟證道的機率，開悟證道之後才能實現光大道家解脫心法之心願。

然而，明空下凡的原因不僅是為了光大道家解脫心法，還要與紫霞再結連理，但紫霞今生尚受殺業及陷入絕境雙業纏身，若明空娶了紫霞，必被牽連。這些事情明空於降生之前即了然於心，然明空選擇坦然以對，因為前前世那段宮廷鬥爭之恩怨情仇，是自己與紫霞共同參與，一切因果罪業，豈能讓紫霞獨自承受，應勇於面對、積極清償宿業方是道理，況且前世紫霞捨命相救之恩，更令明空難以忘懷。

明空家族位於廣州，廣州為嶺南大城，商旅雲集，海陸貿易興盛，明空家的客棧生意興隆。明空自幼儀表不俗，端正相好，且悟性高超，故備受父母家族之疼愛，廣州離羅浮山不遠，明空父親得以時常前往拜見師父蘇玄朗，明空還是幼童之時，乃父就帶著寶貝兒子前去拜見師父蘇玄朗，蘇玄朗深知明空來歷，亦知道明空今生有災星纏身，恐怕年輕之時與紫霞將死於獄中，但不便和乃父明言，以免引起家族的擔憂及恐懼，只交代乃父曰：「此童係大羅神仙下凡，其心願為光大道家解脫心法，應早日調教此童，令其速速開悟證道，方能遂此童之願。」

乃父聞師父所言，知道愛子明空係大羅神仙乘願下凡，心中十分雀躍，直喊祖上有德、祖上有德，我們家族竟有如此子孫。乃父並遵照師父指示，開始授以道家內丹心法，明空悟性果然高超，幼童明空聞父親曰：「人心自有仙丹，何勞丹爐煉丹。」兀自拍手叫好，乃父問明空何故拍手叫好，明空對曰：「心既有仙丹，那我即是神仙，自然要開心。」乃父十分震驚，幼童明空悟性竟高超至此。

明空家客棧廚房使用之菜刀、磨刀石、鍋爐鐵具等均係向紫霞父親之鐵店進貨，這些廚房用具之採辦只是雜事，都是客棧夥計去料理，明空父親不會親自處理，故雖然是長期客人，但明空父親與紫霞父親僅是彼此認識並未深交。及至明空十六歲春季，該是明空天緣降臨之時，故地府鬼使神差扮演月老角色，讓明空突然好奇，發現廚房的磨刀石很神奇，竟然可以把刀磨利，但家裡其他石頭就不適合磨刀，因此明空想親自去打鐵店見識一下各種磨刀石。

就這麼一個好奇心，讓明空騎著馬親自到紫霞家的鐵店去看磨刀石，明空下馬才走至鐵店門口，剛好紫霞正要往門外走，明空與紫霞的今生就這麼樣的於嶺南鐵店門口相逢，由於是天緣降臨，鬼使神差讓雙方霎時間激盪起濃情蜜意，明空見到紫霞，心中便是一震，明空心想此女子怎麼如此奇麗、氣質怎麼如此高潔，故兩眼直盯著紫霞發呆。而紫霞見到明空，心中亦是一震，紫霞心想此男子怎麼如此空靈俊美，真似神仙下凡，實在令我非常喜歡，但見明空直盯著自己瞧，似乎已被人家看穿自己的心意，故紫霞羞的臉泛桃紅，女孩子嘛，怎麼可以輕易被男子識破自己的情意，不羞才怪。明空見紫霞臉泛桃紅，比嶺南春天盛開的百花都美，明空真是欣賞極了紫霞。雙方就這麼平順的相見生情，其間毫無障礙，亦無須強求，亦無須鬥鬧，此即是天緣也。

讀者 Q&A

Q：天界團隊成員身邊的高級靈是否會與成員互動呢？

A：會的。高級靈緊跟在天界團隊成員身邊，幫助我們「定位準確、開悟證道、身體健康、人生幸福」，為了有效幫助天界團隊成員，高級靈很喜歡與我們互動，適時通知我們遠離災厄，我們可透過「與高級靈對話、夢境啟示平台、眼皮設定、數字設定、殷勤禱告」等方式與高級靈互動，如果互動非常密切，就成為一種完美的天人合作關係。

第五十四回
清平繁華藏殺機，十五高道濟災民
九死一生惡鬼陣，絕色仙女是何人

明空、紫霞今生於嶺南打鐵店門口的相逢，不僅是倆人心中已互許終生，紫霞父母見紫霞臉泛桃紅、面含羞澀，便知寶貝女兒已愛上明空；明空相貌氣度與常人殊異，紫霞父母愈看明空愈是中意，後來又知道明空係縣城大客棧的公子，大客棧與本鐵店生意素有來往，已是鐵店長期客戶，雙方談得上交情，故女兒這門親事應不成問題，故乃父母不禁喜上眉梢。

由於是天緣降臨，自有鬼使神差擔任月下老人穿針引線撮合諸事，故後續之交往、提親、成婚一切過程均暢行無阻，雙方家長也一團和氣，相談甚歡，明空、紫霞順利成親，圓了前世再結連理之願。

地府生死簿內所有記載，均有鬼使神差推動實現，故生死簿內之記載事項絕無倖免，必然會一一出現在我們的人生。鬼使神差官位雖低，但諸高級神靈、諸佛菩薩均尊重鬼使神差，不會阻擋鬼使神差執行任務。因此，許多人遇到困境，四處求神拜佛，或求助於修行大師，均於事無補，困境依然存在，或有人因此就輕看佛菩薩，或輕看修行大師，此乃愚上添愚，愚不可及也。

凡遭遇困境纏身，透過許多努力均無法克服，八成是業障上身，此時唯有虔誠禱告、悉心懺悔才是正路，方有機會縮短困境纏身之時間。若於此時不知反省，反而抱怨、輕賤佛菩薩或修行大師，實乃自造新業障，對解決困境毫無助益。

若干恩愛伴侶，互相承諾來世再結連理，但此心願多半不能如願，如願者極少，此乃因輪迴中人，無法降伏橫行之雜念，故意念處於失控之狀況，鐳光球將這些失控的意念全部創造成真，故我們的人生處處出現失控無法掌握的事件，包含婚姻大事，亦不可能依著前世的心願出現，只有開悟證道的解脫者，因為已能掌控自己的意念，故可自在安排人生事。

明空、紫霞新婚之後，夫妻恩愛情深自不在話下，雙方家族互動往來亦極為親愛密切，但在幸福美好的生活之中卻隱含著殺機，可這殺機除了蘇玄朗大師識破之外，其餘諸人皆不知。

蘇玄朗預測隋朝是一個短命的政權，將於大約不到十年後被新朝代推翻，天下不久又將大亂，隋朝於政權危急之際，必下令誅殺威脅政權穩固之人，而紫霞的父親即名列朝廷黑名單，紫霞家族將有抄家之禍。蘇玄朗亦測知，此時明空、紫霞家族若能搬離嶺南遠赴北方，則今生可免此殺身之禍。

但此係因果清算，天機不可洩漏，故蘇玄朗僅能暗示，試圖令明空、紫霞家族萌搬離家鄉之志。但明空家族大客棧生意興隆，社會關係良好，一切均安，明空父親實在找不出理由搬家。而紫霞父親於隋政權初建被朝廷列入黑名單之後，即刻意孝敬地方官府要員，期待地方要員能幫忙疏通朝廷，而這群貪婪的地方官，見錢眼開、滿口答應，實際上根本是要弄紫霞父親，只收錢而不辦事。但十多年過去，州、府、縣當家的老爺換了好幾位，可這朝廷就沒有再提黑名單之事，令紫霞父親誤以為疏通有效，因此對黑名單之事早就不在意，怎願離開嶺南家鄉、遠赴北方？

隋朝時代航海技術很差，海上風險特多，故沿岸依靠討海生活之居民無不敬天拜神，期望得到天助神助，能排除海上活動的危險，當時民間最為崇拜的神祇之一為「慈航真人」，嶺南人則稱為「慈航大士」，慈航大士為一女道士，於商朝時代隱居於普陀山潮音洞修道，後來證大羅金仙，神通變化非常厲害，得道之後常在中國東南沿海一帶顯化度眾，慈航大士聞聲救苦，神異事蹟極多，故香火鼎盛。

後來中國人將慈航大士誤認為觀世音菩薩，實際上慈航大士與觀世音菩薩不是同一人。彼時慈航大士以法眼觀看隋朝時期中國修行者之氣象，扣掉若干隱居不過問世事的得道高人，願意開門授徒的得道高人僅有兩人，即：禪宗三祖僧璨大師、道家蘇玄朗大師。地球眾生剛強難化，許多得道高人選擇隱居，不想面對剛強難化的眾生，故願意出面承擔度眾生重擔者，實在難能可貴，故慈航大士對僧璨及蘇玄朗兩位極為欽佩，以宿緣故，自願擔任蘇玄朗之守護靈，協助蘇玄朗光大道家解脫心法。

當時慈航大士即和蘇玄朗談到明空，慈航大士認為明空之前業尚有轉圜餘地，未必急於年輕時受報，地球上像明空這樣悟性高超之人實乃鳳毛麟角，明空有啟發千萬人得度之實力，如果任其十年內早亡，實乃人類之損失。蘇玄朗認同慈航大士之所言，兩位決心盡力延後明空大限，為地球眾生留一香火。

他們延後明空大限的策略分為兩階段，第一階段指導明空降妖伏魔之道法，第二階段安排明空前往茅山修煉心法。雖然降妖伏魔非解脫心法，無法幫助明空解脫，但明空學習降妖伏魔道法之後，必將實際參與解救眾生之苦的工作，參與的愈多，將與眾生結下不解之緣，將來開悟證道之後，明空將不忍棄眾生而去，如此方可能為地球眾生留此香火。

蘇玄朗早期曾於茅山修煉道法，茅山位於長江邊健康大城（南京市）附近，遠離嶺南好幾千里地，是個足以安全避禍之地。蘇玄朗決定，若干年後明空降妖伏魔道法純熟，並且有相當歷練之後，再安排明空夫婦前往茅山修悟道家解脫心法，表面上是修悟解脫心法，實際上是逃避嶺南抄家之禍。

策略既定，蘇玄朗開始傳授明空降妖伏魔道法，蘇玄朗共傳授明空五套道法，一為：靈魂出竅，二為：綠葉伏魔大法，三為：晶光伏魔大法，四為：降魔寶劍，五為：護身玄光。明空悟性本來即高超，加上有蘇玄朗如此高人親授道法，故明空進步神速，一年之後將五套道法練得爐火純青，開始以道法濟世。

當時中國南方有兩個邪惡的靈界勢力危害人民不淺，一個在雲貴，另一個在東南沿海。雲貴那個惡勢力是某邪術靈符派，該派之邪術靈符極霸道，能傷人害命於千里之外，且該門派邪術靈符非常獨到，一旦民眾被該派靈符鎖定，其他門派道士無法有效解除，該門派住持號稱「總道長」，總道長邪術高超，中國境內堪稱邪術霸主。

在東南沿海的惡勢力，則是一大群邪鬼惡靈的組合，為首的是海底的「萬年魚精」，那魚精已有萬年道行，在海底霸道已久，法力極為高深，超能力直逼九成，能呼風喚雨、自在變化，加上吸收大批的邪鬼惡靈，形成一個強大的靈界國度，危害人民至深。

地球上各地厲害的精怪很多，有些地方危害人民極深，有些地方則危害較淺，危害深淺端視當地人民修行狀況而定，尤其該地若有得道大師，則通常大師會壓制精怪的活動，故精怪危害較淺。

天界高級靈不會主動干預地球各種精怪的活動，天界於收到眾生的禱告時，才會依據禱告的強弱進行大小不等的干預，天界為何不主動干預？乃因地球本來即是魔界的地盤，只是地球上眾生不知道自己掉入魔界地盤。靈界的勢力劃分很清楚，天界不會無故侵犯魔界地盤，魔界也不會任意侵犯天界範圍。

慈航大士屬於天界高級靈，故慈航大士來地球度眾生，等於是進入魔界地盤，必須聽聞眾生的禱告或呼救，才能出面干預精怪的活動。而蘇玄朗是地球人開悟證道，地球人可以主動管地球事，不須要等候人民的禱告，故地球上一個開悟證道之人，其行動力及影響力遠勝百千個天界高級靈。

蘇玄朗開悟證道之後主動打擊雲貴及沿海的靈界惡勢力，拯救了許多人民，也造成那些惡勢力不小的壓力。明空道法有成之後，學習師父之作風，率領一班師弟共十五人，四處打擊靈界惡勢力，幫助人民脫離苦難，如此行俠一年餘，此十五人已名震嶺南，被嶺南百姓稱為「嶺南十五高道」。然靈界惡勢力卻對嶺南十五高道恨之入骨，於是雲貴及沿海靈界惡勢力暗中串連，並四處尋找高級惡靈相助，佈下天羅地網準備收拾掉嶺南十五高道。

嶺南十五高道聽說閩地海邊某村莊鬧鬼嚴重，許多百姓被鬼附身，以致精神錯亂、發瘋，因此嶺南十五高道決定前往閩地該村打擊惡鬼。嶺南十五高道到達閩地該村之後，欲借一處幽靜民宅落腳，村民見嶺南十五高道前來捉妖，自然十分樂意出借。

十五高道於屋內盤腿靜坐，隨即靈魂出竅，一行人來回於村莊及海上四處巡查，發現村莊及海上有許多惡鬼邪靈，為數高達數百，明空方才思量如何與那數百惡鬼周旋，不料惡鬼群已遠遠逃至海上，嶺南十五高道立刻追擊，務必掃蕩惡鬼群。嶺南十五高道於海上追獲惡鬼群之後，立即使出師父所傳授之「綠葉伏魔大法」，道法一出，大批綠葉從天而降，每片綠葉均閃閃發光，快速擊向惡鬼群。蘇玄朗的綠葉伏魔大法果然厲害，交戰不多時數百惡鬼悉數受傷消失。

數百惡鬼消失之後，嶺南十五高道仍覺得妖氣沖天、又覺陰風慘慘，大家知道有很厲害的東西來了，故皆提高警覺、嚴陣以待。忽然敵人現身，明空一見敵人不禁膽寒，原來是萬年魚精親自出馬，魚精幻化為巨大之神靈，神靈法像莊嚴、光華普照，其威勢著實令明空畏懼，毫無致勝之把握，更何況魚精還率領五千精銳上陣，見其壯盛之軍容，明空更是愁眉深鎖，明空出道一年多來，從未見過為數如此眾多、戰鬥力如此強大的靈界惡勢力。

五千精銳不給嶺南十五高道思索機會，立即強攻上來，明空與師弟再使出「綠葉伏魔大法」迎擊，大批落葉自虛空而降，閃閃發光直擊五千精銳，五千精銳攻勢受阻，只好全力對付自天而降之落葉。此時，十五高道後方突然又出現五千惡鬼大軍，為首的是雲貴邪派「總道長」，總道長腳踏紅色飛雲，全身發大光，其威勢甚大。總道長手持令旗，令旗一揮，五千惡鬼大軍立即向嶺南十五高道殺來，十五高道立即以綠葉伏魔大法迎擊。

十五高道至此方知中了靈界惡勢力的埋伏，被上萬惡鬼精銳攻擊，已經是極難取勝，而萬年魚精及總道長又親自現身，師父說，此兩位魔頭戰鬥力高強，遇上任何一個均足以擊敗十五高道，想不到今天這兩個魔頭竟然一起在東南海面上現身，看來十五高道今天恐九死一生。萬年魚精及總道長法力著實厲害，不多久就破了蘇玄朗的綠葉伏魔大法，但上萬精銳少了一成，尚餘九千精銳。

九千精銳繼續向嶺南十五高道衝來，明空等人見情勢不妙，使出師父的「晶光伏魔大法」迎擊，此道法一出，乍見虛空中出現一大片如拳頭般大的水晶光體直擊敵人而去，水晶光體晶瑩剔透，狀甚美麗，及至觸及敵人身體時，即爆出大片烈火強光痛擊敵人。嶺南十五高道甚少使用晶光伏魔大法，因為蘇玄朗的綠葉伏魔大法就幾乎所向無敵。

九千精銳一時無法戰勝晶光伏魔大法，於糾纏之間，嶺南十五高道使出師父的「護身玄光」，期待以此玄光護身先求不敗，再伺機尋找退路。糾纏一段時間後，萬年魚精及總道長又破了蘇玄朗的晶光伏魔大法，但九千精銳經過晶光伏魔大法迎擊之後，又減少約三成兵力，餘下六千多精銳繼續向明空等人衝來，護身玄光可防衛人體周身一丈方圓之內，可敵勢甚強大，護身玄光究竟能撐多久，那就不得而知了。

此時嶺南十五高道放出最後的攻擊武器一隨身佩帶的「降魔寶劍」飛向敵陣殺敵。蘇玄朗指導每位門生煉製自己的降魔寶劍，故每人的降魔寶劍造型均不相同，降魔寶劍之威力反映個人修為，修為愈高、寶劍威力愈強。但十五高道心知肚明，無論自己的降魔寶劍多厲害，師父的兩個伏魔大法都被破了，降魔寶劍也撐不了多久，十五高道見情勢危急，遂以「心海傳音之術」向師父蘇玄朗求救。

求救之後，一道金黃色強光自空中降於地面，原來是師父蘇玄朗來救徒兒；忽然又見一道白色強光亦自空中降於地面，原來是慈航大士亦來救人。蘇玄朗及慈航大士多年來不斷打擊總道長及萬年魚精的靈界惡勢力，總道長及魚精早就想收拾掉此兩位好管閒事的傢伙，今日逮到機會怎可能放過，故總道長及萬年魚精皆全力以赴，一時強大的魔法向蘇玄朗及慈航大士狂襲而來，蘇玄朗見魔勢甚強，絕非徒兒能夠承受，因此下令徒兒速離戰場。

徒兒們依言速離戰場，十五高道自海上高速返回村莊欲靈魂歸竅回到肉體，想不到半路又殺出五千惡鬼軍團，為首的竟然是在青藏一帶橫行的「大鬼王」，這位青藏大鬼王法力高超，是一個邪惡高級靈，師父說大鬼王的功力不輸萬年魚精或總道長，足以打敗嶺南十五高道。此時明空等人已退無可退，師父及慈航大士尚與強敵對戰無法抽身相救，於今之計只能硬著頭皮全力抵擋，能拖到師父來救那是最好，如若拖不到，就當作為黎民百姓殉道吧！

大鬼王及其五千精銳不久即攻近十五高道身邊，十五高道幾經戰鬥已然疲態畢露，降魔寶劍氣若游絲，只剩下蘇玄朗的護身玄光勉強保護十五高道。大鬼王見機不可失，遂以強大魔法狂襲而來，明空等人只見烏雲蓋頂、日月無光，極強大的陰風自烏雲中吹來，吹得明空等人寒冷無比，渾身亂打寒顫，頓時失去戰鬥力，紛紛跌坐於地上，受到大鬼王強大陰風持續猛襲，明空等人已元神散亂、痛苦不堪，看來即將遭劫。

就在此時，忽見數百道強烈金光自空中攻擊大鬼王及其數千精銳大軍，數百道金光威神力足以劈裂大地，大鬼王只好收起魔法全力對付金光。明空很好奇是哪位高人前來相救，數百道金光之後，見一絕色仙女乘巨大飛龍從天而降，明空一見仙女現身，便覺十分熟悉、十分親切，尤其見仙女來救自己，不知不覺竟激動落淚，只是明空不記得此仙女是誰？話說這明空尚未開悟證道，故前塵往事忘得一乾二淨，此仙女不是外人，即明空愛妻梅花是也，而那巨大飛龍即無極神龍是也。

梅花自龍身踏雲而降，走近癱坐於地的明空，梅花見明空身負重傷，不忍的落下眼淚，將明空抱於懷中。明空被仙女抱於懷中，亦激動落淚，只覺得這懷抱非常熟悉，但就是想不出仙女是何許人？更想不透仙女為何對自己這樣好？梅花以高能量醫治明空及其眾師弟的元神，不多時十五高道元神皆已恢復壯盛，明空驅前謝過仙女相救之恩，並請問仙女來歷？

梅花對明空曰：「此乃你我前世之約，我們承諾永不遺棄對方，誓言長伴左右，以此前約故，如今特來相救，至於你我之關係，你若專心修悟，待開悟證道那日自能明白一切前塵往事，於今之計宜速離現場，我尚要收拾此大鬼王，我將隨時守護你，勿掛速去。」

明空見那巨大飛龍十分兇猛，與大鬼王及其數千精銳戰成一團，明空知道仙女尚有仗要打，遂按捺住難捨之情揮別仙女，與師弟們皆靈魂歸竅。靈魂歸竅之後，明空跌入極深的相思，一時無法自持，遂率領嶺南十五高道兼程自閩地趕回羅浮山，明空要找師父蘇玄朗問個清楚，究竟那仙女是何許人？

讀者 Q&A

Q：請問每個人身邊都會有守護靈嗎？

A：是的，人一出生，天界即派遣守護靈（或稱守護天使）守護在眾生身邊，每個人都有專屬的守護天使。然而，眾生如果自私、邪惡、或貪戀紅塵不願意開悟，守護靈經過長期勸導無效，就會離開這個人，一旦守護靈離開，此人的運勢將變壞，也會更自私、更邪惡、更貪戀紅塵，此時開悟證道的機會渺茫。故我們要經常反省，不可太自私、不可太邪惡、不可太貪戀紅塵，以免守護靈離開我們。

第五十五回
一千五百展棋局，俠道濟世破魔勢
健康大城因果現，茅山寅時悟無相

明空及其眾師弟於閩地村莊遭遇青藏大鬼王率五千精兵圍攻，陷於九死一生，幸賴梅花乘無極神龍相救，始能保全性命。實際上，蘇玄朗、慈航大士、梅花於明空遭劫之前即已測知總道長、萬年魚精、青藏大鬼王將誅殺嶺南十五高道。然蘇玄朗為了給眾弟子實修的機會，故並未事前提醒，待情況十分危急，始現身相救，三人也談妥由蘇玄朗對付總道長、慈航大士對付萬年魚精、梅花對付大鬼王。

明空靈魂歸竅之後，自閩地快馬趕回羅浮山，要請問師父蘇玄朗那仙女來歷。明空回到羅浮山後，見師父健康依舊，便知師父與總道長東南海上之戰沒有吃虧，遂向師父提及仙女搭救一事，請師父說明仙女來歷。但梅花與蘇玄朗事前即決定暫勿提及明空及梅花前塵往事，因明空此次下凡人間目的有二，一為報答紫霞捨命相救之恩，二為光大道家解脫心法，此兩目的均與梅花與明空前世之事無相干，故沒有讓明空知道的必要，不如讓明空專情對待紫霞，並潛心開悟證道，方與明空此生之目的相合。故蘇玄朗簡單帶過明空之提問，未詳加說明，明空則覺失望。

許多人喜歡知悉前世之事，但前世之事正如同昨日之事，沒有必要非得完全記得，大多數前世之事與今生之目的無關，沒有必要知道。萬一不必知道之事卻知道了，可能帶給自己時空錯亂的麻煩，一但發生錯亂，就無法專心扮演好今生的角色。因此，除非攸關重大，才會透露部分前世情節。

又有人說，知道前世的事情，才知道今生要改進之處何在。這種說法也不是很有道理，我們自己的缺點、弱點是什麼，只要自己能謙虛反省就可知悉，要不然就請師長針對我們的缺點提供建議，如此就照見自己的毛病，何必去推究前世之事。

若干人找催眠大師幫忙搜尋前世，這種方式很危險，奉勸讀者勿輕易嘗試。催眠大師清一色都是運用在大地流浪的外靈提供客人前世資料，而不是真的有能力透過催眠將客人帶回前世的記憶，所以找催眠大師幫忙，無異於找流浪之外靈幫助，故若干人催眠回家之後，發生一些身體或精神不對勁的現象，這種情況很有可能是被流浪之外靈附身，被外靈附身甚難處理，實乃自找麻煩。

不少人有經驗，找不同的催眠大師問前世，問出的結果南轅北轍，此即證明催眠大師不是真的把人帶回前世記憶區，而是不同大師有不同的流浪之外靈合作，那些外靈功力高低不同，故搜尋資料能力有差異，甚至搜尋到錯誤的資料也很有可能。若干催眠大師以為學習的是催眠技術，殊不知催眠這種技術，其實很容易與外靈打交道。

閩地事件之後數年，嶺南十五高道之道法愈發精湛，四處行俠仗義，受其幫助的百姓非常多，百姓感念十五高道之善行義舉，因此一如蘇玄朗及慈航大士的預測，明空與百姓結下不解之緣。蘇玄朗他們的努力無非是想「請佛住世」，豈能讓明空這般能度千萬人之稀有人才，僅為了報紫霞捨命相救之恩遂早夭。

蘇玄朗屈指一算，隋朝不出幾年必亡，天下將要大亂，朝廷為保全政權，將下令各地方官府逮捕誅殺名列黑名單人員，因此該是要明空遠赴茅山避禍及修煉道家解脫心法之時。明空辭別雙親及師父之後，偕紫霞循官道一路北上健康大城，沿路明空依然行俠仗義，只要發現靈界惡勢力擾害百姓，明空必然出手相救，此時明空道法已臻爐火純青，長江以南除了青藏大鬼王、雲貴總道長、萬年魚精三個魔頭比較難對付之外，明空已能輕易擊破任何靈界惡勢力。

因為明空四處插手，故五日左右的馬程，卻花了近兩個月才到達健康大城。明空決定上茅山之後不住道觀，要擇地築間小屋作為夫妻居住之處，因為茅山雖然山靈水秀，適合幽居修煉，但隋朝茅山道觀多以外丹修煉為主，或以符籙法術為主，懂心法的道士不多，不住道觀方有自由空間修悟心法。而且明空道法已臻爐火純青，不必再花時間學習道法。

此後數年，明空除了每個月上健康大城採辦生活必需品，其餘時間均深居簡出，專一修悟蘇玄朗傳授之心法，這數年間明空進步神速，離證道僅有一步之隔。但紫霞悟性就差明空一截，紫霞這幾年時而專心修悟，時而貪愛山水美景，又喜愛閒話家常，故和茅山一些女道士過從甚密，相偕遊山、或煮茶聊天、或赴健康大城遊覽，故紫霞心性不定，無法體解至道，離開悟證道尚遠。

後來朝廷果然下令各地方官府逮捕黑名單人員，此時明空、紫霞由於遠在茅山幽居，故能倖免入獄，然紫霞一家大小悉數入獄。因果清算果然難纏，本來可以順利置身事外的明空夫婦，卻因紫霞和一干女道士赴健康大城遊覽時，無意間聽聞朝廷下令逮捕黑名單人員，紫霞聽後花容失色，淚如雨下，因紫霞心想我家就名列黑名單，此時恐怕家人均已被斬首！諸道友察覺紫霞有異，不免關心數句，這紫霞涉世未深，以為道友皆多年至交，遂將家族秘密向道友透露，諸道友悉心安慰，然紫霞因牽掛家人安危，難掩悲痛之情，豈肯接受安慰，直哭個肝腸寸斷。

這紫霞頓覺在世上她已是一孤女，唯一的親人只剩明空，於是含淚快馬直奔茅山，回到小屋，一股勁的跌入明空懷抱痛哭，訴盡心中之苦，明空問明原委，原來嶺南岳家遭此劇變，明空見紫霞哀戚及恐懼，故極為不忍，安慰紫霞曰：「吾必用生命保護妳、陪伴妳，吾承諾永不離棄妳。」紫霞聽後心中稍覺踏實，但仍難抑家族劇變之痛。

紫霞吵著想知道家中光景，要明空靈魂出竅，立即前往嶺南查看，明空依紫霞所言，靜坐靈魂出竅，急急如律令，以最高速飛回嶺南，一到岳家鐵店，便見滿門於多日前被抄家，再赴衙門驚覺滿門皆已被斬首，明空難掩傷心。再疾速回到老家，所幸明空家族未被牽連，官府僅通緝明空、紫霞夫婦。

明空復疾速飛往羅浮山拜見師父，明空才見到師父，便向師父痛淚訴苦，何故才數月時間，岳家竟慘遭此變故？師父蘇玄朗曰：「紫霞家族慘劇係前世業緣，萬難挽回，為師安排汝夫妻赴茅山修道，乃為避此禍，紫霞因前世業緣牽扯，不慎於健康大城吐露家族秘密，大禍將臨門，談因論果，紫霞前業較重，今生修悟又不積極，恐難倖免於難，而汝離證道只差一步，地府願意為汝延壽十年，為師與地府已談妥，至盼汝善用此十年，為蒼生之解脫盡力而為。」

明空聽到愛妻恐難倖免，雖明白此係因果清算，然斷難接受愛妻上斷頭臺，尤其紫霞是如此柔弱的女子，怎堪受大牢酷刑？且紫霞年輕貌美，被衙門官兵押回難免被污辱，故明空決定非救紫霞不可，縱然戰死亦無所謂，於今之計便是儘速逃亡。蘇玄朗聽愛徒明空的決定，略感失望，原來明空下凡人間主要目的之一便是報答紫霞前世救命之恩，蘇玄朗原本想為眾生「請佛住世」，然如今看來，明空仍然選擇捨身搭救紫霞，這齣請佛住世的劇本算是破局了。

紫霞亦是蘇玄朗愛徒，蘇玄朗怎捨得任憑紫霞承受大牢酷刑、被官兵污辱、然後被斬首而亡。實際上，紫霞前前世為儀和公主時，對於鬥爭失敗的政敵，動輒一家老小押進大牢，年輕貌美的姑娘在大牢裡被酷刑、被污辱勢所難免。嚴格說起來，儀和公主實乃咎由自取，蘇玄朗係開悟證道的解脫者，前因後果自是了了然，故尊重因果清算，只能忍痛割愛。

蘇玄朗屈指一算，明空若強要救紫霞，最後必然走向以己命換紫霞一命之路。然明空離開悟證道只差一步，因此蘇玄朗勸明空冷靜下來，萬般且放下，專一修悟，不日必可開悟證道。明空的師兄弟聽到明空有難，咸表示相救之意，尤其嶺南十五高道原班人馬，多年同出同入、生死與共，更是相救心切，故向師父蘇玄朗請命星夜快馬北上茅山與明空會合，以保護師兄明空夫婦安全。師兄弟情深，蘇玄朗也難以阻止，因此交待明空，等嶺南十五高道會合再出發逃亡，同時交代眾師弟，換掉道袍，著平民服裝，以免拖累道門被朝廷打壓，且務必珍惜自己生命，與官兵對戰適可而止，切莫造成殺業。

明空誓護紫霞，而眾師弟義薄雲天，必全力護衛師兄嫂，嶺南十五高道及紫霞共十六個愛徒搞不好恐皆喪命，故蘇玄朗心繫愛徒，決心親自出馬掌握戰局，賠上老命也不能讓十六個愛徒全數陣亡，能救一個是一個。故於嶺南十五高道離去之後，蘇玄朗立即前去央求幾位隱於羅浮山之武學高手出山救徒。蘇玄朗德高望重，武學高手共十七人願意陪同蘇玄朗走一趟，蘇玄朗復率徒兒四人隨行，一行共二十二人亦兼程北上直奔茅山。

明空別過師父之後，原靈疾速飛回茅山陪伴愛妻紫霞，並籌辦逃亡事宜。明空將嶺南一行所見所聞悉數向紫霞說明，紫霞聽到一家老小全被斬首，遂悲慟昏厥，明空則急切救護。明空知道紫霞大限不遠，但看著柔弱倒在床上的紫霞，怎忍刀兵之劫要紫霞承受，故明空下決心強渡鬼門關。明空連夜祭起道法，出手之道法如：「消災解厄、解冤釋結、繫命之術、造橋過限」，盡力化解將要降臨於紫霞之殺厄，甚至焚香祝天，願將地府給自己延壽的十年悉數給紫霞。

民間常有孝子為挽救父母垂危之生命，前往寺廟焚香祝天願意折自己壽命給父母，以救父母一命，但這種孝心恐難如願，因為地府之延壽通常只給很接近開悟證道的大修行者，地府為保全他們今生就能達成解脫，故會安排延壽。至於其他輪迴中人，死後仍將回到地球，故今生無須特別強留於地球，生死簿記載的大限一到，鬼使神差就執行。公元兩千年的解脫福音即是追求一世解脫，故地府對於認真實修兩千年解脫福音之民眾，樂意給予延壽以助其解脫。

明空完成各種道法之後已是深夜寅時，明空仰望滿天星斗，覺得冥冥中有一股強大的高能量多年來一直加持在自己身上，尤其每逢自己心亂顛倒之時，那能量就會發揮力量，將心靈帶回平靜的狀態，而如今大難臨頭、心思波濤起伏，那能量又起作用，明空清楚的感受到那能量正在加持自己，幫助自己快速的回歸於平靜。於是明空平靜下來了，明空回到屋內靜坐，心想這紅塵果然如一夢，看似清平繁華、老實經商的岳家，怎麼突然滿門被抄斬？世界萬千看似美麗，可哪有不凋謝的！此時明空進入甚深冥想，忽然參透宇宙真相即是無相，一切前因後果皆為自己造作，頓時慧光自頂門直衝九霄，明空開悟證道了，法眼一開，便見那於閩地村莊搭救自己的絕色仙女含笑立於前，原來那仙女不是外人，那人即是天界明月小築愛妻梅花，明空一時了然，原來明月小築別後，梅花一直以本尊或分身守護在自己身邊，而那一直加持自己的高能量即梅花是也。

讀者 Q&A

Q：是否要隱居遠離人群才有辦法開悟證道呢？

A：非也。諸多修行者擔憂心染塵埃而隱居不問世事，實際上，色不迷人乃人自迷，定力不夠才會被外境所染。很多隱居修行者，本想清淨修為，但因離群索居久了而孤僻傲慢，要不就是生活太輕鬆而懶散貪睡，數十年過去卻無顯著成果。是故，除非外境太過離譜才應遠離，否則我們不必遠離，只要下決心斷除誘惑，並與修行團體保持良好互動，借重團體的制約力量打擊自己的根性習氣，如此方為正確之修行。

第五十六回
天界萬靈尊因果，冤親現身破口罵
靈界勢力勿招惹，鄱陽湖畔衣冠塚

明空開悟證道後，一切前塵往事、一切因緣果報、一切宇宙人生之奧秘皆了然於心。明空向地府借閱紫霞生死簿，發覺地府的判決均至公至正，紫霞業障該當如是，明空心想，於今之計只能懇求冤親債主饒恕，地府才會變更生死簿之記載。

生死簿之記載並非完全不可變更，若干情形下仍得變更，得變更之情形分為三種。第一：與冤親債主協商後變更。第二：天界為終極解脫修行者延壽以確保其能夠解脫。第三：比地府高階之官員得變更之。

前述第一及第二種情形本文曾多次說明，茲不贅述，僅說明第三種情形。生死簿係地府判官所主管，而判官歸閻羅王主管，故閻羅王得下令變更生死簿之記載。閻羅王歸玉皇大帝主管，故玉皇大帝可以下令地府變更生死簿之記載。而玉皇大帝歸地藏王菩薩主管，故地藏王菩薩可下令地府變更生死簿之記載。

然天界的官階設計係為了管理方便，官階雖有大小，但沒有人間那種官僚心態，官階高的不會欺壓官階低的，大家完全尊重對方的職權。而且官階的高低不代表超能力的高低，例如地藏王菩薩和玉皇大帝官階高低雖不同，但超能力同為百分百，他們的實力一樣高，對事情的判斷力平分秋色。

天界是一個充滿慈愛、尊重、理性的地方，每個生靈都受到最高的重視，沒有生靈會被欺壓，因此一旦發生被欺壓案件，天界會非常重視，全力協助生靈得到平反，這就是「因果報應」的由來—你若是欺壓別人，必被天界眾靈追討。是故，你前世欺壓別人，只要有冤親債主來投訴，地府判官必協助冤親債主向你討回公道，鬼使神差會上門找你，走著瞧！

天界大小官員，想法都是一致的，欺壓別人的，一定要還人家，所以天界沒有大官會任意下令地府更改生死簿。自古以來許多人於苦難中哭天喊地，可是天界眾神靈都沒有出面解其憂苦，這就表示他的苦難是前世業報。但有些人遇苦難就能逢凶化吉，這表示他的苦難不是前世業報，或者業報已清償畢。

明空知道紫霞的殺業係咎由自取，沒道理央求玉帝下令地府更改生死簿。且紫霞修煉不太認真，離開悟證道尚遠，故天界不可能為紫霞延壽。於今之計，明空只能向冤親債主請求饒恕了。不料，冤親債主指著明空叫罵：「前世那段悽苦的牢獄之災、那段家破人亡的血淚史，全係汝夫妻所陷害，如今汝要修道就可延壽十年，憐惜汝妻就想運用各種道法度劫，前世敢做，今生怎麼就不敢當呢？怎麼知道憐惜汝妻，卻不知憐惜別人的妻女呢？汝等還是依生死簿受報吧，我不可能饒恕汝等！」

明空得知冤親債主索命的態度至為堅決，故紫霞命在旦夕，不久必被健康大城官兵逮捕，因此明空決定投桃報李，以己命換紫霞一命，以償前世相救之恩。梅花提醒明空，明空以解脫者下凡人間，心願不僅報答紫霞救命之恩，尚有光大道家解脫心法之願，如今開悟證道，正是度盡天下蒼生的時候。梅花又提醒明空，明空過去多年率領嶺南十五高道行俠仗義，多年的實戰經驗，當深明大地魔勢甚強、魔勢甚大，有能力打擊靈界惡勢力之人實乃鳳毛麟角，明空等十五高道皆應珍惜生命，為眾生存續一片希望。

梅花再提醒明空，放眼中國境內開悟證道之人不到十人，此不到十人多隱居不問世事，願意出世承擔普度重任者僅禪宗僧璨大師及蘇玄朗大師，中國宗教雖很多，修行師父到處都是，卻都不能助人解脫，故僧璨及蘇玄朗責任重大，宜廣開門庭納四方眾，如今明空開悟證道，宜住世為師父分憂、為天下蒼生盡些力。

明空對於梅花所言雖能認同，但明空認為，前世全賴紫霞保全生命，才有機會開悟證道，方能參與發揚光大慧可師父的解脫心法，故紫霞對於佛門亦有間接貢獻；此外，眾生得度與否自有其因緣，當得度者必能得度，故無須過於罣礙；再則，十五高道係師父蘇玄朗最得意的十五位門生，尤其師弟「清風」、「松紋」、「抱池」三人更是人中翹楚，不僅道法高深，悟性亦高超，在師父親自指導下，不日必可開悟證道，師父後繼有人，未必非我不可。

梅花知悉明空誓救紫霞之心意後，便不再多言，不同決策自有其不同後果，一切後果由明空承擔。除了明月小築，梅花在天界有多處幽居之地，其中一處為「天靈河」，明空決定隨紫霞而去之後，梅花曾暫時至天靈河幽居，並在天靈河畔接下地藏王菩薩及耶穌基督委託的兩千年解脫福音普度計畫。

數日後，清風率十四高道到達茅山，又二日蘇玄朗率眾徒及武學高手一行二十二人亦到達茅山。明空及眾師弟見師父老人家風塵僕僕遠來茅山，師父愛護徒兒之心甚真切，故咸感念於心。蘇玄朗於途中遙視茅山放大光直沖九霄，即得知明空已開悟證道，故蘇玄朗甚覺安慰，惟明空仍決定優先救紫霞一命，明空的決定勢將牽動十五高道與健康大城官兵爆發廝殺，若明空苦戰不退，結局是明空一命換紫霞的生路。

十五高道不僅道法高深，蘇玄朗還授以劍術，故十五高道各個都深諳劍術，若十五高道全力一戰，官兵死傷勢所難免，然民不與官鬥，萬一激怒官府，官府拿出大軍追拿，十五高道恐全數陣亡，故蘇玄朗為保全愛徒性命，也是為防範愛徒造殺業，遂親自前來茅山主導戰局。蘇玄朗境界早已出神入化，元神能分身出竅至各地辦事，最多能同時分身十八處，寰宇之內暢行無阻，犯不著動用肉身，故其肉身多年來未曾離開羅浮山，可如今老師親征，不僅眾弟子震驚，就連羅浮山諸多隱者亦覺不尋常。

這次局勢異常驚險，因為雲貴總道長、萬年魚精、青藏大鬼王等靈界惡勢力，都已測算出明空、紫霞的大限將至，地府鬼使神差必然出動追拿，此時彼等乘機發動攻勢，激動十五高道與官兵廝殺，讓官府認定羅浮山與朝廷作對，再鼓動朝廷興兵剷除蘇玄朗一脈，若計畫順利成功，長江以南盡是惡魔勢力。

人間事務只要謹慎操持，多半可以有相當成果，但是靈界勢力若暗中作祟，則往往諸多出人意外，萬一碰上總道長這種魔法爐火純青的魔頭干預，則該事務絕難依照規劃而走，必被靈界勢力主導。是故，我們宜避免接觸不知其底細的靈界勢力，一旦遭惹、未必可以擺脫。曾聽友人接觸某宗教團體，數月後覺得不符其志，故決定退出，退出的過程受到團體成員熱情的慰留，但友人還是決心退出。不料沒多久，陸續出現諸多不可預期的災禍上門，除了災禍，心神也不安寧，又起許多負面念頭，夜間睡眠狀況持續惡化。

由於靈界的活動大家無法察覺，所以友人不知道自己光景不好的原因是那個宗教團體背後的靈界惡勢力在修理他，修理所謂的「背叛」者。縱然能夠察覺被靈界勢力修理，多數人也無能為力，只能一路挨打。因此，我們不要因為好奇而東奔西跑，一旦踩入不該去的地方，就是今生衰運的開始。與其東跑西跑，不如在家裡專一實修三元合一解脫心法。

健康大城府衙接獲密報：「朝廷通緝要犯明空、紫霞隱於茅山」，因此府衙立即派遣官兵前往拿人。蘇玄朗早已測算出府衙動向，一行三十八人於日前深夜即分數批離開茅山，一路西行前往鄱陽湖畔道觀。由於紫霞大限已到，蘇玄朗一路西行鄱陽湖的路上，必有鬼使神差處處製造麻煩，或風雨、或路陷、或山崩、或車禍、或強盜，讓蘇玄朗前進速度受挫，以利健康大城官兵緝拿紫霞歸案。

蘇玄朗知悉鬼使神差必有所行動，也知道總道長等魔頭必然尾隨鬼使神差大為作祟，故無論他如何縝密規劃逃亡路線，紫霞還是會碰上官兵。因此蘇玄朗要做的是，當他們與官兵相遇的時候，要設法讓眾弟子冷靜不要與官兵廝殺，而蘇玄朗委託同行的十七位武學高手，其目的也不是與官兵廝殺，主要是場面萬一失控，這些武學高手要盡力以其高超武學化解大規模廝殺，將傷亡及殺業降到最低。

實際上，多年來在蘇玄朗悉心調教之下，嶺南十五高道不僅道法達爐火純青，也不僅劍術高超，心性亦沉穩慈悲，絕不是輕浮躁進之流，蘇玄朗何必掛念呢？實際上，靈界惡勢力厲害之處就是能影響心性，讓被鎖定之人心性大變，做出些糊塗事，縱然是禪定高手，也難以完全倖免，只有開悟證道的解脫者才能完全掌握自己的心性。

明空雖然開悟證道，但下決心殉難以報紫霞救命之恩，故難以領導十五高道，而其餘十四人離開悟證道尚有一段距離，遇到鬼使神差拿人，再加上總道長等三人爐火純青的魔法作祟，心性極可能失控，而被三位魔頭利用，與官兵盡情廝殺，則必開罪於朝廷，恐將斷絕蘇玄朗一脈道家心法。

初冬十月某日清晨，天氣透著濃濃的寒意，蘇玄朗、明空已預知今日便是紫霞大限，鬼使神差佈置天羅地網要拿下紫霞。明空昨夜牽著愛妻紫霞的手，徹夜煮茶、論道、談心，夫妻恩愛情深令紫霞深覺幸福，那是一個恩愛的夜晚，可紫霞不知道明天大限將至，今夜是她和明空今世的最後一夜。

明空挽著愛妻紫霞的手，深情凝視著紫霞那張永遠看不膩的臉蛋，明空心想，自從十餘年前在嶺南鐵店門口與紫霞相遇，就被紫霞那超塵絕世之美震動心弦，紫霞的美豈是尋常女子可比！就連嶺南盛開的百花也沒有哪朵花比得上紫霞。而自己多年來四處行俠仗義，未必能時常陪著紫霞，可紫霞從無怨言，多年來時常獨守空閨，明空感念愛妻的包容及相挺，想以後再彌補紫霞，可這命運弄人，明日就是紫霞大限，想彌補紫霞的機會都沒有了，且這紫霞只是一孤女，又十分柔弱，自己雖然願意替紫霞一死，可自己走後紫霞必然肝腸寸斷，如何支持得下去呢？故明空將紫霞託付恩師蘇玄朗照顧。

明空師弟清風、松紋、抱池等十四人，都是義薄雲天的翩翩君子，對於朝廷將無辜的大嫂家族入罪咸感憤慨與不服，故決心與邪惡的朝廷對抗，全力護著師兄嫂逃亡至鄱陽湖畔道觀隱居。古代那種極權專制實在是老百姓的痛，隨便安個罪名就可入人於絕境，而卑微的老百姓又無能為力，一旦朝廷逼得太過分，老百姓只好起而對抗，這對抗本是有理，卻又被安個謀反罪、判亂罪，輕易便可抄家滅族。我們在台灣可安享民主法治，可享受宗教信仰自由，實在要感恩。

蘇玄朗一早要清風率眾師弟守住西行之路，西行之路務必暢通，又拜託十七位武學高手守住客店重要動線位置，反制官兵包圍客棧。蘇玄朗深知依據因果法則，今天必須讓官兵與紫霞碰頭，在明空與官兵衝突時，還要護著紫霞逃離現場，故一路必須暢通，且蘇玄朗先支開清風等人，用意也在防止場面失控。

清晨，陽光灑進客店，朝廷數十位官兵果然出現拿人，紫霞花容失色，頓時嚇得幾乎昏厥。官兵拿出朝廷逮捕文書，確定無誤之後即上前吆喝抓人，此時明空長劍一抽，橫擋在前將紫霞推給師父，請師父速走。官兵一擁而上，蘇玄朗與紫霞在十七位武學高手護衛下勉強離開客店快馬西行。

紫霞直嚷著：「師父救明空、師父救明空」，但局勢甚危急，稍遲些就沒命，故一路快馬疾走，蘇玄朗一再安慰紫霞，此乃因果現形，為師無能為力。但紫霞哪肯放棄明空，一路哭鬧要求回頭救人，蘇玄朗聞紫霞哀鳴聲切，於是心疼紫霞、又心疼明空，不禁老淚縱橫，淚灑於初冬的官道上。

清風遠遠見到師父等人疾速奔來，十七位武學高手尾隨於後斷官兵追殺，但獨不見師兄明空，及至近前，看見師父老淚縱橫，又見兄嫂哀鳴：「快救明空、快救明空」，便知師兄出事，清風等眾師弟馬頭一轉便欲衝回客店救師兄，蘇玄朗下令：「不准去，速速隨師父離開，留著青山在，為道脈保全實力。」但眾師弟聞兄嫂聲聲哀鳴，清風等人實在按捺不住情傷，遂下馬跪於師父前曰：「不肖徒違抗師令了，願來世再報師恩。」言畢一行人快馬奔回客店，蘇玄朗則回頭向十七位武學高手大喊：「攔下他們！」又聲聲大喊：「徒兒快回來！」十七高手一字排開逼十四高道回頭，但十四高道救人心切，長劍出鞘決定硬衝破十七高手之攔阻，除清風、松紋、抱池衝破攔阻，其餘皆被逼回頭，與蘇玄朗快馬向西逃亡。然初冬的哀戚是這樣深深的籠罩那群向西疾走的人馬，尤其那柔弱的紫霞早已泣血昏厥。

明空劍法精湛，寶劍在手，十餘人一時無法拿下明空，明空於客店內倚牆而立，企圖拖延戰局，讓師父他們遠遠逃走，可久戰之後已力不從心。此時突見清風、松紋、抱池等三人來救，已在客店外與官兵戰成一團，明空覺大事不妙，久戰大家都得死，戰死乃明空與紫霞前世業緣，三位師弟何必陪葬？

於是明空高喊：「師弟快走，此乃明空宿命。」但三位師弟怎肯走，清風曰：「要走我們一起走，吾等兄弟一場，絕不能棄兄弟於不顧。」一言罷長嘯，其慷慨義氣震動天地。數十官兵將四人團團圍住，官兵見四人勇猛非常，久戰無法拿下，已嚴重拖延緝拿紫霞進度，再遲些那要犯紫霞就溜遠了，於是官兵放棄活捉明空之計畫，祭出亂箭攻擊，明空與三位師弟均戰死於客店內外。

蘇玄朗一行人驚險的逃脫官兵的追捕，又繞路一日後安全抵達鄱陽湖畔道觀。紫霞因明空捨命相救而得以續此殘命，然紫霞完全無法接受這個結果，一連數日就只是哭，哭累了就昏睡，一點食慾都沒有。蘇玄朗萬般不忍來勸紫霞，紫霞曰：「師父好狠的心，為何棄明空於不救？我們夫妻情深，寧願共赴黃泉，斷不願獨活。」蘇玄朗曰：「為師無能，霞兒請見諒。如是結果，乃明空之心願，霞兒大限已到，明空不願汝受辱而亡，乃捨命相救，並託付為師善加照料，為師特擇鄱陽湖畔道觀作為汝幽居修悟之所，願霞兒勤加修煉，來日開悟證道，回天界與明空再續此緣。」

紫霞於鄱陽湖畔為明空立一衣冠塚，日夜常到塚邊佇立和明空說話。不久冬雪降臨，遍地灰銀的鄱陽湖畔，有一朵永遠不凋謝的花佇立於雪地，那朵花比嶺南盛開的百花都美，那花總是開在明空的墳前，那花即是紫霞。

讀者Q&A

Q：若是一般人被宗教團體背後的靈界惡勢力修理，該如何解套呢？

A：靈界勢力比的乃是超能力，所謂道高一尺、魔高一丈，若超能力輸給對方，邪惡方也會打敗正義方，故民眾務必審慎選擇宗教團體，若不慎誤入邪惡的團體難以抽身，民眾可進行強力的禱告請求天使搭救，亦可前往天界之舟請求援助，天界之舟目前有數十位訓練有素的驅魔師，能夠有效驅魔，協助眾生擺脫魔擾、重獲人生自由。

第五十七回
李唐建政道門興，初夏子時豁然悟
飄逸大仙十二人，天界團隊最核心

清風、松紋、抱池為救明空，至終被朝廷官兵亂箭射死，死前三兄弟倚背而戰，相約來世再拜同一位明師，再續師兄弟情，且立願來世仍要投入濟世除魔大業，言罷斷氣。三人斷氣靈魂才離體，梅花就來接引三人，梅花以大光分別罩住師兄弟三人靈體，此大光令三人頓覺安穩，亂箭射體之劇痛減少甚多。梅花趨前軟言安慰，讚嘆三人一生行俠仗義為萬民解除憂苦。一番對話之後，梅花請「巡弋天官」將此三人引導至初級天界安居，並等候輪迴。

亡靈離體之後，未必得蒙神佛接引，必須是大修行者，或是大善人，方得蒙神佛接引至初級天界安居，初級天界雖然無憂苦，然初級天界之眾生尚未證道，只是仰賴其善行福報而登天享樂，一旦福報用盡，自然必須再入輪迴。但於初級天界，魔界勢力難以侵擾，且有諸多高級靈來此演說解脫心法，故初級天界向上提升的力量甚大，居住於初級天界比居住於地球更容易開悟證道。

若干宗教徒，對神佛百般孝敬，或是按時捐款給該宗教機構，或是按表參加該宗教機構活動，卻沒有真心誠意修行，亦無真的善心，只是把那些宗教行為當成累積功德的方式，此舉與交易買賣無異，則亡靈未必能到初級天界居住，多半是再入輪迴。至於再入輪迴之後的幸福程度，是否因前世宗教行為而有所提昇？就因果關係而言，那些宗教圈內的行為，也僅限那群圈內人士之間互相報答或償還，未必會帶來幸福程度提昇。宗教信仰應該是幫助眾人開悟證道，至少要能淨化人心、或濟助苦難眾生。如果開悟證道、淨化人心、幫助苦難眾生三件事都沒辦到，那些宗教行為不可能提昇來世幸福程度。

梅花之所以前來接引清風三人，一則是對大修行者之禮敬，二則是將清風等三人列入兩千年天界團隊。梅花自從接受地藏王菩薩委託之後，即於地球各地尋覓合適的人選，所謂合適人選，除了大修行者之外，尚鎖定若干修煉成精之動植物，或蛇精、或狼精、或魚精、或龜精、或大樹精等，凡此精靈若能善加調化，亦足承擔大任。

清風等三人與梅花對話同時，發現客店四周靈界爆發大戰，梅花安頓好三人之後，旋即投入戰局。三人不明為何有此大戰，故請教巡弋天官，巡弋天官答曰：「此大戰係總道長等三位魔頭挑起，三位魔頭以高超魔法影響汝等十四高道之心性，使十四高道心生衝動往救明空，但明空依前世業緣，今日當受死報，故汝等十四人之行動，係干預因果，著實不可能救回明空，只是白白犧牲性命。總道長三人又希望汝等得罪朝廷，則嶺南道家解脫心法必被朝廷滅門，幸賴梅花及慈航大士出面打擊魔頭行動，方能保全其他十一位高道性命，又把與朝廷之衝突降到最低，否則後果實在不堪設想。」清風等三人聞巡弋天官所言，皆甚覺汗顏。

嶺南十五高道原本是十二男三女的組合，明空、清風、松紋、抱池四人辭世之後，十五高道成為八男三女的十一人組合。蘇玄朗心疼紫霞承受喪夫及滅門之痛，又是一孤女、無親無戚，故將十一高道留在鄱陽湖畔道觀陪伴紫霞，同時指示十一高道將道法悉數傳授紫霞，並交代紫霞與十一高道隱於此地道觀修悟心法，無事大家盡量避免外出，因為隋政權即將滅亡，四處群雄割據，戰火必然連天，此時宜深居簡出，以避免媾禍。

蘇玄朗亦測算出，天下將由「李氏」得之，李氏政權為了取得民心，將自稱為老子嫡系子孫，並刻意尊崇老子，因老子姓名為「李耳」，與李氏政權同姓，因此隋政權律定「佛先道後」的國策將被打破，佛道兩家將在平等的基礎上發展，甚至李氏政權將律定「道家為先，儒釋兩家居後」。故蘇玄朗要眾弟子悉心修悟、靜待時至，將來必有大用，並囑咐眾弟子，隋朝一滅即可返回茅山道觀廣揚道家心法，茅山除了鍾靈毓秀、氣象萬千，地理位置居於長江下游，比嶺南有更大的發展空間，道脈立基於此必能興盛。

雖然有師父的厚愛，還有十一高道的陪伴，可紫霞仍將自己困在傷心失意的小小心靈空間，自從明空走後大約半年多某日深夜亥時，那是夏季剛開始的一個夜晚，一輪明月斜掛於夜空，整片月光映在鄱陽湖水面上，紫霞看那月色甚美好，驀地想起明空於出事前一夜曾說：「吾最愛一輪明月斜掛於夜空，此時若能登舟煮茶，那情趣何其醉人也。愛妻，若哪日想找明空，汝可於月圓之夜登舟煮茶，無論我身處何地，我必然前來赴約，與妳煮茶談心。」紫霞當時不明其意，只當明空一時興起逗自己開心，如今想來不勝唏噓，可這段明空的遺言燃起紫霞極大的希望，紫霞決心一試。

紫霞想到此，覺得這必是明空回來提醒自己，明空必會在湖面舟上出現。因此紫霞快速打點煮茶工具及若干茶點，打點停當約於深夜子時推開道觀大門，一股勁的往停泊於湖邊的舟快步走去。紫霞的動作驚動了十一高道，十一高道以為大嫂又想念師兄，要去明空塚邊和師兄說話，但只見大嫂繞過衣冠塚繼續快步往湖邊走去。

大嫂的行徑與往常迥異，大家怕大嫂尋短，故十一高道的「天吟」、「天珊」、「天韻」三位女高道，立即奪門而出追上前去，天吟遠遠呼喚「大嫂、大嫂」，然紫霞似未聽見，只一味低著頭往湖邊快步走去。及至三人追上大嫂之時，天吟見大嫂手中提著許多煮茶器具，便問：「大嫂還好吧，深夜子時要去哪裡？」紫霞抬起頭曰：「去見妳師兄明空。」天吟見紫霞喜形於色，反而倍覺心酸，師兄走了半年多了，怎大嫂還說去見師兄呢？天吟心想，大嫂八成是相思成瘋，因此極力勸回大嫂。

可紫霞堅定的要登舟煮茶，並且要將舟搖至湖面等待明空現身，紫霞說這是她和明空約好的見面方式，明空是守信諾之人，決計不會失信於她。天吟等三人擔心出事，說要幫忙大嫂搖舟，但紫霞拒絕，紫霞說要一人獨會明空，請師妹三人速回。天吟等三人只好依著大嫂，然紫霞登舟啟航後，三人找了另外一小舟遠遠跟著紫霞。

紫霞柔弱的身子搖起舟來倍覺艱辛，但為了見明空，那些辛苦算不得什麼，舟離岸邊大約十丈距離紫霞停止前進，紫霞開心的起火煮茶，紫霞邊起火邊和明空說話，紫霞說：

「待回煮好茶你出現的時候，要好好的罵你，你怎麼忍心把我一個人留在這裡。」不多時，茶煮好了，紫霞開心的聲聲呼喚明空現身，可子時深夜，除那一輪明月之外，盡是一片深夜冷清，只見天吟三位師妹的小舟遠遠的躺在湖面，哪裡還有其他人呢？紫霞心想，大概是剛剛跟明空說，你現身時要好好罵你，所以明空不敢現身，因此紫霞又說，不罵你了，你快現身吧，可仍不見一人，紫霞急了。

紫霞又心想，莫非是茶煮的不好，明空才不願意現身，因為明空蠻挑剔茶香的。因此紫霞立即將茶水倒入湖中，重新再煮一壺，煮好了，紫霞曰：「你可以現身了吧，這可是你最愛的茶哦！」可是子時偌大的鄱陽湖面，哪有人煙？紫霞忍不住淚如雨下，哭喊著對明空說，我是哪裡做錯了，為何你不依約現身？何故你忍心留我一人在此傷痛？鄱陽湖水神聞紫霞深夜於湖面癡情哀鳴，亦深覺悲悽，於是水神心疼紫霞便暗暗譴責明空，為何明空生前要和紫霞開這麼一個大玩笑，人死不能復生，從此天人永隔，何苦如此折磨紫霞！

忽然，湖面起了大風，又起了大霧，大風大霧過後明空翩然立於舟上，明空依約現身了！鄱陽湖水神這回可沒話說了，明空豈是輕言兒戲之徒。紫霞見明空果然現身，喜出望外飛身投入明空懷抱，紫霞將這半年的相思委屈以無言的眼淚滿足的在明空懷中啜泣，明空則緊緊的摟著紫霞，含情軟言安慰紫霞，明空以手幫紫霞頻頻拭淚，紫霞忍不住向明空訴苦，又罵明空丟下她一人，還問明空現在過得好不好，還問明空戰死痛不痛。原本夫妻情深，可如今半年沒好好聊聊，想說的話真是太多，一時之間哪裡說得完。

明空緊握著紫霞的手曰：「對不起，讓汝孤單一人，但我會常來伴汝，萬勿掛慮。世界萬千，如夢幻泡影，轉眼成空，不宜把抓。於今之計汝當潛心修悟師父所授之解脫心法，若能放下萬緣，不日必可開悟證道，妳我可回天界再續此緣。」紫霞對曰：「汝勿慮，小女子依汝所言照辦。」

明空又曰：「師父道法極高深，能破一切魔法，但願汝用心將師父全套道法熟練，如此不但可以自保，誠願妳能繼吾志業，加入十一高道，組成十二高道，代替吾四處行俠仗義，則吾願足矣！」紫霞對曰：「一切依汝，小女子均照辦，但汝必須答應我，不許離我遠去，我要能時常看見你，我們夫妻要時常聚聚。」明空對曰：「我定常伴妳左右。」紫霞聞明空所言，心中踏實不少，此時夫妻恩愛談心，又煮茶言歡，其間濃情蜜意，真是羨煞那鄱陽湖水神，可那水神只能一邊涼快去。

紫霞忽然聞空中仙樂繚繞，聞之令人十分快意，不知不覺百憂俱泯，一時心開意解，識破世界的真相即是無相，紫霞豁然開朗，決心斷除一切紅塵愛欲煩惱，悉心向道。忽於仙樂聲中聽到天吟、天珊、天韻三位師妹呼喊「大嫂、大嫂」，紫霞雙眼一張，才知道剛才係南柯一夢，原來稍早自己痛哭思念明空，不知不覺竟在舟上沉睡了。

然紫霞深知，明空係開悟證道的曠世高人，剛才必是明空真身顯化，只是明空讓自己沉睡，特於夢中顯化，以免干擾世間秩序，因為夢中一切是如此清晰，如此真切，明空的體溫、明空的每句話，紫霞都清清楚楚記得，尤其明空最後以仙樂啟迪自己，讓自己豁然開朗，有效的將對明空的相思之情轉化為接受明空的建議，努力學習道法、用心參悟心法。此時紫霞神情愉悅，容光普照，在月光之下看來，紫霞神似下凡人間的絕色仙女。

天吟等三人先前遠遠的見到大嫂於舟上哭泣，又見大嫂沉睡，擔心大嫂受風涼，故速速將小舟划向大嫂。話說這天吟，資質聰穎、心思細膩、慈悲敦厚、相貌清秀、口齒清晰，自幼即追隨蘇玄朗學習道法、劍術、心法，於眾女弟子中出類拔萃，甚得蘇玄朗器重，蘇玄朗對天吟寄予厚望，至盼天吟修道有成，挑起普度蒼生重任。

明空走後，蘇玄朗特別交代天吟照顧紫霞，並交代天吟悉數傳授紫霞道法、劍術、心法，由於過從甚密，故天吟與紫霞感情日篤，情同姊妹，但明空走後這半年，紫霞陷於極深的傷痛，以至心神不定，於道法、劍術、心法三項均無顯著進步。然，與明空於鄱陽湖相會之後，紫霞似乎甦醒過來，日夜努力學習，並決心繼承愛夫明空遺志。

紫霞本來資質就極佳，經過努力學習數年之後，已有相當火候，故紫霞加入十一高道，組成了十二高道，師弟師妹們尊紫霞為大嫂，故公推紫霞為十二高道之首，從此紫霞率領十二高道處處行俠仗義，打擊靈界惡勢力。十二高道有默契，四女子騎白色駿馬，八男子騎黑色駿馬，加上十二人所著之飄逸長衫，每當十二人於大地騎馬奔馳之時，總是引人側目，十二人迎風之神俊飄逸，簡直就是十二位大仙降跡人間。

十二高道於幽暗的大地上放光普度天下蒼生，善行義舉震動天界眾高級靈，故梅花常於暗中守護十二高道，梅花並將十二高道收錄於公元兩千年天界團隊名單。除了十二高道，梅花已將辭世的明空、清風、松紋、抱池四人也列入名單，合組成十六高道。一千五百年後，明空、紫霞將再度降跡人間共同領導十六高道參與兩千年解脫福音之戰，十六高道將形成兩千年天界大使團隊最核心的主體陣容。

為了兩千年福音之戰，梅花除邀請歷代修行高手加入天界團隊，梅花尚決心收服與十六高道長期作對的雲貴總道長、青藏大鬼王、萬年魚精三位大魔頭，三位魔頭魔法造詣均爐火純青，然魔與佛只在一念之間，若能成功調化，三位將是兩千年大使團隊的超級強棒，三位與十六高道聯手，實力將空前堅強，能令魔界聞風喪膽，且敵對雙方能一笑泯恩仇，實在足為眾生典範。

讀者 Q&A

Q：請問何謂巡弋天官呢？

A：巡弋天官為天界派遣於人間巡察之官員。巡弋天官身上有天界令牌，其權柄能介入人間事，使地球事物符合因果法則、維持地球秩序。民間諺語：舉頭三尺有神明，此神明指的即是巡弋天官，巡弋天官無所不在、無所不知，民眾在地球上之言行心思，巡弋天官皆清楚了然，因此奉勸民眾諸惡莫做，業報不是不報，待因緣俱足時，果報定會上場。

第五十八回
道脈心法入皇宮，玄奘大師達頂峰
東海小島會仙子，頓悟成佛世間寶

大唐王朝建政之後，紫霞依師父蘇玄朗的指示率領十二高道自鄱陽湖畔遷回茅山道觀。一切果如師父預判，李氏皇帝自稱是老子後代，因此對道家極為推崇，後來皇帝甚至規定「道為先，儒釋居次」，在國家政策的刻意推崇之下，提供了道家成長的沃土。

道家門派林立，但並非每個門派都很爭氣，有些門派急於得到皇帝寵信，遂將道家末流諸如：提煉仙丹、符籙法術、鬼神崇拜等「修行捷徑」推薦給皇帝，經過道士誇張其功效之後，皇帝也樂意走捷徑，畢竟實修要花功夫，哪比得上吞顆仙丹就能成仙。因此大唐皇宮總是難脫「迷信」色彩，致使佛門、儒門對於道家相當鄙視，認為是禍國殃民的迷信。

實際上，道家的精髓乃在於心法，不是只有那些道法，然因為道法較易學習，故學子趨之若鶩，每項道法有其固定之形式，只要肯學必然有所成就。例如符籙之術，每道符令均有其固定畫法，只要依師父指示學習，幾十道令符即可熟練。又例如提煉仙丹，亦有其固定配方，只要依照師父指示即可煉出仙丹。

但要在心法上有所成就，務必自淨其意，尚須放掉一切執著，才可能見其內丹，故有其難度。單單就自淨其意這個功課來說，絕大多數人雜念紛飛，想要三分鐘清淨其心都很難辦到，更遑論長期自淨其意，因此，除非痛下決心收攝己念，否則不可能有成就。遺憾的是，世人多半追逐名利情愛，因有所追逐，故患得患失，內心無法清淨，多數人只能走向末流的修行，尤其鬼神崇拜是最簡易的，他們誤解只要對鬼神十分孝敬，就必蒙賜福、必蒙超生極樂。

蘇玄朗不僅道法高深，更深諳道家解脫心法，在蘇玄朗悉心調教之下，眾弟子出類拔萃者極多，十六高道算是眾弟子中的精英，每位都是集道法、劍術、心法於一身的修行高手，十六高道全部如下：明空、紫霞（女）、清風、清雲、清智、松紋、松恩、抱池、抱文、天吟（女）、天珊（女）、天韻（女）、天光、天澤、玄英、玄悟。若再於十六高道精選八人，依其道行高深程度，依序為：第一：明空，第二：清風，第三：松紋，第四：抱池，第五：天吟，第六：玄英、第七：清雲，第八：紫霞。

可惜的是，明空、清風、松紋、抱池都已辭世，所幸其餘弟子後來均能認真修行，故能有相當的修行成就，功力不輸明空等四人，足以光大道家解脫心法，十六人的事蹟很多，筆者不擬一一介紹，僅介紹十六高道排名第六的弟子－玄英於唐代的事蹟。

玄英為蘇玄朗所賜之道號並非本名，但玄英為紀念師父，遂以道號行世，玄英俗姓「成」，故全名為「成玄英」，成玄英在心法上頗有心得，對於老子的道德經鑽研極深。唐朝初年道家學者引用道德經第一章「玄之又玄」這句話作為唐初道門研究之統稱，簡稱為「玄學」。

成玄英在心法上有實修的經驗，不是只有學術理論，故能淋漓盡致演繹道德經，學子聞成玄英演繹往往能心開意解，極容易開悟，故成玄英逐漸盛名遠播，成為唐朝知名的玄學大師，後來更名震朝廷，被唐太宗召入宮中擔任法師，主持道家典籍的翻譯、註釋及編修，成玄英成為唐代舉足輕重的大師。

唐太宗問成玄英何謂「玄之又玄」？成玄英答曰：「世人多半執著於『有』，故在紅塵中迷戀，而修道人好執著於『無』，因此喜歡隱遁避世，但老子認為有、無都是美好的，有、無都是平等的，有、無都不應執著，故老子於有、無這兩個字之外，又提出『玄』這個字，提醒眾人莫偏於有、亦不該偏於無。老子為避免眾人能夠做到不偏於有、不偏於無，卻又跌入玄學研究，故再提出『玄之又玄』這個名詞，提醒眾人莫執著於無、莫執著於有、亦不可跌入玄學研究。簡而言之，玄之又玄是諭知民眾，無論於任何處境，均能順其自然、凡事莫強求、凡事莫極端，心常清靜而無為，久之必致其丹。」唐太宗聞成玄英所言大喜，對於順其自然、清靜無為之說甚為激賞，遂將成玄英的思想納入施政方針之一。

成玄英在宮中時期，適逢佛教高僧「玄奘大師」自印度取經回中國，玄奘大師亦被唐太宗延攬入宮主持佛典翻譯工作。此時的大唐皇宮格外的輝煌，佛道兩家頂尖的大師齊聚於大內編修聖典，實乃美事也。無奈的是，佛道兩家並不和睦，兩個工作團隊對於彼此是頗不以為然的，不時發生大大小小的辯論，看來兩個團隊的領導人正面展開辯論勢難避免！

終於，成玄英和玄奘大師正面展開辯論了，成玄英的主要論述在於：「玄奘大師自印度帶回中國很多艱澀的佛經，這麼多艱澀的佛經將把佛教引導向複雜的佛學研究，佛教徒於文字中鑽研的結果，將更遠離清淨的本性，離證道將更為遙遠啊！」

玄奘大師主要論述在於：「時下佛道兩教的典籍都不完整，參閱那些不完整的典籍，不能引導眾生有正確知見，佛典雖然複雜，但是經過有系統的教育學習，必能讓佛子擁有正確知見，如此才是解脫的保證。而道門典籍尤其鬆散，又多符籙法術、鬼神仙丹等末流邪法，故道門學子難有正確知見，既無正確知見，欲得證道實乃空談也！」

這次的大辯論，成玄英是輸家，因為皇宮中多數大臣是比較認同玄奘大師的，因此成玄英往後在皇宮中的發展受到壓縮，最終甚至被貶出皇宮。然而大臣多數的意見並不代表真理，在唐朝那個時代，朝廷大臣幾乎都是通過大小科考的飽學之士，因此英雄惜英雄，對於正在進行複雜佛典演繹的玄奘大師，自然會認為「玄奘大師的學問優於成玄英」。大臣們以學問論英雄，就認定推廣簡明解脫心法的成玄英學問不如玄奘，那些大臣的思維是：「萬般皆下品、唯有讀書高」，因此書讀得愈多就愈受到敬重。大辯論之後玄奘大師被皇帝及群臣高度認同，他的聲望及地位達到了頂峰，當時大唐沒有任何一位宗教大師比得上玄奘的地位。

其實，不只是道家心法被排斥，佛門中主張不立文字、見性成佛的禪宗，起初的發展也很困難，也被重視有系統佛學教育的佛學家斥責為魔教，本文之前即多次提及達摩祖師、慧可大師的處境十分艱辛。到了禪宗三祖僧璨大師，光景有比較好，直到四祖道信大師時期，禪宗才逐漸普及，而四祖道信大師正好與成玄英、玄奘大師同一時代，只是道信大師與玄奘大師雖同屬佛門，但彼此觀點有明顯落差，而道信大師與成玄英雖屬不同宗教，但解脫的觀點卻相當接近。

三祖僧璨大師於隋朝時期，曾親自前往羅浮山拜訪蘇玄朗，此節於正史上恐難找出蛛絲馬跡，但這次的會晤在天界有完整的紀錄。僧璨與蘇玄朗為中國當代兩位正宗的開悟證道解脫者，可凡夫俗眼不識得兩位，但僧璨與蘇玄朗彼此相知，幾千公里外就能以法眼看見對方頂門放光直衝九霄。地球上哪位修行人已證達解脫，法眼一瞧瞬間立判，哪裡用得著比拼學問，哪裡須要口舌辯論。

僧璨與蘇玄朗論及天下大勢，僧璨認為，時下佛門依然排斥達摩祖師見性成佛之解脫心法，故達摩心法要廣為發展，尚需一段時日。反倒是蘇玄朗的內丹解脫心法發展得不錯，蘇玄朗眾弟子於長江以南四處行俠仗義、打擊靈界惡勢力、廣傳解脫心法，對百姓極有貢獻，儼然成為百姓希望之所繫。

僧璨與蘇玄朗亦知，地藏王菩薩已委託梅花籌組一千五百年後的天界團隊，而十六高道已列入兩千年天界團隊的核心陣容，蘇玄朗表示，他將生生世世守護著十六個愛徒，直到他們圓滿完成任務。僧璨亦允諾，禪宗一脈亦將生生世世守住正宗解脫心法，為天界團隊預備合適的人才，並參與守護天界團隊，排除天界團隊一切障礙，並協助他們完成任務。於是佛道兩脈的祖師爺於嶺南羅浮山定下了永世之約，共同為地球守住最後的純正解脫心法，共同抵抗魔界對大地眾生之侵擾。

梅花之前於宇宙諸星球參學修悟超過百世，深諳宇宙終極天道至理，故地藏王菩薩稱梅花為「天道百世」，梅花後依地藏王菩薩之意，以天道百世名號承擔兩千年天界團隊之任務。

天道百世依原定計畫，開始著手收服總道長、青藏大鬼王、萬年魚精三位魔頭。天道百世首先前往東南海域拜會萬年魚精，天道百世與萬年魚精相約於東海某小島相見，相見之日為唐朝初年某日，萬年魚精係雌性魚修煉成精，故喜愛化身為仙女或仙子，當日萬年魚精化身為玉皇大帝金鑾殿公主之身形，又率領左右隨從八人飄然現跡小島之上。天道百世經過仔細推算，決定以紫金色古佛身現跡相迎萬年魚精。

萬年魚精以金鑾殿公主身形現跡時，其風情豈止萬種，其美麗動人堪稱精靈國第一，萬年魚精以法力創作一處詩情畫意的亭臺閣樓，復於閣樓內彈琴唱歌，其琴韻優美與天樂無異，其歌聲動人與天籟相若，萬年魚精藉著其美貌、又復藉其琴韻、又復藉其歌聲，放射極詭異的幻魔攝心大法，凡間修行者只當見到金鑾殿尊貴的仙女顯化，哪有能力分辨魔與佛？

天道百世以紫金色古佛身端坐於菩提樹下現跡小島，萬年魚精見天道百世現身，便開口向天道百世問好，才一開口，幻魔攝心大法便自四維上下向天道百世電射襲至，天道百世輕描淡寫的回應一句：「妳好」，此兩字內含無上禪定力，聲音才出瞬間即破解萬年魚精幻魔攝心大法。

萬年魚精見天道百世功力不俗，嫣然一笑便開始悉心彈唱，萬年魚精將其萬年道行咸加持於優美聲樂中，其聲樂剛柔並濟，柔可鑽心，瞬間令人心馳蕩漾、不辨東西；剛可震碎大地，瞬間將數里地面化為瓦礫。那毀滅性的聲樂如浪潮般一波又一波的襲向天道百世，其威力驚天動地。

天道百世此時收攝其念，萬念俱泯，還歸無相實相，以其無相故，萬年魚精強大的毀滅聲樂接觸天道百世身體如過天際，絲毫碰觸不到天道百世，縱然毀滅性聲樂一波波不間斷的襲向天道百世，對天道百世依然毫髮無傷，天道百世仍清安端坐於菩提樹下。

萬年魚精哪肯示弱，一聲令下左右侍衛八人立即從四面八方與自己同時出招攻向天道百世，此八人皆為太平洋海底修行功力數千年之水族精靈，或魚、或龜、或蛇，任何一位都是法力高超，如今萬年魚精加上八人聯手出擊，其實力之強實在難以估計。

天道百世手指朝虛空一點，點出滿空光影蓮花，光影蓮花閃閃發光真是好看，光影蓮花嚴密圍繞著天道百世，光影蓮花看似柔弱，實則挾雷霆萬鈞之勢，萬年魚精等九人發出的強大能量攻擊波碰上光影蓮花就紛紛失其威力，而那光影蓮花有無限再生能力，萬一被擊破隨即又再重生，故萬年魚精等九人老是打不破天道百世的光影蓮花護身大陣。

經過一段時間的僵持，萬年魚精自知法力鬥不過人家，再鬥下去也沒有意義，便收兵停戰與天道百世開始進行對話。萬年魚精曰：「你們這些道貌岸然的偽君子，可曾看見人類的殘暴與貪婪，他們任意捕捉宰殺海洋生物豈止為了養生糊口，尚為了追求美味、或為了取得皮件，海洋水族之悲苦本仙子於心不忍，故常率眾懲罰那些殘暴又貪婪的人類，你們這些號稱開悟證道者或號稱十二高道，不明就理，反倒把本仙子視為魔頭，處處打擊本仙子，如今既然你找上門，你倒是給本仙子說個道理出來。」

天道百世對曰：「仙子莫生氣，今天前來東海拜訪仙子，不是前來踢館挑釁，乃係仙子以水族之身能修煉到如此高超境界，著實令在下欽敬，只可惜仙子未能成佛，故法力尚未全開，故在下特來建議仙子修持心法，助仙子能證悟成佛。」

萬年魚精聞天道百世所言，不免覺得難以置信，萬年魚精心想：「這幾十年來，本仙子經常攻擊沿海百姓，故與蘇玄朗師徒交手多次，雙方早已勢成水火，且被蘇玄朗一脈視為魔頭，加上天界最高級靈慈航大士亦經常為了百姓前來討伐本仙子，怎如今天界來的天道百世竟然要指導本仙子成佛之道？不知他安的是什麼心，宜先拒絕，再看看情形。」

萬年魚精又曰：「天界將我歸類為魔頭，本仙子對天界也沒有好印象，我在海底精靈王國自由自在，因為法力高超，故地府早已管不到我，愛活多久全係自己決定，也沒有什麼勢力能夠消滅我國，故對目前光景十分滿意，對成佛並無興趣，汝且回吧！」

天道百世對曰：「仙子法力無邊，於超能力的運用已達隨心自在之境界，故斷無任何勢力可以左右仙子去來。然仙子仍躁火甚大，心懷怨懟，時而仍落入煩惱苦海，若能去其躁火，自可成佛。」

萬年魚精被天道百世一點命中其要害，又見天道百世甚為誠意，故對天道百世稍有好感，遂暫收斂其不悅之心，復對曰：「是啊，本仙子雖超能力收放自如，萬象均隨意念而生，但心意難免有煩惱，原來是躁火太大，試問，應如何斷除躁火？」

天道百世對曰：「宇宙萬象原是一空，無是也無非，無有亦無無，若不能體解此節，不願致力空乏其心，則心必有所住，若心有所住，則是非生焉，則論斷生焉，如是心意浮動，是謂躁火。躁火既起，煩惱由之生焉，除躁火之藥方，必須空乏其心，空之又空，空之再空，忘絕一切境界，忘絕一切分別論斷成見，如是自性清涼法喜將如泉源湧現，躁火自除。」

萬年魚精心想，自己確實老是看人看事不順眼，弄得自己心煩意亂，天道百世所言確實屬實，但不免仍有疑惑，又曰：「本仙子亦明白是理，但人類屠殺水族，水族痛苦哀嚎之聲，常令本仙子不忍，故必欲前往興災懲處元兇，難道斷除一切是非論斷，就連大悲心也得了斷嗎？」

天道百世對曰：「諸法因緣生滅，凡事因緣俱足必然現形，若細查其前因後果，必可了知水族被屠殺之原因。大悲心不是一種分別心，大悲心乃生靈之本性也，故大悲心無須斷除，反而應發揚光大，然大悲心之運作若無智慧為導，則將干預因果法則，於眾生、於自身皆無益也。所謂智慧，即明白一切因緣果報，明白因緣果報後，尚須以禪定力暫抑大悲心，方不至因悲憫眾生遂破壞因果法則，因緣消散之後眾生諸苦自除，吾等實在不必過慮。故吾等有意拯救蒼生，應同時教化眾生慎勿造惡，以造惡故，因緣成熟時，諸苦必然纏身，則非吾等可救也。」

萬年魚精原本即有萬年道行，修行功夫極高深，已通達自性超能力之運用，只是若干竅門未通，故跌入苦空執著，待因緣成熟時，只須稍加點化，必可證道。而如今正是因緣成熟時，萬年魚精聞天道百世所言，豁然開朗，了知宇宙萬象原是一空，洞見眾生一切顛倒夢想，亦洞見自己萬年來的苦空執著，萬年魚精證悟成佛了，以水族魚身未歷人身即可證悟成佛，實乃稀世奇寶也。

萬年魚精心懷感恩，於菩提樹下頂禮化為古佛身之天道百世。天道百世曰：「不敢當，仙子快快請起。今日來相見，除了傳妳成佛心法，亦是邀請妳參加兩千年天界團隊，共同普度天下蒼生，然為普度蒼生，妳我勢必再入紅塵得人身，一入紅塵便有迷失的風險，不知仙子意下如何？」

萬年魚精曰：「弟子萬年來以捍衛水族眾生為志，今日蒙師父點化，將改以捍衛天下蒼生為志，誠願隨師父下凡降生人間，弟子亦將邀請海底精靈王國水族大將一同下凡人間參與兩千年解脫福音之戰。但請師父一路守護點化，莫令弟子迷失於紅塵。」

天道百世曰：「感謝仙子慨然相助，吾等下凡降生於凡人軀殼，必感染凡夫五欲根性，然天界已安排最高級守護靈長伴我們左右，高級靈必全力幫助吾等開悟證道，只要吾等能戰勝軀殼五欲牽扯，必能開悟證道。吾亦承諾仙子，既然邀請仙子下凡，萬一仙子未能開悟證道，吾將再下凡為人，必將汝度回天界。」

言罷，天道百世與萬年魚精作禮而去，時值唐朝初年，萬年魚精證悟成佛、東南海域重歸天界、兩千年天界團隊延攬一群水族絕頂高手加入，可謂喜事連連。往後一千五百年天界團隊全體人員將多次下凡降生，長期與眾生接觸，建構眾生得度的機緣，而兩千年福音之戰的起點就是大唐王朝。

讀者Q&A

Q：人類是否可以透過文字研究而獲得解脫呢？

A：透過文字研究很難解脫。佛陀將近三千年前於印度傳法時，聽眾九成以上為文盲，連字都不識，更無法進行研究，佛陀乃是透過簡單的對話引導眾生開悟。達摩祖師一千五百年前從印度至中國弘法，一本經書都沒有帶，達摩祖師提醒眾生：「佛在心中，不在書中」，達摩亦是透過簡單的對話啟迪眾生開悟。若民眾放不下是非論斷，無法覺悟本來成佛，心思總是雜亂難平，如此縱然研究萬本經典，離解脫之日仍遙遙無期。

第五十九回
邪術靈符小人志，秘密武器驅魔令
魔道北進分天下，十月官道白髮人

萬年魚精被收服之後，她的海底精靈王國成為天界盟友，因此不再興風作浪攻擊沿岸百姓，也不再攻擊出海作業的漁船，東南海域平靜不少。可是太平洋海底勢力不是僅有萬年魚精這個精靈國，還有許多精靈國存在，有的國度實力也很堅強，不輸萬年魚精的國度，那些國度也會攻擊百姓以及船隻，海底精靈王國攻擊人類的原因，幾乎都是因為人類大量宰殺海洋生物所引起，人類實在應該正視這個問題。

人類的飲食習慣確實該檢討反省，除了餬口的理由之外，貪得無厭的追求美味，或為了取得皮件而殺害動物的案例多不勝數，而且許多案例殺害的手法非常凶殘，慘不忍睹，人類造下無邊殺業，也造成動物對人類產生強烈的憎恨心。縱然根據前世因果，這些動物有被殺害的前業，可那是動物的業障，與我們何干?他該被殺自然就會有被殺的情境出現，我們犯不著自告奮勇擔任劊子手，以為搬出動物的前業就可以名正言順的殘殺他們，然後貪得無厭享受美食。人類長期殺戮，實在難以避免海底精靈國的報復。

我們做任何事情都應展現節制，修行者禪定功夫日益進步，尤應展現高度節制。飲食方面的節制，就是除了餬口或營養的理由，我們不宜多吃肉，如果能漸漸少吃肉，然後達到完全素食，那是最好。有些人節制力很差，長年習慣於肉食，甚至一餐沒有肉都受不了，從早餐到宵夜，菜色中一定要有肉類。有些小朋友就養成這種壞習慣，早餐吃顆煎包都會喊：「煎包裡怎麼沒有肉，我吃不下。」我們可以檢視自己的飲食習慣，如果每天吃一餐素食都辦不到，那表示自己嚴重藐視動物被宰殺的劇烈痛苦，罹患冷酷無情症，離大悲美德十分遙遠。

東南海域平靜之後，長江以南最嚴重的靈界惡勢力就屬「雲貴總道長」。總道長的總壇原本在雲南省昆明城的滇池畔，自從李唐開國之後大為禮遇道門，故道門各脈系無不趁機全力發展，總道長也順勢將其原本的發展地域雲南、貴州、廣西一帶向北方擴展，幾年後將總壇遷至洞庭湖畔岳陽城，並兵分兩路發展，一路北渡長江發展，另一路往長江下游發展，往長江下游發展，將踩進道觀設於鄱陽湖畔的十二高道長期經營區域。

總道長為了全力發展其脈系，以百歲高齡親自進駐岳陽城總壇，總道長優秀的門生幾乎都調來岳陽城，最得意的五大弟子也到齊。十二高道素知總道長為邪派，可民眾未必知悉，民眾貿然投入其門派，後果不堪設想，因此十二高道決心阻止總道長勢力之發展，而總道長也視十二高道為眼中釘，雙方時有衝突，雙方進行大對決似難以避免。

十二高道決定與總道長對決，引起師父蘇玄朗高度關切，因總道長魔法已達爐火純青，且其門下弟子能人輩出，居首的五大弟子幾乎盡得總道長真傳，功力接近爐火純青，其道號分別為：新魁、新鵬、新廣、新州、新龍。此五人實力均可獨霸一方，若總道長辭世，接班人必是此五人之一。

當時總道長已超過百歲，滿頭白髮，滿臉白鬍，又好著一襲樸素灰色長衫，且紅光滿面、氣象極佳，不明就理之人以為見到活神仙。總道長禪定功夫到家，一入定輕易便是七日夜方起坐，其念力已練就能在千里之外攻擊敵人，使敵人受傷、生病、或死亡，亦能在千里外使敵人癲狂、亦能主宰其意志，故被總道長念力鎖定之人，麻煩可大了。

總道長除了修煉出超強念力，還是符籙之術的絕頂高手，總道長畫一道靈符交給他人使用，此人無論攜帶至任何地方，均可百分百發揮其威力。靈符之所以有效，實際上是驅使靈界眾靈執行任務，至於驅使哪些靈，端視畫符之人與哪些靈打交道，不少符籙師為了追求速效，不惜與邪靈打交道。總道長因為功力極高深，因此有能力與靈界高等級邪靈界打交道，並驅使他們為自己的靈符效勞，故總道長的靈符非常有威力。

於當今台灣社會，靈符運用極為廣泛。讓長官賞識自己的靈符可稱為「升官符」。靈符也運用在男女關係上，讓對方愛上自己的靈符可稱為「和合符」，讓對方和情敵分手的靈符可稱為「斬桃花符」。靈符也運用在教育上，讓孩子乖乖聽話，這種靈符可稱為「調遣符」。靈符也運用在開店經商方面，這種靈符可稱為「召客符」。升官符、和合符、斬桃花符、調遣符、召客符所運用的原理都一樣，就是靈符驅使靈界眾靈以使用者的利益為中心，逼使相對人服從自己，故靈符的運用必然會犧牲對方的自由意願。使用靈符暗中強逼他人順從已意者，都是私心自用，可歸類為小人。

萬一有人對自己下靈符，要如何破解呢？因為靈符都是驅使眾靈辦事才會有效力，因此要破解靈符就得請出更強大的靈來趕走對方驅使的靈。此外，還要拼修為、拼耐性，對方放出靈符後，持續發功一年半載也很常見，我們掃蕩一波之後，對方又再攻來一波，若自己修為不夠或耐性不足，遲早會被對方的靈符攻破，而被對方控制。

有鑑於念力之術、靈符之術威脅眾生極甚，故地藏王菩薩為實修兩千年解脫福音的修士特別設計了四個法寶，一則保護修士，同時賦予修士保護眾生的利器。四個法寶，其一是「印心授記」，其二是「驅魔令」，其三是「聖驅魔令」，其四是「總驅魔令」。印心授記於本文前幾篇已有詳細說明，故不再贅述。

驅魔令是保護自己的法寶，印心授記之後，經地藏王菩薩認定狀況穩定進步者，地藏王菩薩會為修士開光驅魔令，驅魔令經開光之後，該修士可以直接下令驅魔，修士一下命令，天界驅魔軍團立即堅壁清野，掃蕩所有騷擾修士的邪靈惡魔。若對方的靈符長年累月咬住修士不放，前波掃蕩才完，又再驅使新一波邪靈攻勢，此時修士再下個命令即可完成掃蕩，故有此法寶護身，就再也不怕任何邪術及邪靈的攻擊。

縱然被總道長這種爐火純青的高強念力攻擊，驅魔令一樣可以化解，只要修士下個命令，天界軍團立即於修士身邊築起球狀堡壘，將修士嚴密防衛起來，等到對方停止發射念力，天界軍團才會撤軍。萬一總道長再進行新一波念力攻擊，此時修士再下一次命令即可完成防衛，因此不怕任何高強念力的攻擊。

聖驅魔令比驅魔令更強，聖驅魔令除了可以保護自己，還可以保護別人，只要任何人無辜的受到邪靈惡魔或念力的攻擊，我們持聖驅魔令即可為其解除危機。至於總驅魔令，則是賦予我們主動攻擊施術者的權柄，只要發現某人經常以邪術害人，此時可使用總驅魔令請天界軍團廢掉那人的邪術修為，一經廢除邪術修為，那人頓失法力，便無法再害人，那人想要恢復功力，勢必經過重新修煉，若干人被總驅魔令廢除邪功之後，終生都無法修煉恢復到原來功力水準。

驅魔令開光之後，修行如果又更進步，地藏王菩薩才准開聖驅魔令。聖驅魔令開光之後，修行又更進步達到開悟證道或將近開悟證道，地藏王菩薩才准開總驅魔令。民眾除了自己修為三元合一，又願意鼓勵他人實修三元合一，如是之人也可授與驅魔令或聖驅魔令，以利彼等普度眾生。

總驅魔令無法廢掉超能力恢復九成左右的修行者之邪功，此類高人已立於不敗，不可能被廢功，至多就是被驅離。總道長的功力差不多達九成，故無法以總驅魔令廢掉他的邪功。再者，若施為邪功之人係魔界所派遣，則必有魔界保護，此時若欲以總驅魔令廢掉該人邪功，勢必引爆靈界大戰，成敗殊難預料。

蘇玄朗雖是開悟證道的修行者，可是當時他沒有承擔籌組天界團隊的任務，故沒有得到地藏王菩薩的授權，因此無法為十二高道開光驅魔令。那時候蘇玄朗研究了許多道法破解當代各門各派的念力之術以及靈符之術，蘇玄朗的道法之所以有效，乃是蘇玄朗前往天界的「道脈仙都」請求相助，仙都視蘇玄朗同為道脈自己人，故仙都諸神仙、大仙、金仙願意配合蘇玄朗的道法出兵相助。有道脈諸仙相助，於是蘇玄朗道法威力無窮，蘇玄朗將道法悉數傳給十二高道，十二高道運用蘇玄朗傳授的道法，幾乎攻無不勝。

須知，施為道法或靈符，靈界所給予的回應是有限的，不是無限供應。一個道法或一張靈符所動員的靈界力量萬一被對方擊敗，則此道法或靈符就失效，必須再重新出招。此外，道法或靈符所能調動的靈界力量，與自身修為有關，修為愈高超，能調到的力量愈大，故雙方於鬥法時，施術之人修為功力的深淺攸關勝敗至鉅。

道法或靈符與驅魔令之運用差異極大，驅魔令是天界賦予的權柄，比道法或靈符方便甚多，使用驅魔令之人縱然從未修過道法，只要下令驅魔，天界軍團必然堅壁清野，完成任務後才收兵。但使用驅魔令之人無法潔身自愛、或與邪靈惡魔打交道、或臨場膽小畏縮，驅魔令就無法發揮功效。

大唐開國之後，紫霞率領十二高道自鄱陽湖返回茅山，回到茅山之後，他們全力弘揚道脈解脫心法，因此十二高道之威名又更為遠播，其中以天吟及玄英成就最高。明空、清風、抱池、松紋四人辭世之後，天吟被蘇玄朗視為接續道脈最理想的人選，可惜天吟是女兒身，於大唐那時代，社會重男輕女的成見極深，因此蘇玄朗只好選擇玄英接棒，後來玄英被皇帝召進宮，蘇玄朗只好選擇清雲接棒。

玄英入宮，清雲接棒，天吟則成為道脈第一高手，人間重男輕女，故忽略了天吟這塊寶，可玉皇大帝識得寶貝，特賜天吟「擎天大令旗」，成為大唐時代玉皇大帝在地球上唯一的欽差大臣，令旗一揮如同玉帝聖旨，後來天吟四處遊化行道，普度蒼生，又收了許多門生。

但玄英入宮、清雲接棒、天吟得擎天大令旗，那都是往後的事。十二高道知悉總道長勢力已進入長江流域，經請示師父蘇玄朗之後，十二高道決定擇日重回鄱陽湖畔道觀，以便就近阻斷總道長的發展。可鄱陽湖道觀離洞庭湖岳陽城的距離已進入總道長高超念力千里發功的攻擊範圍，故十二高道為普度蒼生，又將再次涉入險地。

自從紫霞於鄱陽湖夜會明空，如今又歷九年，算算日子，明空為紫霞延壽十年的大限接近了，這九年多紫霞由一個柔弱的姑娘搖身一變成為十二高道之首，在道法、劍術、心法的造詣皆達上乘。且紫霞率領十二高道四處行俠仗義，對於苦難百姓的央求，不惜出生入死盡力完成，其大悲心感動天地。紫霞的成長及表現足堪告慰明空在天之靈，也不枉明空捨己相救之情義。

轉眼又是初冬的日子，紫霞回憶前塵往事，十年前愛夫明空在前往鄱陽湖的路上客店內為救自己而被官兵殺害，想來無限的感慨。此時紫霞正率領十二高道從茅山前往鄱陽湖道觀，而這往鄱陽湖途經客店的日期就是紫霞算好的，紫霞刻意選擇愛夫明空十週年忌日，欲重回客店現場弔念明空，可紫霞不知道明空為她犧牲生命所換得的延壽只有十年，明空十週年忌日也正是自己大限之日。生死簿定妥之事，誰也沒有辦法更改，為了讓紫霞無牽無掛的生活，蘇玄朗沒有告訴紫霞大限，明空也沒有告訴紫霞大限。但時間一到，鬼使神差就要拘拿紫霞，紫霞規劃弔念明空的日期及路線乃是鬼使神差的意見，鬼使神差要依據生死簿將紫霞送進大限。

十二高道快馬迎風奔馳，他們於黃昏時候到達客店，可這客店不知何故竟然關門了，看外觀關門好久了，或許明空等四人於此喪命之後，客店老闆覺得晦氣就關門歇業算了。可紫霞不死心，決定路邊宿營，今晚非得在客店旁過夜不可，因為十年前的今晚明空與紫霞就在此客店通宵煮茶談心，明空也就是在那晚指著天上明月約定了往後見面方式，因此紫霞執意要宿營追憶，實際上客店荒廢之後，這個路邊小鎮似乎也沒落了，四下頗荒涼，於此宿營實在危險。

所幸一夜無事，及至剛破曉十二高道在睡夢中被遠方激烈馬蹄聲驚醒，大家仔細一瞧，見大隊人馬自西邊道路快速接近，十二高道為防出事，立即起身上馬戒備，並占據有利位置準備應變。紫霞身為十二高道之首，有責任保護大家安全，尤其在此地宿營是她堅持的，所以她更責無旁貸。

大隊人馬愈來愈近，忽然十二高道覺得被強大念力攻擊，異常頭痛、胸悶、心亂、恐懼，經驗豐富的十二高道知道來者不善，功力極為高超，必是總道長的人馬。因此大家立即使出師父蘇玄朗的道法「護身玄光」，才阻擋住強大念力的影響。

不久，十二高道被大隊人馬包圍，紫霞一看對方為首者，乃是總道長最頂尖的五大弟子領軍，紫霞心想事態嚴重。實際上，總道長算準今日是紫霞大限，鬼使神差必有行動，任憑蘇玄朗如何高深，也不能逃避此命運，總道長認為，只要配合鬼使神差的行動出擊，必能有所獲。十二高道經驗豐富，見敵眾我寡，寶劍一出鞘立即往東方強力突圍，片刻也不耽擱，十二高道劍術高深，順利突圍往東疾走，可是大隊人馬如同蜂群緊盯不放，情況十分危急，紫霞心想，只要進入鄰近大城，有官府干涉就沒事了。

不久，見路上有另一群人馬擋住去路，紫霞心想大事不妙，因此大聲命令眾師弟師妹：「全力突圍，不可回頭，一路逃入城鎮。」所幸十二高道劍術高超，經驗極豐富，故又突破重圍繼續前進，但有多人受傷，血流不止，故前進速度變慢。紫霞忽然暗中立馬回頭，企圖一人力擋追兵，讓眾師弟師妹順利逃脫，師弟師妹奔馳一段路之後，才發現紫霞沒有跟上，便欲回頭相救。

此時路邊樹林突然衝出一白髮老者率領二十餘騎擋住去路，大家一看那老者竟是師父蘇玄朗，只聽師父急切大喊：「徒兒速速前進不准回頭，為師去救霞兒。」十一高道看見師父老人家親自來救，不禁感動得熱淚盈眶，十一高道正值壯盛之年，怎好讓師父老人家回頭救紫霞，而自己逃跑呢？但情勢十分危急，不容爭執，蘇玄朗只說：「蒼生需要你們，一個都不准犧牲，聽為師的，快走，至城內會合。」言畢蘇玄朗率二十餘騎回頭搶救紫霞。十一高道聽從師令，快馬向東疾走進城，然白髮蒼蒼的師父身影深烙於大家心中，十年來都是十二高道迎風奔馳，而今只剩十一高道？大家擔心失去師父，又擔心丟失大嫂，一路奔馳疾走，風中飄著水花點點，這水花點點不是雨，而是十一高道的眼淚及鮮血。

蘇玄朗事前即測知今日變局，但今日係紫霞大限，故無法阻止，只能事後補救。蘇玄朗所率之二十餘騎皆是羅浮山武學高手，他們願意隨蘇玄朗出山營救徒兒。蘇玄朗知道今日欲救回紫霞性命是不可能的，但蘇玄朗心疼紫霞受苦，想在紫霞臨終前盡力減少其痛苦，也想於紫霞臨終前和紫霞說說話，安慰紫霞一番，故蘇玄朗與二十餘騎全力驅離包圍追殺紫霞之人馬。

那群武學高手果真厲害，經過激戰順利驅離總道長人馬，蘇玄朗見紫霞渾身是血躺臥於地，便下馬跪於地將紫霞抱在懷中，不禁老淚縱橫。紫霞勉力睜開眼睛虛弱的說道：「師父你來了…師父你哭了…紫霞謝謝師恩…紫霞要去見明空了。」蘇玄朗曰：「霞兒，師父無能沒有保護好妳。妳的表現很好，師父以妳為榮，妳和明空及眾師弟師妹緣份極深，來世必然重逢，為師會生生世世守護妳們，霞兒寬心勿掛。」

不久紫霞斷氣，紫霞安睡於師父蘇玄朗懷中。初冬的清晨，恰好是十月十五月圓之日，本該是團圓之日，可今日沒有團圓只有離別，那淒冷的官道上白髮人送黑髮人，那白髮人正是隋唐第一高人，他的高超不僅是道法、劍術、心法，他最高超的是那永不止息的大悲心，能當他的門徒，實在是三生有幸。

讀者 Q&A

Q：吃素有助於解脫嗎？

A：吃素有助於長養民眾的大悲心，若殷勤吃素，也會召感若干善靈擁護，但由於沒有開悟，不明白真理，難免言行偏離宇宙法則，導致反作用力，吃素的利益就被抵消了。此外，善靈不能違背因果法則來助人，人不開悟、無法運用無極神力，一切後果自己要負責，此時善靈能幫的忙很有限，自己至終仍無法擺脫魔界圍困。舉一例而言，如本文所提的總道長，他的道法很厲害，民眾萬一被總道長鎖定，必然難以解脫，豈是僅憑吃素即可擺脫總道長的高強法力？

最終章　福音之戰已啟動，翻轉地球度蒼生
有緣得見當珍惜，莫待無花空折枝

終極解脫福音傳到天涯海角

天界之舟早已進入台灣上空靈界，
帶來人類純淨無染的解脫福音，
不出幾年，地球人將可親眼看見歷史上
最堅強的天界團隊將兩千年解脫福音
傳揚到天涯海角。

第六十回
心善意濁難解脫，衡山論辯超能力
天界團隊在大唐，福音之戰已啟動

紫霞才斷氣、靈魂一離體，便見明空守護在自己身邊，紫霞受到刀劍所傷而死亡，死亡之前十分痛苦，故死亡之後靈魂仍覺十分痛苦，以痛苦故，神識尚在昏沉，故明空緊緊抱著紫霞，以強光及高能量為紫霞進行靈療，使紫霞能快速減少痛苦。不多時，紫霞劇痛消失，神識逐漸清明，乃激動的在她日夜思念的愛夫明空懷中落淚，訴盡相思之情。

明空除了安慰紫霞，尚讚許曰：「汝這十年來，自己努力修悟，復傳蒼生解脫心法，又為蒼生解除憂苦，屢冒生命危險亦在所不惜，故汝往生後，得於初級天界居住，安享福報，並於天界修悟解脫。」紫霞對曰：「歷經千辛萬苦，總算我們夫妻得以團圓，爾後可於天界長相恩愛。」明空對曰：「吾會常來伴汝，然吾之居處不在初級天界，故不於此久住。」

紫霞聞明空所言極為失望，落淚對曰：「何故我們夫妻歷盡千辛萬苦得於天界團圓，而汝竟不願與我同住？」明空對曰：「汝雖有大悲心、俠義情，然尚不能看破五欲執著，心多塵垢無法清明，意念亦被五欲牽扯無法自在，以心多塵垢、意不自在，故汝原靈光彩未能無礙放光直衝九霄，尚須再加修煉，斬斷五欲執著，否則福報用盡，必被五欲捲入輪迴苦海，汝輪迴之時，我們夫妻勢必分離，豈有長久可言？」

紫霞又對曰：「吾不明白，所謂五欲執著都在生活之中，與我們息息相關，怎可能不受五欲牽扯呢？這豈不是強人所難，令人無法正常生活？」明空對曰：「愛慕人間生活、追求五欲安樂者，應深切體認，人間萬象轉眼成空，如夢一場，無論多辛勞工作，無論多用心掌控，大限一到，一切成空，夫妻亦得分離。智者看穿人間乃是變遷不定的假象，故除了日常生活，亦會用心開悟解脫。若愛妻執意於人間生活，必總在虛幻變遷中，永困苦海輪迴。」

紫霞復曰：「相公所言甚是，吾亦經常尋思，人間免不了生老病死，無論如何用心經營終究必須放下，只是吾身處人間，心裡雖明白，卻難脫執著，遇事總是難捨難平。如今一死回歸天界，與那人間生活遠離，方知昨非而今是。可是，你我可以在此天界團圓久居，某日吾輪迴人間，汝再辭別不遲。」

明空笑曰：「愛妻才說昨非而今是，卻又將人間執著毛病帶來天界。非吾不願伴汝，乃係愛妻執著仍重，若吾總在妳身邊消汝寂寞、給妳快樂，則愛妻必然忽略追求自性之清淨安樂，永遠必須依賴外助，一旦大限來臨，夫妻必須分離，外助立斷，彼時豈不痛苦難當。故愛妻應立意修悟，悠遊於清淨安樂之自性，若能自性自樂，則能永斷外緣牽扯，不被輪迴苦海吞噬，而登大自在解脫之境，彼時夫妻才能真的長相左右。」

紫霞巴望著與明空能於天界長相廝守，可如今紫霞感受到明空滿口大道理、推三阻四，故心中十分難過，又曰：「想必汝在天界與你那前世愛妻梅花重逢，故有意冷落於我，如此你好與她廝守，是耶？非耶？」明空對曰：「愛妻所言差矣，天界解脫者意念收放自如，常在清淨安樂之境，此樂已達最高最圓滿，無須仰賴任何外力增添其樂，亦無須夫妻相處增添快樂。吾與梅花皆證入究竟無相，哪有夫妻之相執著。且吾並非不與妳同住，只是不在此初級天界常住，吾承諾必常來伴妳，並且助妳開悟證道。」

紫霞聽後才較寬心，又曰：「愛夫不住此處天界，那你住在何處，紫霞可以常去看望你。」明空對曰：「天界無限廣大，此處天界係未脫離輪迴的大善人或大修行者暫時之居處，而我則居於解脫者之天界。未證達解脫之人，原靈體質濁重，無力飛昇高層天界，只能生活於未解脫之初級天界，故愛妻無法到我那邊去，來日我帶妳四處遊歷一番。」

蘇玄朗率二十餘騎驅離總道長人馬之後，抱起躺臥於地渾身是血的紫霞，不久紫霞斷氣，蘇玄朗老淚縱橫帶著紫霞遺體進城與十一高道會合。蘇玄朗一行人遠遠出現於官道上，於城門邊等候的十一高道便快馬迎上前去，十一高道見師父安全歸來頓覺心安，然看不見大嫂，只見馬車上躺臥一人，那人正是紫霞遺體，十一高道深覺痛心，天吟、天珊、天韻下馬跪於紫霞遺體旁落淚不休，怎早晨還在，如今就天人永隔了呢？自此，明空師兄、紫霞師姐拋下十一高道，十一高道往後由天吟為首，繼續行俠仗義、普度蒼生。

蘇玄朗安慰眾人後對十一高道曰：「明空係解脫者下凡報恩及度眾，報恩就是報紫霞前世救命之恩，約四十年前某日，明空尚未下凡之前即與為師對話，希望將來與紫霞投入為師門下，為師感佩明空以解脫者自願下凡人間度眾，故承諾以道力護持他們夫妻，這四十年來，為師信守承諾，全力護持他們。大家療傷用餐之後，我們即刻啟程，將紫霞遺體送到鄱陽湖畔與明空合葬，成全他們最後的心願吧！」

蘇玄朗與十一高道在二十餘位武學高手陪同下抵達鄱陽湖畔道觀，順利將紫霞與明空合葬，蘇玄朗親自於夫妻墓碑上提字：「嶺南高道．天地二仙．明空紫霞．長眠於此。」稍後，蘇玄朗與眾人於道觀內談論天下大事，蘇玄朗曰：「總道長已進駐洞庭湖岳陽城總壇，他念力之術登峰造極，能於千里之外發功傷人，岳陽大城離我們道觀不及千里，已在總道長攻擊範圍，愛徒可用為師所授之『護身玄光』阻擋其念力，此外尚須日常靜坐，以增加自己的定力，方可完全消除總道長念力威脅。」

蘇玄朗又曰：「除念力之術，總道長延攬許多綠林武學高手擔任護法，汝等十一人雖劍術造詣達上乘，但對方人多勢眾，一旦被大隊人馬圍攻，汝等也難以招架。為師與羅浮山道友情商相助，今有十五位武學高手願意常駐鄱陽湖道觀擔任護法，協助弘揚正宗道脈解脫心法，有彼等十五人擔任護法，安全便無虞。汝等十一人除玄英回茅山主持道觀之外，其餘眾人今後常駐此地，除了防堵總道長邪道勢力擴張，亦須廣開門戶收納門徒，凡認真向學者，則悉數傳授本門絕學，無須藏私。為師一個月後啟程回羅浮山，為師不在時大小事均由天吟定奪，爾等應聽從天吟吩咐。」

蘇玄朗於二十多年前雲遊時，路中巧遇一馬車，蘇玄朗以法眼測知馬車內關著六位十幾歲小姑娘正被押至青樓為妓，蘇玄朗憐憫眾姑娘，欲插手相救，蘇玄朗行動前為避免干預因果，便先行測算六位姑娘前世今生因果，測算之後大喜，因為此六人宿世皆係修行高手，今生不該受此難，故蘇玄朗決心相救，費了一番功夫後救了六位姑娘，六位小姑娘後來皆為蘇玄朗門徒，其中三位即天吟、天珊、天韻。

往後十多年，玄英主持茅山道觀表現極佳，聲望揚於天下。而天吟率領十高道於鄱陽湖道觀亦極有成績，除了收了許多優秀門徒，十多年間與總道長門下交手無數次，天吟功力十分高超，已接近開悟證道，在天吟領軍之下成功封鎖總道長勢力向東繼續發展，使總道長勢力無法拓展於長江下游。然總道長勢力亦成功固守洞庭湖及其以西地域，十高道長期無法攻進總道長勢力，致使洞庭湖以西至雲貴、青藏成為魔道勢力發展範圍。

天道百世見十高道遲遲無法切入洞庭湖區域，再拖延下去只怕對百姓不利，故天道百世決定依照原定計畫出面收服總道長。天道百世與總道長相約於「衡山」會面，總道長於岳陽城總壇入定後，原靈直飛衡山。總道長腳踏紅雲現身，滿頭白髮、滿臉長髯，仙風道骨、靈氣逼人。天道百世經過測算，決定腳踏太極陰陽以一介道士現身，道士兩袖清風、飄然瀟灑。總道長曰：「不知仙長邀約老夫所為何事？」天道百世曰：「在下敬邀道長共襄盛舉，加入兩千年天界團隊，共同普度蒼生回歸天界。」總道長冷冷對曰：「天界人才濟濟，何故看上老夫？」

天道百世曰：「道長道法爐火純青，實乃道門稀有人才，且道長門庭廣大，弟子遍於天下，可見道長度化眾生頗具專長，故而邀請道長。」總道長對曰：「真乃天下奇談，汝等天界人物視老夫為魔道，處處與老夫為難，必除老夫而後快，故老夫對汝等天界人物少有好感。且老夫早已參透內丹玄機，能自在運用內丹無極神力，在靈界已自成國度，何必加入你們天界，今日之邀，恕老夫沒興趣。」

天道百世對曰：「在下觀道長無極神力雖已爐火純青，但收放之間稍有誤差，未能臻最圓滿、最高超之境界。」總道長聞天道百世點中自己要害，不免心驚，但總道長心想，此時豈可示弱，故總道長對曰：「功夫深淺不在口舌辯論，若你能接下老夫三招，再聽你講大道理不遲。」天道百世對曰：「願領教。」

總道長單手輕揮，瞬間捲起萬丈龍捲暴風襲向天道百世，此龍捲暴風中竟然還有道門絕學三昧真火與風勢相伴，此三昧真火專破敵人原靈，原靈被三昧真火燒化必然重傷。這總道長功力確實恐怖，就這麼輕描淡寫一揮手，就可揮出這等道門絕學，一般修道人哪承受得起，必然魂飛魄散。

天道百世腳踏之太極陰陽突然向上快速延伸以圓柱狀將天道百世從頭至腳完整圍繞，此太極陰陽只是泛著淡淡白光，看來平淡無奇，但總道長的龍捲暴風與太極陰陽接觸之後，竟然無法攻破太極陰陽，就連三昧真火也完全燒不透防線，久攻不破之後，總道長收招再換新招。

總道長往天一指，從遙遠天際降下萬點流星，萬點流星好似受人引導，萬點流星於空中集結成一道萬丈流光，往天道百世暴射而至，這道萬丈流光威勢驚天動地，天道百世知道總道長使出其最上乘之內丹無極神力，這個可厲害，故不敢只一味防守，天道百世手拿蓮花指，往萬丈流光一指，頓時打出最拿手的「天靈神鐳」，天靈神鐳在高空與萬丈流光對撞，震得大地震動、滿空閃電亂閃。

總道長見自己使出兩個絕招也鬥不倒敵人，故改用召喚之術，以靈符召喚背後支持總道長的靈界勢力派出全部精銳，務必於第三招擊敗敵人。靈符一出，只見虛空中數千鬼王、魔獸現身，將天道百世團團圍住瘋狂猛攻，這些鬼王、魔獸超能力均在八成以上，若干鬼王超能力甚至將近九成，接近不可能被打敗的境界。天道百世則分身十八人圍成一圈，十八人均不斷打出天靈神鐳攻擊眾鬼王、魔獸，經過一段時間，鬼王及魔獸紛紛被擊退，至此勝負已判。

總道長曰：「仙長道力令老夫佩服，適才仙長說，在下無極神力雖已爐火純青，但收放之間稍有誤差，未能臻最圓滿、最高超之境界。老夫願聞其詳。」天道百世對曰：「內丹所蘊含之神力本來即是無窮無盡，至於要發揮多少，除了意念高度專注之外，尚須了卻一切私欲，無極神力方可臻於最圓滿、最高超之境界。」

總道長對曰：「私欲如何有害神力之運用，請仙長詳述箇中原理。」天道百世曰：「須知，內丹之神力乃隨意念而動，意念才起，神力便出，故學子多半注意修持專注力、禪定力，以為專注力及禪定力練個爐火純青，神力之運用就可達頂峰。然，若吾等心懷私欲，則意念必定偏向有利於自己之一方籌算，故意念困於一方難以自在揮灑，如此，神力之運用就有遲滯，無極神力甚難突破九成大關。」

總道長曰：「老夫稱霸於雲貴已久，除了仙長今來邀請老夫加入天界，實際上魔界領袖撒旦、獨立國度首領冥獅尊王、獨立國度首領聖龍大帝皆曾來邀請老夫加入其國度，老夫與此三人都曾過招，發現三人法力高超均已超過九成大關，而彼等三人皆胸懷若干私欲，看不出來無極神力會被私欲減損，故仙長所說似乎並非事實。」

天道百世對曰：「撒旦、冥獅尊王、聖龍大帝三巨頭深明私欲有害神力之發揮，故三人已將私欲降到最低，三巨頭統治之區域，會教導子民因果法則、也會教導子民行善得福報，也會教導子民吃素護生，也會教導子民勤儉樸實，也會教導子民努力上進，也會教導子民尊重他人，也會聽取子民的禱告成全子民的心願。故三巨頭統治之區域仍然秩序井然，繁榮茂盛，其子民可安享幸福快樂。」

天道百世繼續曰：「三巨頭唯一隱匿的即是『終極解脫之路』，三巨頭不讓子民知悉人人本俱圓滿的無極神力，不讓人民知悉我們本來即是大羅金仙，不讓人民知悉我們本來即是佛，反倒教導人民『我很弱、我還不行、我很渺小、我要謙虛學習、多生累劫才可能成佛』的錯誤觀念，讓子民持續弱化自己，永遠巴望著三巨頭的護佑。因此三巨頭統治區域的人民雖有幸福，卻無法證得自在解脫，無法脫離輪迴苦海。」

總道長對曰：「仙長所言令老夫茅塞頓開，原來三巨頭將私欲降到最低，也尊重因果法則，也願意給人民幸福，難怪三巨頭勢力龐大，那麼多子民願意相隨，也難怪三巨頭神力均能超過九成。那三巨頭只隱瞞終極解脫之路，對內丹無極神力的圓滿發揮究竟有多少的影響？請仙長為老夫說明。」天道百世對曰：「三巨頭若能有效降低私欲，無極神力最高可達九成八或九成九，但無法臻於圓滿百分百之境地。」

總道長聞後大喜，仰天長嘯後曰：「仙長所言老夫愛聽、老夫能夠接受。老夫修道就是追求圓滿，這幾十年來先後與三巨頭交手，發現三巨頭神力高老夫一籌，但老夫不願意加入他們國度，故三巨頭就不指導老夫，所以老夫一直找不到神力更上層樓的要訣。今日老夫尚未同意加入天界，仙長便傾囊相授，你們天界慷慨不藏私的作風，老夫很欣賞。老夫決定聽從仙長指導，努力去除私欲，讓自己無極神力突破九成之門檻，更進而達於圓滿，今後老夫就加入你們天界，老夫門下弟子也一併回歸天界，老夫也將督促弟子除掉私欲，多為蒼生著想。」

天道百世對曰：「道長願意回歸天界，令在下非常歡喜，在下誠摯邀請道長參與兩千年天界團隊，不知道長意下如何？」總道長對曰：「老夫已經多生累劫輪迴修煉，如今難得煉就爐火純青之無極神力，實在不願再入肉體投生人間，但老夫門下『新』字輩弟子皆係我門中最頂尖人才，應可承擔天界大使重任，目前新字輩弟子計十七人，其功力不輸蘇玄朗的十一高道，尤其新魁、新鵬、新廣、新州、新龍、新月(女)、新念(女)、新淨(女)八人更是千中選一的愛徒，懇請仙長重用老夫這幾位愛徒，若幸蒙仙長重用，老夫允諾生生世世守護這些弟子，直到他們完成任務。」

天道百世對曰：「道長客氣了，新字輩門生確實優秀，能得此幾人相助，實乃在下之幸，豈有不重用之理。加上道長親自守護令愛徒，道長之團隊必能發揮堅強的實力。但在下還有一事相求，不知道長是否願意相助。」總道長曰：「今後大家都是天界弟兄，還客套什麼，仙長請說，老夫必然全力以赴。」

天道百世曰：「青藏大鬼王亦是難得人才，如今他尚未加入魔界或獨立國度聯盟，在下略知道長與青藏大鬼王交情匪淺，不知道長是否願意邀請青藏大鬼王回歸天界，共同協助兩千年天界大使團隊。」總道長對曰：「老夫與青藏大鬼王情同兄弟，素來同進退，此事不成問題，包在老夫身上。」

因此，萬年魚精、總道長、青藏大鬼王陸續回歸天界。萬年魚精和她的水族王國幾位精銳大將參與天界團隊；總道長新字輩弟子也都參與天界團隊，總道長允諾生生世世守護其愛徒直到完成任務；青藏大鬼王回歸天界之後改稱「百山雄」，與天道百世成為至交好友，百山雄將親自率領其國度的浮雲守望台大軍專守護天界團隊。

大唐時代那些靈界惡勢力陸續回歸天界之後，天下太平，造就了中國歷史上最強盛的朝代。時光飛逝，天界團隊經過一千五百年的準備，如今兩千年解脫福音之戰已正式上場，天界之舟早已進入台灣上空靈界，帶來人類純淨無染的解脫福音，兩千年解脫福音之歌，天界團隊制服，天界團隊旗幟，天界靈修中心標誌，天界靈修中心設計藍圖都預備好了，不出幾年，地球人將可親眼看見歷史上最堅強的天界團隊將兩千年解脫福音傳揚到天涯海角。

本文進入完結篇，本文完結篇之後，將繼續推出新主題和讀者相見。誠願讀者將來接觸到天界團隊，能信受天界團隊所傳的解脫福音，因為天界之舟五百年才回來地球一次，錯過登舟機會殊為可惜。建議讀者可依本文第四十三篇三元合一方式開始進行修煉，若您能虛心領受並實修，必能領會三元合一係最正宗的佛法、最正宗的耶穌福音，也是通達究竟解脫的最佳途徑。（全文完）

讀者 Q&A

Q：請問要如何根除私慾呢？

A：根除私慾必須要有堅定的決心：立意胸懷天下、立意眾生本來圓滿、立意捨己成人、立意不再隱居自修、立意關懷眾生的開悟。因為私慾乃是附著於眾生的自由意願上，故要拔除私慾，務必要有堅定的決心，只要下決心拔除私慾、下決心對付自己的劣根性，假以時日必能降伏私慾。

國家圖書館出版品預行編目（CIP）資料

蒼天白雲 ： 尋覓終極解脫之道 / 天雲著 .
-- 三版 . -- 花蓮縣吉安鄉 ： 中華天界之舟
心靈健康協會， 2016.06
面 ；　公分
ISBN 978-986-93310-0-5(平裝)
1. 靈修

192.1　　　　105010300

蒼天白雲 尋覓終極解脫之道

Revelation from heaven: THE GOSPEL TRUTH

作　　者　天雲
總 編 輯　中華天界之舟心靈健康協會
Chinese Heaven Fortress Association of Mental Health
發 行 人　慈道中
出　　版　中華天界之舟心靈健康協會
Chinese Heaven Fortress Association of Mental Health
出版地址　花蓮縣吉安鄉知卡宣大道一段 385 號
出版電話　(03) 842-0801
代理經銷　白象文化事業有限公司
初版一刷　2012 年 12 月
二版一刷　2013 年 10 月
二版二刷　2014 年 7 月
三版一刷　2016 年 6 月
網　　站　http://www.heavenfortress.com.tw/
粉 絲 團　天界之舟 Heaven Fortress
https://www.facebook.com/heavenfortress
作者部落格　『問路』
http://winru0208.pixnet.net/blog